本书获得国家自然科学基金项目（71902205）、教育部人文社会科学基金项目
（18YJC630134）、中央财经大学青年科研创新团队支持计划资助。

经济管理学术文库·管理类

不对称信息下的
采购管理决策优化与机制设计研究

Optimal Decision Making and Mechanism Design in
Procurement Management with Information Asymmetry

钱　程／著

经济管理出版社
ECONOMY & MANAGEMENT PUBLISHING HOUSE

图书在版编目（CIP）数据

不对称信息下的采购管理决策优化与机制设计研究/钱程著 . —北京：经济管理出版社，2023. 11

ISBN 978-7-5096-9518-0

Ⅰ. ①不…　Ⅱ. ①钱…　Ⅲ. ①采购管理—研究　Ⅳ. ①F253

中国国家版本馆 CIP 数据核字（2023）第 257576 号

组稿编辑：张巧梅
责任编辑：杜　菲
责任印制：许　艳
责任校对：王淑卿

出版发行：经济管理出版社
　　　　　（北京市海淀区北蜂窝 8 号中雅大厦 A 座 11 层　100038）
网　　址：www. E-mp. com. cn
电　　话：（010）51915602
印　　刷：北京晨旭印刷厂
经　　销：新华书店
开　　本：720mm×1000mm/16
印　　张：13. 25
字　　数：206 千字
版　　次：2024 年 3 月第 1 版　　2024 年 3 月第 1 次印刷
书　　号：ISBN 978-7-5096-9518-0
定　　价：88. 00 元

前　言

　　提升我国产业链供应链现代化水平是当前经济工作中的一项重要课题。按照"十四五"规划，构建现代化支撑体系应同时考虑经济性和安全性。在此背景下，采购管理在升级供应链现代化水平方面具有重要的战略性意义。其重要性不仅在于采购成本在企业总成本中所占比重很高（在汽车领域甚至达到80%），还在于供应商选择和采购机制设计直接决定了供应链的经济性和安全性。合理而高效的采购管理对于实现供应链现代化目标至关重要。

　　本书考虑单边不对称信息、双边不对称信息和有限信息三种不对称信息结构，关注采购管理中的信息披露问题、谈判策略问题以及机制设计问题，研究如何通过决策优化和机制设计来提升采购管理水平、保障供应链的经济性和安全性。本书的主要内容包括：第一，考虑单边不对称信息下的多属性供应商选择问题，基于博弈论和优化理论，研究多属性评分竞标中买方连续型信息的最优披露策略。第二，考虑双边私有信息下的多属性供应商选择问题，基于博弈论和优化理论，研究精炼贝叶斯均衡下的最优谈判策略及影响因素。第三，考虑有限信息下装配供应链中的采购机制设计问题，融合传统的采购合同设计理论和经济学前沿的稳健机制设计理论，研究买方企业如何基于有限成本信息设计一种不依赖于成本概率分布的稳健采购机制，以及稳健最优机制的结构和性质。

　　通过理论分析和数值实验，得出了如下结论：第一，在单边信息不对称下的多属性评分竞标中，买方最优的信息披露策略是在公布的评分规则中保留一些主观性，而非披露全部信息；供应商之间的优势（包括成本优势、企业实力等）差异越大，买方应该披露的信息越少。第二，在双边有限信息下的多属性谈判中，在精炼贝叶斯分离均衡下，无论买方的私有信息是关于评分还是关于权重，拥有关于成本的私有信息总是对供应商不利；有趣的是，买方反而有可能从供应商的私有信息中获益。第三，在有限成本信息下的装配供应链中，在稳健最优采购机制下，无论是采用集中采购策略（由一个供应商提供多个零部件）还是分散采购策略（由多个供应商提供多个零部件），买方的采购量、价格和期望利润都随成本而递减；生产结构的最优选择取决于产品生产成本的差异：成本差异越大，那么分散采购比集中采购更有利；但当需求的不确定性增加时，集中采购的价值有所提高。

本书的研究结论对于拓展采购管理决策优化和机制设计研究具有重要意义。第一，将多属性评分竞标中买方信息披露策略研究从离散型决策优化拓展到连续型决策优化。第二，将多属性谈判研究从单边信息不对称下的决策优化拓展到双边信息不对称下的决策优化。第三，将采购合同研究从单一维度有限信息下的稳健机制设计拓展到多维度有限信息下的稳健机制设计。此外，本书所探讨的问题对于采购管理实践有重要的启示，能够帮助企业在不对称信息下科学决策，从而提高采购管理水平，以及企业在不确定性环境下协调供应链中的动机冲突，同时启发买方企业设计稳健最优的采购机制，从而增强供应链的经济性和安全性。

悉尼大学的博士论文指导老师 Edward Anderson 教授和李昭麟（Erick Li）副教授给予了我极大的支持和帮助，引领我进入到采购管理决策优化和机制设计研究领域，并对本书的研究提供了宝贵的建议，在此向他们表示由衷的感谢。

采购管理决策优化和机制设计属于管理学与经济学的交叉领域，由于能力局限，书中难免有疏漏与不足之处，恳请广大读者批评指正。

目　录

1 绪论

1.1 背景

挑选合适的供应商对于企业而言无疑是一个至关重要的决定。一方面，由于企业常常需要投入大量的资金从外部购买商品、服务和产品，因此供应商的选择将会直接影响企业的成本。例如，从美国国家统计局的报告可以直观地了解到，美国制造业的平均采购支出几乎占据了其总收入的一半①。这就意味着采购成本在制造业企业中占据了相当大的比重，对企业整体运营和盈利有着重大影响。另一方面，挑选合适的供应商可以促进企业战略目标的实现。通过这一决策过程，企业能够与供应商建立长期稳定的合作关系，这种合作可以有效地推动产品创新，提升产品质量，并且进一步增强企业的声誉和提升品牌价值。此外，它还有助于缩短产品上市时间，进而帮助企业在激烈的市场竞争中建立并巩固自身的竞争优势（Monczka 等，2009）。

① 2021 Annual Survey of Manufacturers，http：//www.census.gov/manufacturing/asm/.

为了优化供应商选择的决策，许多企业采取了跨职能团队的方法，即由企业内部不同职能部门的人员组成团队，来共同评估和选择供应商（Beil，2010）。通常，跨职能团队会仔细评估竞标供应商在各方面的优势并综合考虑多个因素，最终做出具有战略意义的决策。该方法的有效执行可以促进企业内部的信息资源共享和协作，使各个部门能够更好地了解供应商的情况，并从各自的角度提供专业意见和建议，进而优化供应商选择的决策过程（Monczka 等，2009）。

已有的大量实证研究对企业选择供应商时所重视的因素进行了深入的探讨。研究结果表明，价格既不是企业选择供应商时考虑的唯一因素，也不是最重要的因素。对于将安全或按时交付视为核心问题的行业而言，如建筑业或医疗保健行业，它们对于非价格变量（如交付时间、产品质量、施工持续时间以及过去的经验等）的考量甚至更为重要。因此，如何在价格和其他因素之间进行权衡对采购团队或经理来说是至关重要的。

通常企业会结合竞标和谈判两种方式来选择供应商（Monczka 等，2009），以便从中获取最佳的交易条件和最高的效用。例如，1995~2000 年，北加利福尼亚州近一半的私营部门非住宅建筑建设项目通过谈判完成，而其余的项目则是通过各种形式的竞标来选择供应商（Bajari 等，2009）。这表明在特定的市场环境下，谈判和竞标都是供应商选择的有效手段，而具体的采用方式需要综合考虑项目特点、供求关系等多种因素，因此企业需要根据实际情况进行灵活应用。

其中，竞标方式被认为能够大大提高供应商选择的透明度和资源配置的效率（Rothkopf，1969）。例如，波音公司就曾表示，它在选择供应商时主要采用竞标的方式，并认为该方法是良好商业惯例的重要组成部分。在前期，为了确保供应商具备足够的能力和资质，企业通常会在资格预审阶段对各个供应商的经验、技术能力和信誉等方面进行全面评估，筛选出潜在的供应商名单。该名单一旦确定，企业便会向他们发送报价请求（RFQ），这是竞标过程的首要步骤。当收到报价后，买方一般会采用加权评分模型（又称综合评分法）来进行决策。该模型不仅包括了各属性类别，还明确了每个属性类别相应的权重。随后，企业根据预先确定的权重将各类别的分数相加，得分最高的供应商将被选为中标者。美国克莱斯勒公司就曾使用跨职能团队来确定四个属性类别（即成本、质量、技术和交付）的权重，并对供应商的整体资质进行评估（Trent，2007）。在线逆向拍卖也采用了同样的策略，这种方法允许公司通过在线竞价的方式，从预先筛选的供应商名单中选出价格最低、质量最高的合作伙伴。

事实上，除了企业外，公共部门也同样采用类似的方法来选择供应商。例如，欧盟针对大型合同的公共采购有明确规定，公共采购必须进行广泛招标，且如果招标不采用最低价格中标机制，那么在公告中必须明确指出将基于哪些属性进行评估以及各属性的权重。又如，美国政府采购也有着类似的严格监管要求，《得克萨斯州采购手册》规定，在发布招标公告时，必须有明确的评价标准，并具体说明考量的属性以及各属性在评价过程中的权重；其甚至在某些政府采购中还明确规定了只能通过竞标的方式来选择供应商，如美国联邦公路管理局要求在授予交通建设项目时必须使用单轮密封投标（Gupta 等，2014）。这些规定都充分遵循了以下原则："最具经济优势的投标"是基于客观标准，且采用"以客观和非歧视的方式确立并被所有利益相关方接受"的方法（欧洲议会关于公共采购的指令 COM/2011/0896 最终版）。

除竞标外，谈判也被广泛运用于供应商选择过程中。即使在采用竞标的情况下，买方也可能在投标程序的第二阶段与一个或多个潜在供应商进行谈判。例如，耶鲁大学在通过竞标进行采购时，在评标后会与中标者就理想的价格、性能或条款以及条件改善进行谈判，以便更准确地了解供应商的实际能力和服务水平，进而做出最终决定。同样，澳大利亚航空公司在招标过程中会与潜在供应商进行谈判。尽管标后谈判可能会受到法律的限制或面临一定的法律风险，但如果在招标文件中明确指出可能会进行标后谈判，那么买方在选择供应商的过程中便会拥有较大的灵活性。因此，投标过程也就变成了对谈判机会的竞争。

典型的采购谈判过程往往始于提案，这些提案可能来自竞标过程，也可能来自对买方询价的回应。当潜在供应商在被要求从若干方面改进提案时，他们常常会考虑买方的偏好和行为，同时权衡该提案的收益和成本来进行修改并不断完善。在收到新的提案后，买方便会组织相关人员来进行评估，他们采用的评价方法本质上与竞标过程相同，也就是综合评分法。然而不同的是，在谈判过程中，买方还需要针对当前的报价和潜在的未来报价进行额外的权衡。换句话就是，他们会将当前报价的总价值与预期未来报价的现值进行比较，并且仅在当前报价的价值不低于预期未来报价的现值时才会被接受。如果买方接受，谈判就会结束，交易便会发生。否则，买方可以继续要求供应商提供新的报价，或者提出还价。该谈判过程会持续到报价被接受为止，除非一方中途退出谈判（Mentzer 等，2006）。

1.2 采购管理中的信息不对称

1.2.1 供应商视角下的信息不对称

在真实的市场环境中，无论买方是采用竞标还是谈判的方式来选择供应商，供应商在决策时通常会面临信息不对称的情况，下面基于供应商的视角探讨了三种类型的信息不对称。

1.2.1.1 买方评分信息的不对称

供应商在参与采购的过程中，往往面临着对买方评分标准的不确定性。这种信息不对称的情况意味着供应商无法完全了解买方会对他们的标书的各项属性进行怎样的评分，进而影响他们做出准确的判断。不仅如此，即使针对同一属性也可能会出现不同的评分标准。

以供应商售后服务（总分5分）为例，评分标准可能比较模糊，如售后服务体系与人员组织，优秀得4~5分，较好得2~3分，一般得0~1分；也可能稍微明确一些，如售后服务体系（3分）与人员组织（2分），优秀得4~5分，较好得2~3分，一般得0~1分；还可能更加明确，如在本地设有技术支持中心或售后服务团队得3分，否则得0分，有针对本项目的项目经理和技术人员清单且提供项目经理证书复印件得2分，不能提供的得0分。从第一种情况到第三种情况，供应商越来越能够参照自己的标书精确计算出自己在"售后服务"这一项上的得分，即供应商在决策时对买方评分的不确定性逐步降低。

此外，在为竞标者打分的过程中，买方往往还会考虑诸多标书要求以外的属性，这些属性虽然与提案的细节并无直接关联，但却能左右最终的评分结果，如供应商过去的表现、未来的合作潜能以及整体的可信赖程度等。举个例子，当供应商决定提供何种产品或服务时，他们可能不完全了解买方将如何评价其"过去的表现"，尽管他们会尽力提供高质量的产品或服务，但买方可能不完全满意甚至可能对供应商的表现提出质疑。同样，在谈判过程中也存在类似的不确定性，即供应商无法完全洞悉买方将会对自己的提案给出怎样的评分。本书将这种类型的不确定性描述为供应商对买方评分的不确定性。

1.2.1.2　买方权重信息的不对称

除了对买方评分存在不确定性之外，供应商还可能面临与买方效用函数相关的不确定性。这种不确定性会在对标书或提案中的不同属性进行加权时有所体现，即供应商需要了解买方对于不同属性的偏好程度，以便在加权过程中做出更准确的判断。Rezende（2009）指出，在美国联邦采购谈判的实践中，虽然潜在供应商知道他们的提案会根据预先制定的标准进行加权评价，但对于各项属性的权重却并不确定。甚至Tunca等（2014）的实证研究表明，在选择供应商的过程中，买方实际采用的权重很可能不同于其在采购公告中所披露的权重。本书将在竞标和谈判过程中的这种不确定性描述为供应商对买方权重信息的不确定性。

1.2.1.3　供应商成本信息的不对称

前两种不确定性都源于供应商对买家偏好的不了解，进而导致了他们对于是否能赢得合同产生不确定。此外，由于供应商可能无法精确预估自己的成本和收益，因此他们对赢得合同后能获得的利润也存在着一定的不确定性。以建筑业为例，建设项目经常面临多种风险，如成本、时间、质量、环境、安全等。而每种风险又涉及许多不确定因素，都可能会对项目的顺利完工造成影响。例如，成本（超支）风险可能包括原材料的价格波动和物资供应的不确定性、劳动力市场变化和劳动力成本增加、不可预测的天气条件、货币和利率通胀、腐败现象以及对当地法规的不熟悉等。因此供应商在做出投标决策时面临着这些未知的因素，进而无法确定实际成本并预估项目利润。本书将这种不确定性描述为供应商成本的不确定性。

1.2.2　买方视角下的信息不对称

在采购环境中，信息不对称不仅存在于供应商的视角，也存在于买方视角。由于成本信息通常属于供应商的私有信息，往往不会公开透露，以保持其在市场中的竞争力。因此，买方在接受供应商的标书或提案时，可能无法准确了解其背后的成本构成，进而无法做出完全理性的决策。

这种信息不对称带来的影响在谈判过程中显得尤为明显。当收到供应商的提案后，买方必须对其进行分析并决定是否接受该提案。但由于他们通常无法获得供应商的成本信息，这一决策过程便会复杂化。买方不仅需要考虑当前提案的质量和价值，还要考虑如果拒绝该提案后，供应商会在下一轮提案中调整哪些内容。因此，他们面临着是否立即接受当前提案，还是选择等待并期望下一轮的提案能够带来更高利润的抉择。

1.3　本书主要内容

本书的主要内容将通过以下几个部分进行阐释和探讨：

第1章绪论介绍了本书的研究背景，阐述了采购管理中的信息不对称，包括供应商视角下的三类信息、不对称和买方视角下的一类信息不对称。

第2章文献综述概括了与不对称信息下采购管理决策优化和机制分析相关的研究，包括不对称信息下的供应商选择研究、不对称信息下的采购管理机制设计研究以及有限信息下的稳健机制设计研究，并在文献综述的基础上总结和讨论了现有研究对本书的启示。

第3章聚焦于采购竞标中的决策优化问题，考虑供应商视角下的信息不对称，基于博弈论和优化理论，研究多属性评分竞标中买方连续型信息的最优披露策略。

第4章聚焦于采购谈判中的决策优化问题，同时考虑供应商和买方视角下的信息不对称（即双边私有信息），基于博弈论和优化理论，研究精炼贝叶斯均衡下供应商的最优谈判策略及其影响因素。

第5章聚焦于采购管理中的机制设计问题，考虑买方对供应商成本的有限信息，融合传统的采购合同设计理论和经济学前沿的稳健机制设计理论，研究装配供应链买方如何基于有限成本信息设计一种不依赖于成本概率分布的稳健采购机制。

第6章总结本书的主要研究内容、研究结果和理论贡献，并提出对未来研究的建议。

2　文献综述

2.1　不对称信息下的供应商选择

本节对关于不对称信息下的供应商选择的文献进行了全面的回顾，强调了采购管理中供应商选择决策的多属性特征。此外，对两种主要的采购方式——（多属性）竞标和（多属性）谈判的相关研究进行了系统的综述。这些综述既涵盖了供应商选择的决策过程，还涵盖了这些采购方式在实践中的应用和理论发展。

2.1.1　供应商选择：多属性决策

供应商选择问题在企业运营管理中备受关注，许多学者研究了企业在选择供应商时主要考虑的属性以及各属性之间的相对重要性。在早期的实证研究中，Dickson（1966）确定了采购经理在选择供应商时需要权衡23种属性并对其重要性进行了排序[①]。Weber 等 （1991） 对 1966～1991 年关于供应商选择的 74 篇文

---

① Dickson，G. W. 1966. Ananalysis of vendor selection systems and decisions. Journal of Purchasing，2 （1）：5-17.

献进行了全面的回顾，指出除了价格和成本这两个主要因素之外，大多数企业在选择供应商时还会考虑许多非价格变量，如交货期、柔性和质量等。同样，Ho 等（2010）对 2000～2008 年的 78 篇相关文献综述中发现，在供应商选择决策中，质量是最为关键的考虑因素，其次分别是交货期、价格、成本、生产能力和服务水平等。上述研究结果都清晰地表明，企业对于供应商选择本质上是一个涉及多属性决策的过程，且非价格属性在其中占据了相当重要的地位。

鉴于供应商选择决策的多属性特征，学者们还致力于开发多目标决策方法来帮助企业评价和选择供应商，包括加权平均法（Ng，2008）、数学规划法（Yeh 和 Chuang，2011；Rezaei 和 Davoodi，2012）、层次分析法（AHP）（Wang 和 Yang，2009；Labib，2011）、网络分析法（ANP）（Vinodh 等，2011）、数据包络分析法（DEA）（Hatami-Marbini 等，2011；Chen，2011）和人工智能技术（Lin 等，2009）等。Chai 等（2013）就 2008～2012 年关于多目标决策方法在供应商选择中应用的研究进行全面的回顾和总结。然而，关于供应商选择背景下的多目标决策方法的早期研究成果可追溯到 Weber 等（1991）和 Ho 等（2010）的综述。具体来说，Weber 等（1991）提出，当时文献中最广泛应用的方法是线性加权模型，而 Ho 等（2010）则强调，相较于仅基于价格或成本竞争的传统供应商选择，多目标决策方法显然更为稳健可靠。同时他们进一步指出，在实践中，买方最常见的决策方法是根据多项标准对供应商进行评分，并使用线性加权方法将这些分数进行综合处理。

此外，还有大量的实证研究基于特定的采购情境和行业，探讨了供应商选择决策中各种属性的相对重要性（Kannan 和 Tan，2002）。例如，Swift（1995）的研究揭示了这样一个现象，相较于多源采购情境，供应商的可靠性在单源采购中对买方起着更为关键的作用。另外，Lambert 等（1997）基于对美国 299 家医院的调研，揭示了在医疗保健行业，买方对产品质量、交付和服务相较于价格更为重视。Van der Rhee（2009）利用欧洲制造业的数据，深入探究了买方在选择供应商时如何权衡成本、附加值、交付和柔性，并发现买方对供应商的柔性最为看重。

虽然供应商选择问题通常在传统的采购环境中被研究，但在涉及供应商、租户或合作伙伴选择的其他合同情境下，同样也具有重要意义。以建筑行业的承包商选择为例，业主往往需要从多个潜在承包商中选择一个来完成施工，这与采购情境中的供应商选择问题具有很高的相似性。Holt（2010）对 1990~2009 年承包商选择的相关研究进行了全面梳理和总结。

在关于承包商选择的研究中，诸多学者探究了承包商选择的评估标准。例如，Holt 等（1994）发现，承包商选择决策中最重要的 5 个因素分别是承包商目前的工作量、承包商过去的经验、承包商的管理资源、一年中的时间和承包商的业务范围（国家或地区）。Alsugair（1999）利用沙特阿拉伯的数据，为承包商评价建立了一个加权评分模型，该模型包括了 9 类 36 个因素以及每个因素的权重。Waara 和 Brochner（2006）通过瑞典市政当局在 2003 年授予的 386 份建筑合同招标文件中发现，市政当局通常使用加权评分系统（综合评分法）来选择工程承包商，他们主要考虑价格和三个非价格属性，其中价格属性的权重一般设置为 70%。Watt 等（2009）在全面回顾了承包商选择的相关文献后，总结了承包商选择过程中最重要的因素，并于 2010 年进一步研究了澳大利亚承包商选择实践中不同标准的相对重要性。研究结果显示，承包商选择过程中的关键标准主要包括三个方面，分别为过去的项目表现、技术专长和成本。这三个因素相互关联且不可或缺，共同构成了评估承包商选择的核心标准。

2.1.2　多属性竞标

在本书第 1 章中，我们已提及竞标是供应商选择的主要方式。当企业通过竞标来选择供应商时，这个过程就像一场逆向拍卖，有竞争力的供应商会对不同的属性进行投标，买方将评估这些投标并决定中标者。因为这个过程和拍卖有相似性，所以也将竞标称为逆向拍卖。逆向拍卖常常用于产品交易，从近海钻探权（Porter，1992；Hendricks 等，2003）到航空航天零件（Emiliani 和 Stec，2001；

Hartley 等，2006），从农产品（Crespi 和 Sexton，2004；Neo，1992）到水电（El-maghraby，1999；Fabra 等，2006），从鲜花（De Koster 和 Yu，2000）到艺术品和古董（Louargand 和 McDaniel，1991；Beckmann，2004），涉及范围十分广泛。然而，随着互联网和科技的飞速发展，在线竞标（也称为电子拍卖）这一方式逐渐崭露头角并日臻成熟，如今已成为全球商品与服务交易的主流方式（Jap，2003）。不仅 Ebay、FreeMarkets 等针对 B2B、B2C 以及 C2C 的拍卖网站纷纷涌现，而且针对各类特定行业的供应商挑选工具渐入市场，如汽车行业的 Covisint、钢铁行业的 e-Steel、航空航天行业的 Exostar 和化工行业的 Chemconnect。关于在线竞拍的文献综述，可参考 Pinker 等（2003）的研究。

在采购管理领域，多属性竞标作为一种基于评分机制的招标方式，具有相当的复杂性和实用性。它是指多个相互竞争的供应商为了获得买方的一分采购合同，需要针对多个属性或标准（如价格、质量、交货期等），并按照一定的规则提交标书。当买方收到标书后，会对供应商标书中的各属性进行评分，然后根据分数决定中标者（Dastidar，2014）。这一方式自 20 世纪 90 年代出现后，凭借直观、易操作以及能综合评价供应商多方属性等优势，逐渐成为供应商选择实践的主流方法，并广泛应用于企业与政府的招标采购中。虽然理论上存在多种评分办法，但实践中最常采用的是权重评分法（Ho 等，2010），即招标方对各投标者的各属性进行评分，然后使用预先设定的权重进行线性汇总，进而得出每个投标者的加权总分。

理论界关于多属性评分竞标的研究主要集中在买方招标机制设计和供应商竞标决策优化（Che，1993；Beil 和 Wein，2003；Engelbrecht-Wiggans 等，2007；Gupta 等，2015）两个方面。另外，也有一些研究关注信息不对称对竞标决策与竞标结果的影响。早期的研究大多认为消除信息不对称可以带来一些好处，如促进供应商之间的竞争、提高买方效用、提高竞标效率以及实现帕累托最优（Chen-Ritzo 等，2005；Gwebu 等，2012）等，因此他们建议招标采购中的买方应对竞标者完全披露信息，以此提高采购透明度。

然而在实际的招标采购中，买方提高采购透明度未必能刺激竞争和降低采购成本。例如，欧盟的政府采购制度以其公开透明性而享有盛誉，且在进行大宗合同的政府采购过程中，法律规定必须在竞标前公布明确的评分属性和各属性的权重，以消除供应商的不确定性。然而，调研数据显示，政府采购相关部门和企业普遍认为，与非政府采购相比，政府采购中的竞争程度较低、价格压力较小、采购速度较慢且采购成本更高（Strand 等，2011）。相反，包括美国通用电气在内的一些"财富 500 强"企业在招标采购中非但不消除信息不对称，反而在评分竞标前策略性地披露非真实的偏好信息，以此提高采购效用（Tunca 等，2014）。这种策略性行为在理论上得到了一些支持，有学者发现，如果买方保留了一些私有信息，这反而使得那些成本更低的供应商在竞标时不再确定自身的价格优势。为了提升自身竞争力，这些供应商会提供比原可以中标的标书更优化的方案，进而增加买方的效益（Haruvy 和 Katok，2013）。

接下来将从决策优化、买方私有信息与买方信息披露决策三个方面回顾多属性评分竞标研究的现有成果。

（1）考虑决策优化的多属性评分竞标研究。许多关于多属性评分竞标的研究都基于买方视角，对评分规则、竞标机制和合同设计等买方决策进行建模和优化，以此来提高采购效率和买方效用（Che，1993；Branco，1997；Beil 和 Wein，2003）。例如，Engelbrecht-Wiggans 等（2007）对比了在不同竞标规则下的买方收益，揭示了影响买方最优竞标规则的影响因素，包括供应商个数和供应商之间的成本相关性等。Papakonstantinou 和 Bogetoft（2017）设计出一种多属性评分竞标机制，以应对在选择供应商时面临的成本和质量的不确定性挑战。还有不少学者从供应商视角出发，对多属性评分竞标中供应商的最优竞标策略进行了深入探究（孙亚辉和冯玉强，2010；曾宪科和冯玉强，2012；Gupta 等，2015）。

由于竞标模型的固有特性，过去的研究往往都考虑了竞标过程中存在的信息不对称现象。然而，从信息传递的角度来看，这些研究主要关注的是供应商向买方传递信息的情况。也就是说，在竞标过程中，供应商掌握着诸如成本等关键因素的私有信息，而买方则通过巧妙设计竞标机制来获取供应商的私有信息。

（2）考虑买方私有信息的多属性评分竞标研究。后来的文献中逐渐出现了一种考虑买方私有信息的多属性评分竞标模型，它反映了从买方到供应商的信息传递。Parkes 和 Kalagnanam（2005）提出了供应商对买方评分信息具有不确定性的多属性拍卖问题，并为买方设计了一个多轮迭代的拍卖机制①。Kostamis 等（2009）分析并比较了拥有私有信息的买方在封闭竞标和开放式竞标机制下的竞标效用，并给出了最优竞标机制选择的临界条件。Santamaria（2015）则分析和比较了拥有私有信息的买方在评分竞标和非评分竞标中的采购效用。另外，国内学者姚升保（2010）考虑买方拥有私有估价信息的多属性评分竞标问题，通过仿真实验比较了买方事先公布与不公布估价信息的情况，发现买方事先公布估价信息会带来较差的市场效率，但能够显著提高拍卖收敛速度。丁黎黎等（2015）在一个考虑买方私有信息的多属性多轮迭代拍卖模型中分析了供应商最优的投标策略。

上述文献中的模型考虑了买方的私有信息，揭示和强调了买方私有信息在多属性评分竞标中对于竞标决策、采购效用、竞标效率以及竞拍机制选择的重要作用。然而，在这些模型中，买方对于是否披露以及如何披露私有信息的决策是固定的，无法根据具体情况和需求来调整或改变他们对私有信息的披露策略。

（3）考虑买方信息披露决策的多属性评分竞标研究。同时，越来越多的学者开始探索在多属性评分竞标中，买方是否应该披露其私有信息。Gal‐Or（2007）发现在多属性评分竞标中，买方应当与供应商共享关于匹配度评价的信息，因为这样可以鼓励供应商在价格上的竞争，进而增加买方的收益。类似地，Rezende（2009）发现，当供应商不确定买方偏好时，买方应当在竞标前完全披露其偏好信息，以便供应商能够更好地满足其要求。然而，Colucci 等（2012）在 Rezende 模型的基础上引入供应商成本的异质性，发现只要供应商之间的差异

---

① Parkes, D. J. Kalagnanam. 2005. Models for iterative multiattribute procurement auctions. Management Science, 51 (3): 435-451.

足够大，买方就不应该披露其私有信息。

还有一些学者采用实验研究的方法，探究买方披露信息与否如何影响多属性评分竞标中的竞标行为和结果。有实验发现，在多属性评分竞标中，买方向供应商提供信息能够提高买方效用、增加买方收益、提高竞标效率、实现帕累托最优（Chen-Ritzo 等，2005；Gwebu 等，2012）。但也有研究发现买方披露信息并不能提高买方收益（Strecker，2010），甚至降低买方剩余（Haruvy 和 Katok，2013）。

此外，有学者针对多属性评分竞标中权重为买方私有信息的情况展开研究，探究了买方事先披露信息的权重应当高于还是低于其真实权重。一方面，如果买方披露的权重过高，可能会引起供应商之间的过度竞争，导致买方无法获得最优的采购效用。另一方面，如果买方披露的权重过低，可能会使供应商对买方的需求和期望产生误解，从而无法提供满足买方需求的产品或服务（洪宗友和汪定伟，2014；Tunca 等，2014）。

2.1.3 多属性谈判

与竞标类似，谈判问题也受到了研究者的广泛关注，不仅关注谈判本身，还将竞标与谈判进行了比较，探讨了两者之间的异同点。例如，Bajari（2009）分析了 1995~2000 年美国加利福尼亚州地区授予的建筑合同的综合数据集，发现当项目复杂、合同设计不完整以及可选供应商较少时，竞标的表现可能会不佳。

谈判也被称作议价博弈，早期关于议价博弈的研究假设在谈判过程中买卖双方都拥有完全信息。例如，Nash（1950）首次将谈判过程刻画为一个非合作的议价博弈模型，做出假设并刻画了博弈的均衡。Rubinstein（1982）则进一步刻画了无限期交替报价议价博弈的完美均衡，其中买方和卖方在完全信息下轮流出价和还价[①]。对于非合作谈判博弈的早期研究的综述，可参考 Sutton（1986）的文

---

① Rubinstein, A. 1982. Perfect equlibrium in a bargaining model. Econometncs, 50（1）：97-109.

献。接下来的文献综述将聚焦于不对称信息下的谈判模型。

在经济学领域，有大量的文献研究不对称信息下的谈判模型，即在谈判过程中至少有一个参与者知道一些其他参与者所不知道的相关信息。在信息不对称的情况下，确定出价方以及信息掌握者的问题变得尤为重要。也就是说，在谈判过程中，是由知情方还是由不知情方进行报价？或者是在谈判过程中双方轮流报价？不同的出价方可能会对最终的谈判结果产生截然不同的影响。如果由不知情者出价，那么他/她能够通过时间和出价的顺序甄别对方的私有信息；如果由知情者出价，那么他/她可以通过出价向对方发出信号进而披露其私有信息；如果二者轮流出价，那么谈判过程中同时存在甄别和信号传递的活动。此外，谈判持续多久、是否允许报价与报价之间的战略性延迟、使用报价菜单还是单一报价等谈判规则对于谈判行为和结果也很重要。有兴趣的读者可参考 Fudenberg 和 Tirole（1991）的文献。

在采购中，许多学者已对信息不对称下买卖双方的最优谈判策略进行了深入研究，并针对不同的谈判规则进行探讨。例如，Sobel 和 Takahashi（1983）便构建了一个基于买方对保留价格的私有信息的多阶段议价模型。此模型假设只有供应商可以提出报价，而买方的私有信息则遵循特定的两点分布。Grossman 和 Perry（1986）则进一步拓展了 Sobel 和 Takahashi（1983）的研究，将连续型买方私有信息纳入考虑范围。随后 Cramton（1991）也采用了同样的议价模型，但他引入了交替出价和交易成本的概念。

而在双边信息不对称的情况下，即是买方和供应商都拥有关于自身保留价格的私有信息时，Samuelson（1980）、Chatterjee 和 Samuelson（1983）对单阶段议价博弈进行了研究。Fudenberg 和 Tirole（1983）则刻画了两阶段议价博弈的均衡，假设只有供应商可以提出报价，双方对保留价格的私有信息遵循两点分布。此后，Cramton（1984）将两阶段议价博弈扩展为无限期议价博弈，并刻画了一个易于求解的均衡模型。Cramton（1992）还研究了无期限的议价博弈模型，该模型允许谈判双方在交替报价之间采取策略性的延迟。

但需要注意的是，现有文献中的大多数谈判模型都是基于单一维度的，即谈判双方针对一块固定大小蛋糕的分配或单一物品的交易价格进行议价（可参考Kennan和Wilson（1993）的综述）。然而，现实中的谈判却常常需要进行多个方面的考虑，具有一定的多维度性。例如，企业和工人/工会之间的谈判可能涉及工资、工作时间和工作保障等多个属性（Sen，2000）。Wang（1998）曾研究了企业和工人就工资和产品质量进行谈判的无限期谈判问题，该模型假设工人拥有关于生产不同质量产品的成本的私有信息，企业不断地提供关于质量—工资的双维提案，直到工人接受为止。研究发现，存在一个唯一的序贯均衡，其结果与单阶段甄别博弈完全一样，并且不需要任何延迟就能达成协议。这一发现与存在多个序贯均衡的单一维度谈判模型形成了鲜明对比，表明多属性谈判与单一维度谈判下的均衡行为与结果可能存在着较大的差异。

　　买方与供应商之间的谈判通常聚焦于价格和数量这两个关键因素。在模型中，买方握有关于产品或服务的边际价值的私有信息，因此他们只能在谈判中提出一次报价。相对地，供应商则可以制定一份包含价格和数量条款的综合性菜单报价。Inderst（2003）在Sen（2000）的基础上进行了拓展，允许买卖双方均可提出菜单报价，并得出了相似的结论：存在唯一的均衡结果，使得有效的协议能够立即达成。Yao（2012）构建了一个二维交替出价谈判模型，其中买方和供应商针对销售合同的价格和数量进行谈判，研究结果显示，多属性确实改变了议价博弈中的均衡行为，包括均衡的唯一性和谈判的效率。以上所有的多属性谈判模型均假定只有一方拥有私有信息，且该私有信息服从两点分布。只有Li和Tesauro（2003）考虑了双边私有信息下的多属性谈判模型，但他们假设双边私有信息均服从均匀分布，并聚焦于对谈判过程的仿真分析而非理论分析。

　　此外，越来越多的运营管理研究采用了议价博弈的方法，一些研究者采用合作纳什议价博弈来研究谈判问题。例如，Gurnani和Shi（2006）建立了一个多属性议价博弈模型，该模型考虑了供应商和买方在供应可靠性方面存在不对称信息的情况下，围绕价格和数量展开谈判。Nagarajan和Bassok（2008）构建了一个装配商和一组供应商之间的议价博弈模型。其中，供应商首先形成联盟，然后该联盟与装配商就供应链利润的分配进行谈判。另外，Feng 和 Lu（2012）考虑了存在两条竞争型供应链的采购谈判情况。在这个场景中，制造商和供应商就产量和产品利润的分配进行谈判，然后制造商在下游市场进行产品竞争，研究发现，如果上游供应商具有成本优势，这可能并不利于制造商在下游市场的竞争。换句话说，制造商在下游市场的竞争力可能会因为供应商的成本优势而降低。

还有一些学者则采用非合作谈判的方法来研究采购决策优化问题。例如，Cachon 和 Lariviere（2001）研究了在产品需求不确定的情况下，买方是否应该与供应商分享关于需求预测的私有信息。在类似的情境中，Ozer 和 Wei（2006）考虑了不同的采购合同并分析了最优合同条款。Feng 等（2015）构建了一个无限期议价博弈模型，该模型以需求信息不对称的报童问题为背景，主要研究了买卖双方如何就价格和订货量进行谈判。

2.2 不对称信息下的采购管理机制设计

信息不对称的现象在供应链中普遍存在（Elmaghraby，2000；Fang 等，2014）。具体而言，供应商通常掌握着关于生产能力、产品质量和生产成本等更多的信息，而买方则可能拥有更多关于销售成本、市场预测等方面的内幕信息（王新辉等，2013）。供应链采购合同设计的经典模型是逆向选择模型（Baron 和 Myerson，1982；Laffont 和 Martimort，2009），根据提出合同的一方有无信息具体可以分为信息甄别模型和信号发送模型。在信息甄别模型中，无信息的一方会设计出一份合同菜单，用于鉴别有信息的一方的不同类型（Mirrlees，1974）。该方法有效地利用了合同菜单作为工具，从有信息的一方中筛选出真实类型，进而为无信息的一方在决策时提供可靠的依据。而在信号发送模型中，有信息的一方主动提出合同，以便将私有信息传递给无信息的一方（Spence，1974）。这种模型强调了主动披露信息的有效性，有信息的一方通过合同将私有信息传递给无信息的一方，进而改变了双方的决策。以上两种模型都是基于信息经济学理论而建立的，它们在理论和实践中被广泛地应用。

在运营管理领域，还有许多研究者着重研究了不对称信息环境下的采购合同设计，他们考虑的私有信息多种多样。例如，关于成本或产能的私有信息（Ha，2001；Corbett 等，2004；Chu 和 Sappington，2015）、关于预测的私有信息（Özer 和 Wei，2006；Babich 等，2012；Kong 等，2013）、关于供应中断的私有信息（Yang 等，2009；Gümüş 等，2012）以及关于努力程度的私有信息（Zhang 等，2018）等。

2.2.1 不对称信息下"一对一"采购合同设计

在不对称信息下"一对一"采购合同设计的研究中，大多数学者考虑单边私有信息，研究无信息的买方如何通过采购合同来甄别供应商的私有信息，进而化解动机冲突并协调供应链（Cachon 和 Zhang，2006；Lutze 和 Özer，2008；Li 和 Debo，2009；Çakanyıldırım 等，2012）。例如，Cachon 和 Zhang（2006）假设生产成本为供应商的私有信息，研究无信息的买方如何设计关于价格和提前期的合同菜单。根据显示原理（Revelation Principle）（Baron 和 Myerson，1982），买方可以针对每一种类型的供应商设计出最优的合同菜单，并让供应商从这些合同中选择最适合他们真实状况的合同，进而通过这种方式来识别供应商的私有信息。还有一些学者假设拥有信息的一方主动提出合同，研究如何通过合同将买方私有的需求信息分享给供应链的其他成员（Cachon 和 Lariviere，2001；Özer 和 Wei，2006）。

早期的研究主要集中在单方且单一维度的私有信息上，但也有一些研究者关注到供应链中一方存在多维度的私有信息，如供应商的固定成本和可变成本（Chen 等，2010；Gupta 等，2015）等。还有一些研究者则考虑了买卖双方均存在私有信息的情况，即在采购过程中信息甄别和信息发送同时存在，对此进行了动态谈判下的供应链合同设计研究（Feng 等，2015）、双边信息不对称下的供应链协调机制探究（王新辉等，2013）以及多阶段采购中的供应链协调机制的探讨（Hu 和 Qi，2018）。

2.2.2 不对称信息下的"一对多"采购合同设计

近年来，越来越多的学者在不对称信息下的供应链合同设计中考虑多个供应商的存在，即"一对多"采购合同设计。

针对具有竞争性的供应商，已有许多学者深入研究了在不对称信息环境下，如何优化多源采购机制问题。在实际采购过程中，供应商之间往往存在着激烈的竞争，而这种竞争关系可能对采购决策产生深远影响（Gümüş 等，2002；Chaturvedi 和 Martínezde-Albéniz，2011；Yang 等，2012；李志鹏等，2017）。

针对互补性的供应商，不少学者关注当生产成本作为供应商私有信息时，装配供应链中制造商的最优采购合同设计问题（Granot 和 Yin，2008；Kalkancı 和 Erhun，2012）。例如，Fang 等（2014）考虑在一个制造商和多个供应商构成的装配供应链中，假设供应商生产成本服从一个已知的离散联合分布，研究制造商如何设计最优的合同菜单从而最大化采购效用。Hu 和 Qi（2018）研究在装配供应链中两个供应商都拥有私有成本信息的情况下，制造商应当如何设计最优采购机制。而 Li 等（2019）则研究制造商如何设计价格—订货量合同使得多个供应商完全披露其私有信息。

2.2.3 不对称信息下采购合同研究的共同假设

无论是针对单一供应商还是针对多个供应商的采购合同设计，不管是考虑供应链中的单边私有信息还是双边私有信息，在刻画供应商生产成本这一随机变量时，现有研究都基于一个共同假设——供应商生产成本所对应的随机变量服从一个已知分布。这意味着，尽管买方不知道拥有供应商生产成本的确切大小，但知道其供应商生产成本的分布形式及发生概率。然而，这一假设存在以下两方面的问题。

第一，基于这一假设设计出来的采购机制并不稳健（Robust），由于它很大程度上取决于所假设的分布类型和分布参数（Roy，2010），因此应用到实践中极易出现"失之毫厘，谬以千里"的现象。例如，假设生产成本服从两点分布，那么最优的合同菜单将包含两个合同；但如果假设生产成本服从均匀分布，那么最优的合同菜单将包含一系列连续的合同。

第二，在信息不对称的现实供应链中，买方难以获知供应商成本分布的精确信息。一方面，供应商有动机刻意隐藏其生产成本分布信息；另一方面，许多企业拥有数目众多、遍布世界的供应商，并且他们的生产成本会受到多种因素的影响而不断变化。

基于上述分析可以看出，买方企业面临的现状很可能是既不确定供应商生产成本的大小，也不知道生产成本的准确分布，因此，他们只能从统计年鉴、行业报告和公开可获取的资料中获取有关供应商生产成本的有限信息。例如，各国原油生产的平均成本、我国各类能源的平均生产成本以及我国电子信息制造业行业的成本数据等。然而，这些数据仅仅为我们提供了供应商生产成本分布的范围、中位数、平均值、方差等信息，并无法提供更精确的成本信息。

2.3　有限信息下的稳健机制设计

有限信息下的稳健机制设计研究的起源可以追溯到 Wilson（1987）的研究[①]。他强调了传统机制设计研究对已知分布的高度依赖性和敏感性，并指出该

---

① Wilson，R. 1987. Game‐theoretic analyses of trading processes. In：T. Bewley（eds.）. Advances in Economic Theory：Fifth World Congress. Cambridge：Cambridge University Press，33–70.

分布一旦被错误指定（即 Misspecification），可能会给委托人带来重大的损失。此后，经济学领域的众多学者开始致力于稳健机制设计的研究，试图在有限的分布信息下，找出一个能够协调不同动机冲突的最优机制。

稳健机制设计的核心思想是在传统委托代理模型中增加一个博弈：假设存在一个敌对的自然（Adversarial Nature），无论委托人选择何种机制，自然都会选择一个分布使委托人得到最差的结果（López-Cuñat，2001）。稳健机制设计通常基于最大最小（Max-Min）准则或最小最大后悔值（Min-Max-Regret）准则。其中，最大最小准则旨在最优最坏情境下的结果，意味着无论委托人选择何种机制，自然都会选择一个分布使得委托人的收益最小；而最小最大后悔值准则旨在最小化稳健机制下的收益与最优收益之间的偏差，意味着无论委托人选择何种机制，自然都会选择一个分布使得委托人的收益与最优结果之间的偏差最大。

在经济学领域，稳健机制设计研究已经成为机制设计研究的一个重要分支。很多学者利用逆向选择模型，针对委托人对代理人私有信息的分布仅有有限了解的情况，研究如何利用最大最小准则来设计稳健机制（López-Cuñat，2001；Bergemann 和 Morris，2005，Bergemann 和 Schlag，2008）。随着稳健机制设计在解析性质方面的突破，稳健机制设计研究迅速成为机制设计研究的前沿和热点。其中，一些学者将注意力转向了销售机制设计。例如，Carrasco 等（2018）基于最大最小准则研究，探究当供应商只知道买方价值的有限信息（如分布的均值、方差）时，如何设计稳健最优的销售机制；而 Carroll（2017）在假设供应商知道买方价值的边际分布但不知道买方价值的联合分布的情境下，考虑了多产品定价问题。也有一些学者致力于研究采购机制设计，如 Garrett（2014）研究了在买方对供应商降低成本的偏好具有有限信息的情况下，如何设计采购合同以最小化最高价格。

值得注意的是，虽然不属于稳健机制设计的范畴，但在供应链管理领域中，也有一类研究专注于在有限信息下的决策优化，即供应链鲁棒优化模型的相关研究（Scarf，1958；徐家旺和黄小原，2007）。这些研究考虑到供应链系统内部结构和外部环境，并采用鲁棒优化的方法来解决这些供应链问题（Roy，2010）。例如，Scarf（1958）最早采用最大最小准则，研究只知道需求均值和方差信息的报童订货策略，随后，最大最小鲁棒准则以及最小最大后悔值鲁棒准则被广泛用于需求分布信息难以精确获得（即有限需求信息）的供应链问题中，包括基于报童模型的库存管理（Gallego 和 Moon，1993；Wei 等，2011；Qiu 等，2014）、供应链网络设计（Pishvaee 等，2011；赵霞等，2017）、供应链协调（李春发等，2012）等。

稳健机制设计研究与供应链鲁棒优化研究的联系在于以下两方面：第一，两者都基于鲁棒性的思想。鲁棒性是指系统在受到内部结构和外部环境的不确定性干扰时，仍能保持系统功能正常运行的能力（徐家旺和黄小原，2006）。无论是稳健机制设计还是供应链鲁棒优化研究，都关注有限信息或自由分布情况下的决策优化问题，旨在提高系统的鲁棒性。第二，两者都属于鲁棒优化理论与方法在经济管理中的应用。鲁棒优化是解决内部结构和外部环境不确定性的一种优化方法（Bertsimas 和 Sim，2004），两方面研究都大量采用最大最小准则和最小最大后悔值准则进行决策，都是对鲁棒优化方法的应用。

两者之间的区别在于：第一，建模的理论和方法不同。稳健机制设计研究基于机制设计理论，关注通过合同设计来激励拥有信息的一方披露信息，特别是真实直接显示机制（Truthful Direct Revelation Mechanism），并受到激励兼容性和个体理性的约束。而供应链鲁棒优化研究则不考虑激励兼容性约束。第二，两者关注的有限信息不同。稳健机制设计研究主要关注上游成本分布信息难以精确获取的情况。这意味着在供应商的成本分布信息不完全可信或不完全知晓的情况下，如何设计机制来实现效率和公平性。而供应链鲁棒优化研究主要考虑需求分布信息难以精确获取的供应链情境。在供应链管理中，需对需求的不确定性进行精细建模，并制定具有鲁棒性的决策策略，以应对需求波动和信息不完整所带来的各种挑战。

2.4 总结与讨论

尽管现有文献中有许多关于不对称信息下采购管理决策优化和机制设计的研究，但在信息披露策略优化、双边信息不对称和有限信息下的机制设计等方面还存在一些研究空白，具体来说：

第一，虽然学术界对于多属性评分竞标的研究已经相当丰富，而且也有不少学者对买方最优信息策略进行了探讨，但是由于每个研究在考虑竞标机制和信息结构时各有不同，因此对于买方是否应该披露信息这一问题的结论也并不一致。此外，在实践中，买方所面临的难题往往是如何做出连续型的信息披露决策，而现有的研究大多只关注招标方完全披露和完全不披露信息这两种情况（即离散型决策）。进一步来说，如果考虑买方连续型的信息披露决策，那么在招示方的不同竞标机制和不同信息结构下，买方的最优信息披露程度的多少以及受到哪些因素的影响，这些问题在现有文献中并未得到回答。

第二，当前研究中的大多数谈判模型要么是基于单一的价格维度，要么只考虑了单边的信息不对称。然而，实际采购管理中的谈判往往涉及多个属性，并且买卖双方都可能各自掌握了一些私有信息。虽然现有研究表明，多属性谈判与单一维度谈判下的均衡行为和结果可能存在显著的差异，但尚未有研究在双边信息不对称的背景下探讨多属性谈判中的最优策略。因此，信息不对称在多属性谈判中扮演的角色以及多属性特性如何影响信息不对称下买卖双方在谈判中的行为和结果，是目前的研究尚未明确的问题。

第三，尽管稳健机制设计是针对有限分布信息下进行机制设计的前沿研究方法（Pınar 和 Kızılkale，2017；Carroll，2017；Carrasco 等，2018），但在采购管理中的应用尚处于起步阶段。关于买方企业如何在有限成本信息下进行有效的采购机制设计，现有文献尚未提供明确的答案，尤其是如何针对"一对多"（一个买方与多个供应商）的采购情境进行稳健机制设计尚未得到满意的解答。例如，装配供应链（由互补性供应商组成）的引入为采购机制设计研究带来了新的挑战和发现（Hu 和 Qi，2018；Li 等，2019）。然而，如何针对存在多个互补性供应商的装配供应链情境，在有限信息下进行稳健机制设计的问题仍待解决。这个问题的解答将打破目前研究的局限，从单一维度的有限信息向多维度的深入研究逐步推进。

总体来看，现有文献为本书关于企业如何在不对称信息下进行采购决策优化和机制设计的研究提供了重要的依据和启示。本书将针对单边信息不对称、双边信息不对称以及有限信息的情况下的采购决策优化和机制设计进行更为深入的研究，旨在为企业提供实用的指导和建议，以帮助它们更好地应对不对称信息带来的挑战。

3 不对称信息下采购竞标中的决策优化研究

3.1 引言

世界各地不同行业的供应商在进行采购时，通常都会考虑选择采购拍卖方式。虽然依旧有供应商采用只考虑价格的拍卖方式，但多属性拍卖能够在复杂的采购环境中发挥重要的作用。在多属性拍卖中，买方可以根据一系列属性（如价格、交货时间、可靠性等）对潜在供应商进行评估。通常在拍卖前，买方会向潜在供应商发送招标文件（也可能是在资格预审阶段确定部分公司之后发送）。该文件会详细说明招标的基本要求、选择标准、评标方法等，并要求供应商根据货物的一系列属性提交投标（Pham 等，2015）。

虽然在理论上有许多多目标决策方法可以帮助供应商完成评估和选择供应商的过程，但在实践中买方最常使用的决策方法还是根据多个标准对供应商进行评分，然后对分数进行线性加权汇总（Ho 等，2010）。为使用这种加权计分规则来评估并选择供应商，买方需要在拍卖过程中详细描述评价产品所用的性能属性列表，每个属性所占的权重，以及各个供应商在不同属性中可获得的分数尺度。然后，使用预先确定的权重将得分加权求和，并依据最终得分确定最终的优胜者（Tunca 等，2014）。通用电气公司的法律服务采购就是一个很好的例子。通用电气公司的商业金融部门进行了多属性采购竞标，使用加权计分法来选择合适的法律公司。在拍卖之前，通用电气公司的采购委员会公布了评估属性（如专业知识、效率、能力等）、各属性所占的权重、评分规则以及依据评估属性获取最终评分的方法（Tunca 等，2014）。

当买方宣布采用加权评分法作为评标方法时，通常假设供应商可以精确评估和计算自身所获的评分。但在实践中，买方的评分规则通常包含一些主观内容，使得供应商无法准确计算特定投标的得分。即使在要求买方明确披露评标方法的情况下，一些外部质量属性（如可靠性、公司规模等）的得分仍然会同时受到客观因素和主观因素的影响。例如，假设买方事先宣布将使用 0~10 分的评分体系对供应商的可靠性进行评估。其中 8~10 分被定义为"优秀"，5~7 分为"良好"，2~4 分为"一般"，0~1 分为"差"。然后，买方需要对供应商所属的评级及其在该评级内的得分进行主观评估。在实践中，买方评标委员会能够就大多数的主观因素评分达成共识。但在很多情况下，不同的委员会成员可能会根据个人经验和特殊的评估提出不同的观点（如供应商的可靠性）。当委员会成员之间存在分歧时，他们需要讨论为什么某位成员倾向于给出 5/10 的可靠性评分，而另一位成员给出了 7/10 的评分。因此，即使买方在投标前公布了评分规则，供应商仍然无法确定他们的投标得分。

在上述例子中，为了构建一个供应商可以准确评估的可靠的评分规则，买方的评标委员会需要在公开评分规则之前召开会议。委员会需要讨论并确定构成"供应商可靠性"总得分的因素，以及如何评估和组合这些因素。这是一个耗时的过程，需要反复沟通和讨论解决意见分歧。例如，如果确定要对"管理团队的实力"进行评分，那么便需要讨论"平均从业年数"和"类似项目的成功交付数量"是否足以作为评价指标。如果确定选择这两个指标用于评价，就需要进一步讨论应如何权衡这两个因素以及组成管理团队的具体角色。在没有具体的供应商投标信息的情况下，这个讨论会更加困难。因此，对于买方而言，通过减少公开评分规则中的主观因素来提供明确的评标信息通常需要付出高昂的代价。

然而，尽管代价昂贵，买方也有动机提供更加明确的评分规则。减少评分规则中的主观性标准通常会增加拍卖过程的竞争性。这种竞争性将增加买方的预期收益。但完全消除评分规则中的主观性并不一定就是最佳选择。鉴于此，买方在何种情况下消除评分规则中的主观性可以提升其收益便值得研究。本书将关注私人领域中典型的多属性评分拍卖，并考虑买方如何决定其在投标前宣布的评分规则中的主观性规则的比例。透露更多信息的买方可以被视为付出了更多努力（成本）来减少评分规则中的主观因素，从而产生一份详细的评标指南。相反，透露较少信息的买方则对应了目前投标过程中更常见的情况。实际上，买方通常可以通过自身偏好或规范投标前的决策规则来主动影响拍卖结果。Gretschko 和 Wambach（2016）提供了买方在公共和私营部门的采购拍卖中"操纵"决策规则的例子。而 Stoll 和 Zöttl（2017）指出，某个流行的欧洲拍卖平台受益于隐藏买家的非价格偏好。

在典型的多属性采购拍卖中，买方会在拍卖开始前宣布一个加权评分规则作为评标方法（但在收到并评估投标之前买方不会知道供应商的评分）。根据评分规则，在评分不确定的情况下，供应商会根据价格属性和非价格属性进行投标。在收到投标后，买方使用宣布的评分规则对其特征进行评分，然后根据这些评分的线性加权之和形成总得分。

需要指出的是，本章不考虑买方公布一种评分规则但实际使用另一种评分规则进行评标的可能性（可参见 Tunca 等（2014）对这种情况的分析）。而是假定买方遵守已公布的评分规则，并将关注点放在买方对评价规则明确性程度的选择和供应商对其的客观评估程度将如何对双方的投标决策和预期利润产生影响。买方在制定评分规则时保留的主观性将反映在供应商在投标时需面临的不确定性上。这将影响供应商的出价，从而决定拍卖的结果。本章的主要问题是研究买方应该在多大程度上明确评分规则的各个组成部分，而不是保留一定的主观性。本书将此描述为买方的最优信息披露策略。

本章主要考虑的是对单位单品的私人价值采购拍卖，因此不考虑与中标者进行任何后续谈判。这是很多私营部门采购拍卖的常见模式，尤其适用于那些注重公平、反腐败和建立供应商关系的企业。例如，壳牌在中国的产品和服务采购主要通过竞争性招标进行，通常不进行后续谈判。同样，波音公司曾表示它在选择供应商时严重依赖竞争性招标，并强调竞争性招标作为良好商业惯例的重要性（Suppliers，2019）。尽管许多企业试图通过后续谈判获得更好的报价，但这一行为可能存在法律限制或导致供应商关系受损（MacIsaac，2001）。

本书分析了供应商在相互竞争中需要选择价格和非价格价值时的均衡决策，并提供了只有两个供应商参与投标的情况下的详细分析。如果买方在供应商投标之前透露更多信息（通过明确评分规则），通常会增加投标的竞争性，导致供应商的预期利润降低，但这一结果对买方更有利。然而，即使明确评分规则不需要付出成本，买方也不应公开所有的评标信息。

这些结果适用于两种不同类型的拍卖，即密封竞价拍卖和公开竞价拍卖。在公开招标拍卖环境中，供应商无须对彼此进行深入的了解。本章的研究结果能够帮助买方确定如何明确评分规则，进而有效地设计评分规则（特别是在私营部门的采购拍卖中）。

3.2　文献综述

本章研究了拍卖环境下的部分信息披露策略。在拍卖理论中，有大量关于信息披露的研究，最早可以追溯到 Milgrom 和 Weber（1982）对附属价值的研究。然而，大部分相关文献都是关于信息披露如何帮助投标人估计项目价值的。在采购拍卖中，信息披露则是关于竞标者成本的信息。在本书的模型中，成本是已知的，信息主要与买方如何比较不同出价之间的优劣相关。因此，文献讨论将重点放在了多属性评分拍卖的决定因素上。

多属性计分拍卖的设计通常包括拍卖规则和计分规则的战略考虑。在早期对双属性（价格和质量）评分拍卖的研究中，Che（1993）比较了三种拍卖规则的表现：一是最高得分规则，即得分最高的供应商获胜，其报价被确定为合同价格；二是第二得分规则，即得分最高的供应商获胜，但获胜公司只需匹配得分第二的供应商的分数即可；三是第二优先报价规则，与第二得分规则类似，得分最高的供应商获胜，但获胜公司不仅需要匹配得分第二的供应商的分数，而且需要匹配得分第二的供应商的质量。Che（1993）讨论了实现最优拍卖机制的最优评分规则。在这种单轮投标模型中，两个对称的供应商拥有质量成本的私人信息，成本参数分布一致且独立。Beil 和 Wein（2003）放宽了这些假设，并设计了一个多轮开放递增计分拍卖模型。在这种拍卖中，买方通过在每轮中策略性地调整评分规则来最大化其效用。

虽然这一领域的大多数研究（如 Engelbrecht-Wiggans 等，2007）都假设供应商的私人信息是一维的（如供应商的质量成本），但也有评分拍卖模型中供应商具有多维私人信息的情况。例如，Asker 和 Cantillon（2010）建立了价格—质量评分拍卖模型，其中供应商拥有关于其固定成本和可变成本的私人信息。本章主要关注计分拍卖中买方的最优竞价机制，而其他研究主要关注多属性评分拍卖中供应商的最优竞价策略。例如，在运输采购的 A＋B 评分拍卖中，Gupta 等（2015）考虑了当承包商拥有私人成本信息但不确定完成时间时，承包商的成本和交付时间的最优报价。

值得注意的是，这些文献都考虑了从投标人到买方的信息传输。相比之下，有一些多属性评分拍卖的研究认为买家也有非公开的偏好信息，因此拍卖涉及从买方到供应商的信息传递。Kostamis 等（2009）研究了一种评分拍卖，这种拍卖中，买方对每个供应商进行不同的质量调整，并在私下向每个供应商如实进行信息披露，供应商则拥有与自己生产成本相关的私人信息。供应商在价格上进行竞标，买方寻求总成本最小化，即价格和质量调整的总和。作者则比较了密封竞价拍卖和公开竞价拍卖中买家的表现。按照类似的思路，Santamaría（2015）建立了这样一个模型，买方拥有关于所有供应商的非价格属性调整的私人信息，并比较了一个公开竞价评分拍卖（其中每个供应商给出一个报价，并对非价格属性进行实时调整以确定总体评分），以及一个由买方决定的拍卖（这时供应商在价格上竞争，拍卖后买方调整出价以确定获胜者）。

Stoll 和 Zöttl（2017）研究了在公开拍卖环境中，买方向出价方隐藏对非价格属性的偏好信息的影响，其结果表明，买方隐藏非价格信息会增加买方的盈余，特别是当出价方的非价格特征会强烈影响买方的决策时。这些模型虽然考虑了买方对供应商的信息披露，但不允许买方决定信息披露的方式。

与本章相关的研究包括明确调查买方在信息披露决策中的多属性评分拍卖模型。Gal-Or（2007）考虑了一种计分拍卖模型，其中每个供应商的得分取决于其出价和与买方需求的契合程度，作者指出，如果买方拥有关于每个供应商的契合程度的私人信息，将这些信息与供应商共享对买方是有利的，因为这会加剧价格竞争。类似地，Rezende（2009）研究了一种评分拍卖，其中买方拥有关于自己对投标方偏好的私人信息，研究结果表明，在最优拍卖中，买方应该承诺倾向于选择首选供应商，但这种倾向应小于实际感知到的价值差异。Colucci 等（2012）通过引入供应商成本的异质性扩展了研究，发现如果供应商之间存在足够的成本差异，买方最好隐瞒信息。

买方信息披露在多属性评分拍卖中的作用也引起了实验研究者的关注。大量研究表明，在实验环境中，向竞标者提供信息可能对买家的效用、竞标者的利润、拍卖效率和帕雷托最优产生积极影响（Gwebu 等，2012）。特别地，Chen-Ritzo 等（2005）表明，在出价中发布关于边际改进的信息会为买方带来更高的效用。因为这些信息会提醒投标人如何在先前的出价基础上进行改进。Haruvy 和 Katok（2013）研究了公开竞价评分拍卖中两种竞标人质量的透明度：一种是竞标人质量公开，另一种是仅有买方私下知道。研究结果表明，当竞标人的质量信息非公开时，买方可能获得更高的盈余。相比之下，Strecker（2010）则发现，披露评分规则的信息似乎对买方没有好处，且供应商的额外利润只有微弱的显著性。

本章的模型在信息结构和买方决策方面与上述模型有所不同。在对供应商对买方估价/偏好的不确定性进行建模时，大多数研究假设在买方做出信息披露决策时，买方和投标人都有相同的了解：不知道确切的估价金额，但知道其分布情况。另外，一些模型假设买方在做出信息披露决定之前知道准确的估价，而供应商只知道其分布情况。这些模型的共同特点是假定供应商不确定性的分布是外生给定的。

相反，本章假设买方将决定供应商不确定性的分布。本质上，供应商对其报价估值的预测中存在不确定性（或噪声），买方可以通过改变不确定性的分布来控制这种不确定性的大小。正如前文中所讨论的，这种信息结构是由实践中观察到的多属性评分拍卖过程所决定的。虽然大多数研究考虑的是买方要么披露信息要么隐瞒信息的二元决定，但本章考虑的情况是，买方在竞标之前对信息披露的程度的选择，因此，买方可以选择一个连续体策略中的最优信息披露策略。

3.3　密封价格拍卖

考虑如下情况，买方需要在 n 个备选供应商（编号为 i）中进行竞争性投标，以选出一个最佳的供应商。每个供应商都会提交一个密封的投标，其中包括价格 y 和一共 m 个非价格（或质量）属性的水平 Z_1，Z_2，$\cdots$，Z_m。这些都是内生属性。为达到 z_{ik} 级别的属性 k，供应商 i 需要付出 $c_{ik}(z_{ik})$ 的成本。例如，买方更喜欢提前交货，但这对供应商来说会增加成本。这是一个典型的内生质量变量。参考其他关于多属性采购拍卖模型的研究（Beil 和 Wein，2003；Corato 等，

2018；Papakonstantinou 和 Bogetoft，2017），假设内生质量的成本是严格凸的，即 $c'_{ik}(z_{ik}) > 0$，$c''_{ik}(z_{ik}) > 0$。这一假设与其他实践情况下的成本结构相符合（Atasu 和 Souza，2013；Gupta 等，2015；Voros，2019）。例如，对 DHL 来说，减少交付包裹所需的时间需要付出更高的成本；随着交货时间的改善，DHL 进一步改善交货时间的需要成本也越来越高（DHL，2019）。此外，这一假设也得到了质量成本评估研究的支持。该研究实证表明，质量成本由凸型增加的一致性成本和凸型减少的不一致性成本组成（Farooq 等，2017；Schiffauerova 和 Thomson，2006）。需要注意的是，在采购拍卖的情况下，供应商通常需要先通过资格预审（符合标准）。某种意义上，他们的质量成本（投标）由符合标准的成本主导，而非不符合标准的成本。因此，在本章的模型中，质量成本是凸增加的。

此外，评估方案中还包含一些外在的非价格属性，如供应商的可靠性（基于供应商声誉或业务往来记录），或者管理团队的质量。没有任何操作可以提高供应商在这些方面的得分。我们假设买方具有可分离的效用函数，并对质量变量进行归一化处理。因此，买方从投标中获得的效用（y_i，z_{i1}，z_{i2}，$\cdots$，z_{im}）由 $R_i + \sum_{k=1}^{m} z_{ik} - y_i$ 给出。其中，R_i 是买家因供应商 i 的外生品质产生的效用。对供应商而言，R_i 在整个拍卖过程中都不可知。商品或服务的基本效用也可以并入变量 R_i。此外，该模型可以用于表示包含有特定质量属性 q_{ik}（如每百万个项目的错误）的投标情况。使用得分 $S_k(q_{ik})$ 度量这些特定质量属性，并使用权重 β_k 对分数进行加权，以确定投标的总分数。通过选择权重，质量变量可以直接与价格 y_i 进行比较（此处 $z_{ik} = \beta_k S_k(q_{ik})$）。

在买方宣布评分规则之前，评标委员会召开会议，以确定事先没有明确的买方效用函数。会议最终会决定评分规则需要考虑哪些因素，以及这些因素在评估中的权重。这是一个相当复杂的问题，我们希望能获得主观成分在委员会最终决策中的占比，这将会影响供应商在评估自身投标时产生的不确定性。

选择使用供应商接收到的信号相对于 R_i 值的误差项的方差来实现这一点。

假设供应商 i 接收到的信号为 $\tilde{R}_i$，买方对其的评价为 R_i。其中 $\tilde{R}_i = R_i + \varepsilon_i$，$\varepsilon_i$ 是信号中的误差。假设每个误差 ε_i 相互独立，但遵循方差为 σ^2 的同一分布。不同的评分规则的明确性程度会产生不同的误差项方差。即 ε_i 的方差会因更明确的评分规则按比例减小。为了方便，假设买方直接选择 σ 的大小。买方进行决策时会产生成本 $(C_B(\sigma))$。买方在拍卖前制定的评分规则越明确，信号的准确度越高，所需要付出的努力越大。即 $C'_B(\sigma) \leqslant 0$。

需要指出的是，尽管外生质量与供应商的投标行为无关，但买方在评估供应商 i 的投标前无法确定 R_i。这是因为 R_i 取决于供应商 i，而买方只有在评估供应商 i 的投标时才会对其外生质量进行评分。因此，R_i 的价值将由买方在审阅供应商的投标文件后确定。同时，这也是评标过程的一部分。此外，尽管买方无法在供应商 i 投标之前形成对 R_i 的评估，但仍然可以通过改变评分规则的明确性来减少或增加供应商对 R_i 的不确定性。因此，决策的顺序如下：

（1）在招标前，买方以成本 $C_B(\sigma)$ 确定 σ 的大小，并据此在投标文件中描述评标方法（即评分规则），这将确定误差 ε_i 的分布。

（2）从分布中随机选取信号 $\tilde{R}_i$ 和误差 ε_i，每个信号 $\tilde{R}_i$ 均为从由供应商 i 决定的已知连续分布中独立抽取的结果。

（3）供应商在观察到 $\tilde{R}_i$，$i = 1, 2, \cdots, n$ 后，会根据 ε_i 的分布权衡供应商自身的利润与赢得合同的机会，最终给出由价格属性和非价格属性组成的投标。

（4）买方确定每个供应商 i 的价值 R_i，并选择能够获得最高效用的供应商，即使 $R_i + \sum\limits_{k=1}^{m} z_{ik} - y_i$ 的结果最大化。

供应商对估计 R_i 时产生误差（即 ε_i）的观察将决定其对自己的投标竞争力的评估，从而决定其投标。因此买方最终所获得的效用取决于供应商面临的不确定性水平。

假设信号 $\tilde{R}_i$ 是已知的。一方面，这与实际情况一致。因为供应商通常会通过新闻、报告、公司通信、行业会议、行业口碑和其他信息来源了解竞争对手的外生素质，如过去的表现、可靠性、管理团队的实力等。另一方面，没有该假设会使得参与者难以确定彼此的价格选择。在平衡状态下，他们会对多种可能的价格做出反应，使分析变得困难。

在整个拍卖过程中，买方并不知道供应商的成本。但是，假设每个供应商 i 都充分了解其他供应商的成本（将在本书第 3.5 节放松这一假设）。假设供应商知道其他供应商的成本函数具有一定的现实意义，尤其是在同一组潜在供应商经常相互竞争的情况下。在大多数投标过程中，采购公司对不同供应商成本的了解通常少于供应商自身对竞争对手的了解。

3.4 决策优化分析

3.4.1 供应商的最优竞标策略

在进行投标决策时，供应商 i 会使其期望利润最大化。

$$\prod_i \left(y_i - \sum_{k=1}^{m} c_{ik}(z_{ik}) \right) P_i(y_i, z_i)$$

其中，$P_i(y_i, z_i)$ 是出价 (y_i, z_i) 被接受的概率。可以通过计算供应商 i 出价使得买方效用最大的概率得出 $P_i(y_i, z_i)$。因此，

$$P_i(y_i, z_i) = Pr\left(\widetilde{R}_i - \varepsilon_i + \sum_{k=1}^{m} z_{ik} - y_i > \max_{j \neq i} \widetilde{R}_j - \varepsilon_j + \sum_{k=1}^{m} z_{jk} - y_j \right)$$

定义随机变量如下：

$$X_i = \max_{j \neq i} \left(\widetilde{R}_j - \varepsilon_j + \sum_{k=1}^{m} z_{jk}(\widetilde{R}_j) - y_j(\widetilde{R}_j) \right) + \varepsilon_i$$

它综合了供应商面临的所有不确定性。在这个表达式中，根据信号 $\widetilde{R}_j$ 得出了供应商 j 的报价。使用 F_i 和 f_i 作为分布函数，并计算出 X_i 的密度函数。因此，

$$\prod_i \left(y_i - \sum_{k=1}^{m} c_{ik}(z_{ik}) \right) F_i \left(\widetilde{R}_i + \sum_{k=1}^{m} z_{ik} - y_i \right)$$

对均衡结果感兴趣，并希望探究在已知其他供应商的最佳估值分布 X_i 的情况下，供应商 i 在提交投标时的最优决策。假设至少有某个供应商可以通过投标获得正的、有界的期望利润 i。同时该供应商能提供足够大的基本效用 R_i，以使得买方在最优情况下能从投标中获得正效用。根据其他参与者的报价（通过随机变量 X_i 获取），所出的第一个结果给出了供应商 i 的最优报价。假设成本函数是严格凸的（即二阶导数严格大于零）且 X_i 的分布具有非限制性条件。

命题 1 假设每个 c_{ik} 是严格凸的，随机变量 X_i 是一个连续的密度函数。

（a）对供应商而言唯一最优的质量水平决策 z_{ik}^*，$k=1$，2，$\cdots$，m 满足

$$c'_{ik}(z_{ik}) = 1 \tag{3-1}$$

（b）若随机变量 X_i 满足条件

$$\frac{d}{dx} \left(\frac{F_i(x)}{f_i(x)} \right) > 1 \tag{3-2}$$

在 X_i 的范围内，存在唯一最优价格 y^* 满足

$$F_i \left(\widetilde{R}_i + \sum_{k=1}^{m} z_{ik}^* - y_i^* \right) = \left(y_i^* - \sum_{k=1}^{m} c_{ik}(z_{ik}^*) \right) f_i \left(\widetilde{R}_i + \sum_{k=1}^{m} z_{ik}^* - y_i^* \right) \tag{3-3}$$

注意，根据分布 F_i 的定义，（3-3）侧面反映了价格 y_i^* 对其他出价 y_j 和 z_{jk} 的依赖。当 $z_{jk} = \beta_k S_k(q_{ik})$ 时，由（3-1）得出的质量水平 z_{ik}^* 也可以写作 q_{ik}^*。我们设 $C_{ik}(q)$ 为实现质量 q 的成本。此时 $C_{ik}(q) = c_{ik}(\beta S_k(q))$，且由式（3-1）可得

$$C'_{ik}(q_{ik}^*) = \beta S'_k(q_{ik}^*) \tag{3-4}$$

命题的（a）部分本质上与 Che（1993）的结果相同（其引理 1）。它表明供应商所选择的质量水平与竞争环境（即竞争者的数量或侵略性）无关。显然，最佳对策的这种性质在任何纳什均衡中都有体现。事实上，如果只有一个供应商，均衡条件下的质量水平是在总体利润（供应链）最大化处选取的。从买方的角度来看，在供应商付出相同成本的情况下，没有这种特性的投标可以进一步改进。可以直接通过观察得出结果：在竞争环境中，进行这类改进是供应商的最

优选择。

许多分布都满足式（3-2）的性质。例如，假设$-X_i$存在对数凹密度函数；因此$-X_i$具有递增的危险率（如 Bagnoli 和 Bergstrom，2005）。那么，由于$-X_i$的密度和分布函数是由$f_{-x}(x) = f_i(-x)$和$F_{-X}(x) = 1 - F_i(-x)$给出的，很容易得出，危险率递增意味着$\dfrac{F_i(x)}{f_i(x)}$递增，因此满足式（3-2）。许多分布具有对数凹密度函数（如 Glaser，1980）。可以推导出，当X_i是正态分布或均匀分布时定理成立。此外，当X_i中的随机变量ε_i和ε_j均服从独立的正态分布或独立的均匀分布时，由于卷积和最大算子都具有递增的危险率（Barlow 等，1963），式（3-2）也被满足。

为了更详细地研究该模型中的均衡行为，考虑只有两个供应商i和j的最简单情况。在这种情况下，可以考虑两个供应商误差之间的差异分布。用G表示相应的cdf，因此$G(X) = Pr(\varepsilon_i - \varepsilon_j \leqslant x)$。接下来，描述当其中一个供应商无论是成本结构还是对R_i与R_j的估计值都比另一个供应商更具优势时的均衡解。

命题2 假设有两个供应商参与投标，成本由ρ参数化，$c_{ik}(z) = c_k(\rho_{ik}, z)$和$c_{ik}$为凸。如果$\varepsilon_i$，$\varepsilon_j$是独立同分布的；对于每一个$k$，$c_k$满足$\partial c_k(\rho, z)/\partial \rho > 0$和$\partial^2 c_k(\rho, z)/\partial \rho \partial z > 0$；供应商$i$优于供应商$j$，即任意$k$均满足$\rho_{ik} < \rho_{jk}$且$\widetilde{R}_i \geqslant \widetilde{R}_j$时，均衡状态下：

（a）供应商i的质量水平较高，即$z_{ik}^* > z_{jk}^*$。

（b）供应商i比供应商j更有可能被选择，即$F_i\left(\widetilde{R}_i + \sum\limits_{k=1}^{m} z_{ik}^* - y_i^*\right) > 1/2$。

（c）在$c_k(\rho, z) = \rho z^{q_k}$的特殊情况下，对于某个常数$q_k > 1$，供应商$i$的均衡价格更高，即$y_i^* > y_j^*$。

命题2的（a）部分直接来源于命题1的（a）部分。对于更一般的成本函数，命题2的（c）部分可能会失效。例如，当只有一个非价格变量具有参数化的成本函数$c_k(\rho, z) = 20\rho + \rho z^2$，$\rho_i = 1$，$\rho_j = 2$，$\widetilde{R}_i = \widetilde{R}_j = 0$，且误差在$(-1, 1)$上服从均匀分布(因此 $\varepsilon_i - \varepsilon_j$ 服从三角形分布)时,则可以计算出 $y_i^* = 38.70$, $y_j^* = 40.23$。

命题2也适用于两个以上供应商投标的情况。例如,当有三个供应商投标时,如果误差 (ε_i) 是均匀分布的,可以证明命题2的三个部分都成立(证明详见本章附录)。例如,假设有三个竞标者 i、j、l,且 $c = \rho z^2$、$\rho_i = 2$、$\rho_j = 3$、$\rho_l = 4$。则由命题1(a)得出 $z_i^* = 1/4$、$z_j^* = 1/6$、$z_l^* = 1/8$。如果误差 (ε_i) 在 $(-1,1)$ 上均匀分布,并且信号 $\tilde{R}_i = 4$、$\tilde{R}_j = 3$、$\tilde{R}_l = 2$,则可计算各供应商中标的概率分别为 $P_i = 0.63$、$P_j = 0.31$、$P_l = 0.06$。进一步地,可以计算出 $y_i^* = 1.53$、$y_j^* = 0.84$、$y_l^* = 0.43$。然而,对于更一般的误差分布,可能无法据此得出正确结果。

3.4.2　买方的最优信息披露策略

本书对买方在制定评价规则时应保留的最优不确定性程度感兴趣。评价规则的不确定性会影响供应商在进行投标时面临的不确定性。一种直观的观点认为,减少评价规则的不确定性会加剧相似的供应商之间的竞争。如果能消除所有不确定性,那么或许会出现伯特兰竞争,即具有最佳性价比的供应商报价对其他供应商来说是零利润的价格水平。缺乏不确定性意味着对于任意的均衡投标集合,都会有一个供应商通过将其报价降低到略低于其他供应商的水平来保证获取买方的合同。除非最终达成的价格水平低到只剩下一个供应商能够盈利,否则均衡会被打破。

显然,当评价规则存在不确定性时,同样的观点将不再适用。在伯特兰案例中,这种迫使对手降价的竞价方式将无法产生同样的效果。因为仅仅具有微弱价格优势的供应商无法保证最终能够赢得买方青睐。这支持了均衡状态,即价格越高,供应商利润越高,买家利润越少。

然而,不能认为当买方发布完整信息,使得供应商在对分数函数的估计中没有误差时,最低价格就会出现。考虑从无不确定性的极限情况到不确定性的极限情况稍微增加的过程，可以发现上述观点并不成立。在没有任何不确定性的情况下，具有成本优势的供应商会将价格定得足够低，以确保其他供应商无法盈利。但是，由于存在少量的不确定性，这个价格点已经不再明确。在这种情况下，成本较低的供应商需要设定一个更低的价格，以确保其他供应商被排挤出市场。综上所述，买方可能从保留一定程度不确定性的评价规则中获益。本章研究结果也证实了这一点。

为了探究保留何种程度的不确定性对买方更有利，可对存在两个供应商的情况进行分析。从这一点出发，下面专注研究单一质量变量的情况。这并非是一个真正的限制：可以通过简单地考虑供应商在不同支出水平下向买方提供的效用来重新表述这个问题。对函数 $c_{ik}(z_k)$ 的假设能够找到任何总支出的 z_k 值的单一最佳组合，同时，可以在 z-空间中将结果曲线参数化，以恢复（虚构的）单一质量变量。

假设公司 i 和 j 的两个质量变量 z 的成本由凸函数 c_i、c_j 给出，供应商已知彼此的成本。使用 z_i^*、z_j^* 表示质量变量的最优选择（因此 $c'_i(z_i^*) = c'_j(z_j^*) = 1$）。

在拍卖开始前，买方对信息披露策略进行决策。该策略通过调整不确定性方差的大小来确定其分布。对于标准化版本的 G，写作 G_0（带有密度函数 g_0），代表两个供应商误差的分布。需要 G_0 在零点附近对称（可以通过独立同分布的 ε_i，ε_j 来实现）。为了避免在证明过程中遇到技术困难，最简单的假设是 G_0 具有有限定义域 $(-M, M)$，且在远离零点的地方趋于 0（$g_0(w) \to 0$ 为 $|w| \to M$）。

使用比例因子 α 来表示买方所保留的不确定性程度。$\alpha > 0$，且 α 越大，表示买方保留的不确定性越高。由于 ε_i、ε_j 都是从与 α 成比例的分布中得到的，对于组合误差 $\varepsilon_i - \varepsilon_j$，给出分布 $G(w) = G_0(w/\alpha)$。该分布的密度由 $g(w) = g_0(w/\alpha)/\alpha$ 给出。这里的密度函数为 $g(w) = g_0$。通过使用比例因子 α 替代标准差 σ，可以更方便地将买方成本表示为函数 $C_B(\alpha)$。根据 $C_B(\sigma)$ 的定义，可以得到 $C'_B(\alpha) \leq 0$。

如果供应商 i 投标时的成本为 c_i，那么供应链总体的效用就为 $R_i + z_i^* - c_i(z_i^*)$，供应商 j 同理。分别使用 Φ，ϕ 指代两个量的和与差，可得

$$\Phi = (R_i + z_i^* - c_i(z_i^*)) + (R_j + z_j^* - c_j(z_j^*))$$

$$\phi = (R_i + z_i^* - c_i(z_i^*)) - (R_j + z_j^* - c_j(z_j^*))$$

其中，R_i 和 R_j 是供应商 i，j 的效用，z_i^* 和 z_j^* 是质量变量的最优决策。如果较强的供应商将出价降低到使得第二个供应商刚好无法盈利的水平，那么买方将获得效用 $\Phi/2 - |\phi/2|$。此时，买方未保留任何不确定性，即 $\alpha = 0$。

在选择 α 时，买方不知道供应商的特征。假设关键因素 ϕ 决定了供应商 i 在与供应商 j 竞争时具有多大的优势。ϕ 值越大，意味着与供应商 j 相比，供应商 i 将在提供最佳报价的情况下为供应链带来更大的效用。这种优势可能来自与质量属性相关的更低成本，或者来自其他影响买方效用的因素。假设买方已知 ϕ 的分布，同时将证明 α 的最优决策结果仅与 ϕ 的分布和 G_0 相关。ϕ 的分布不仅能表示买方对供应商成本函数的不确定性，也能表示其对 R 值的不确定性。

定义 $W_0(x)$ 为 w 的解：

$$G_0(w) = \frac{1}{2}(x-w)g_0(w) + \frac{1}{2}$$

根据定理 1 的证明（见本章附录），可以得到当 $x = (R_i + z_i - c_i(z_i)) - (R_j + z_j - c_j(z_j))$ 时，$W_0(x)$ 的量与均衡解的关系。其可以被认为是由 R_i 和 R_j 带来的供应商 i 与供应商 j 相比的成本优势。以下结果表明，当 ϕ 为固定值时，买方预期利润受 α 影响的部分为 $\alpha H(\phi/\alpha)$，其函数 H 定义如下：

$$H(x) = \int \left(\frac{1}{2}|W_0(t+x) - t| - \frac{1}{2g_0(W_0(t+x))} \right) g_0(t)\, dt$$

定理 1 假设误差 $\varepsilon_i - \varepsilon_j$ 的分布为由因子 α 决定的 G_0。若 G_0 关于零点对称，且其在端点 $\pm M$ 处的密度趋近于 0，在有界区间 $(-M, M)$ 上的密度均远离 0，那么能够使买家效用最大化的 α 值应满足 $\alpha E_\phi(H(\phi/\alpha)) - C_B(\alpha)$ 最大化。最优值 α^* 严格大于 0 且满足：

$$\int \left(H\left(\frac{\phi}{\alpha^*}\right) - \frac{\phi}{\alpha^*} H'\left(\frac{\phi}{\alpha^*}\right) \right) r(\phi) d\phi = C'_B(\alpha^*)$$

可以使用上述定理计算在特定情况下买方决定不确定性水平的方法。下面重点讨论成本函数为二次函数的情况，其中 $c_i(z) = \rho_i z^2$ 且 $c_j(z) = \rho_j z^2$。那么 $z_i = 1/(2\rho_i)$，$z_j = 1/(2\rho_j)$ 且

$$\Phi = \frac{1}{4}\left(\frac{1}{\rho_i} + \frac{1}{\rho_j}\right) + R_i + R_j$$

$$\phi = \frac{1}{4}\left(\frac{1}{\rho_i} - \frac{1}{\rho_j}\right) + R_i - R_j$$

尽管买方不知道供应商的特性（即 ρ_i，ρ_j，R_i，R_j），但假设买方知道 ϕ 的分布。回想一下，ϕ 的值反映了供应商 i 与供应商 j 相比具有的优势大小。由下述推论可得，当其中一个供应商具有更大的竞争优势时，买方应在所宣布的评分规则中保留更多的主观性/不确定性。若两个供应商没有差异，且买方披露信息的成本 C_B 为零，则买方应当披露全部信息。

推论 1 假设 $c_i(z) = \rho_i z^2$ 且 $c_j(z) = \rho_j z^2$，ϕ 在 $[-D, D]$ 上均匀分布，ε_i 和 ε_j 在 $[-\alpha/2, \alpha/2]$ 上均匀分布。在信息披露没有成本时，买方的最优决策为 $\alpha^* = 0.12419D$，其中买方预期可获得的利润为 $E(\Phi)/2 - 0.20162D$。

在具有二次成本、一致性误差和一致性差异的情况下，推论 1 表明买方的最优信息披露百分比（即 α^*）是差异参数 D 的 12.419%。可以通过一个具体的例子来说明这一点。假设成本函数为二次函数，买方在拍卖前不知道 ρ_i、ρ_j、R_i、R_j 的值，但知道 ϕ 在区间 $[-2, 2]$ 内服从均匀分布。例如，公司 i 的成本函数为 $c_i(z) = z^2/3$，公司 j 的质量成本为 $c_j(z) = z^2/2$，这些为公开信息。公司 i 出价的质量水平 $z_i = 3/2$，成本为 $3/4$。同理，$z_j^* = 1$，成本为 $1/2$。在这种情况下，有 $\phi = R_i - R_j + 1/4$。当 $R_j = 1/4$，且 R_i 在 $[-2, 2]$ 均匀分布时，φ 的概率分布即为示例所需。考虑 ε_i，ε_j 在 $[-\alpha/2, \alpha/2]$ 上均匀分布，并且信息披露的代价 C_B 为零的情况。当 $E(\Phi) = 2$ 时，两个参与者的期望利润和买方的期望效用如图 3-1 所示。

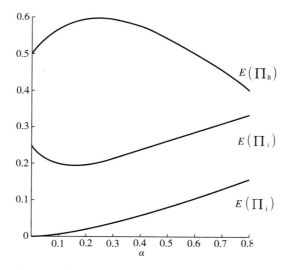

图3-1 当 ε 服从 $[-\alpha/2,\ \alpha/2]$ 上的均匀分布且供应商 i 的优势 ϕ

服从 $[-2,\ 2]$ 上的均匀分布时，买方和两个供应商的利润

可以观察到，当 α 较大时（约大于 0.25），不确定性 α 的降低会使均衡结果更具竞争力，从而为买方带来更好的结果。然而，当 α 较小时，情况稍有不同。此时，供应商 j 几乎没有利润。当 α 趋于 0 时，供应商 i 的预期利润会增加。当买方将 α 设置得很低时，这会损伤买方自身的效用。根据推论，买方对 α 的最佳选择为 $\alpha^* = 0.12419 \times 2 = 0.24838$。此外，可以计算出买方在 α^* 处的期望效用为 $E\left(\prod_B\right) = 1 - 0.20162 \times 2 = 0.59676$。相对于 $\alpha = 0$ 的情况，买方在 $\alpha = 0.24838$ 时的预期效用增加了 19.4%（其中 $E\left(\prod_B\right) = 0.5$）。

一个更现实的情况是供应商的成本参数服从正态分布。设 $1/\rho_i \sim N$，$1/\rho_j \sim N$ $(4,\ 0.8^2)$，且 $R_i = R_j = 0$，则 $\phi \sim N(1,\ 0.08)$。在该示例中，使用相同的成本函数（$c_i(z) = \rho_i z_i^2$，$c_j(z) = \rho_j z_j^2$），并且令 ε_i，ε_j 均匀分布于 $[-\alpha/2,\ \alpha/2]$。买方的最优选择为 $\alpha^* = 0.2746$。此时，买方在 α^* 处的期望效用比 $\alpha = 0$ 的情况增加了 25.7%（其中 $E\left(\prod_B\right) = 0.5$，$E(\Phi) = 2$）。事实上，可以通过将 ϕ 的分布设定

为具有较小均值（d）的正态分布来减少两个供应商之间的差异。图 3-2 描述了当两个供应商的平均差 d 在 0~1 范围内变化时，买方的最优信息披露百分比 α^*。综上所述，当供应商之间的不平等程度更大时，买方会选择更大的 α 值来保持更大的不确定性。

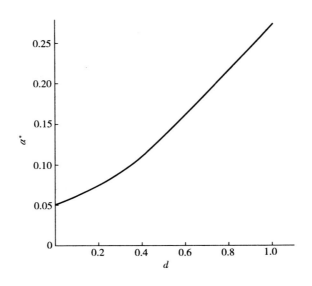

图 3-2   当 ε_i 和 ε_j 服从 $[-\alpha/2，\alpha/2]$ 上的均匀分布且供应商 i 的优势 $\phi \sim N$（d，0.08）时，买方对 α 的最优选择

还可以观察到，供应商成本的不确定性程度（由参数 s 衡量）也会对买方的最佳选择产生影响。在这个例子中，假设供应商 i 和供应商 j 的成本参数为 $1/\rho_i \sim N(8，s^2)$ 和 $1/\rho_j \sim N(4，s^2)$。那么买方的最佳选择 α^* 便取决于参数 s 的取值。同时，可以计算出买方在不同 α 值下的期望利润，并将其绘制成图 3-3。

从图 3-3 中可以看出，在成本不确定性较大的情况下（即 s 值较大时），买方更倾向于选择较小的 α 值，以减少供应商的不确定性。这是因为当供应商成本的不确定性增加时，买方往往会更加谨慎，以避免承担过大的风险。相反，在成本不确定性较小的情况下（即 s 值较小时），买方更倾向于选择较大的 α 值，以维持供应商面临的不确定性。

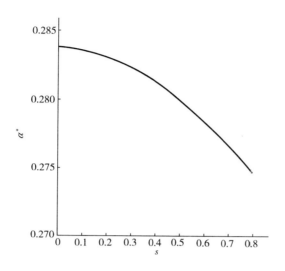

图 3-3 当 ε_i 和 ε_j 服从 $[-\alpha/2, \alpha/2]$ 上的均匀分布，供应商成本参数为
$1/\rho_i \sim N\,(8,s^2)$，$1/\rho_j \sim N\,(4,s^2)$ 时，买方对 α 的最佳选择

总而言之，买方在选择 α 值时需要考虑供应商成本不确定性的程度。当成本不确定性较大时，买方倾向于选择较小的 α 值，以降低供应商不确定性带来的风险。而在成本不确定性较小的情况下，买方则更倾向于选择较大的 α 值，以维持供应商面临的不确定性。由此，买方可以根据具体情况做出最合适的决策。

3.5 供应商额外的不确定性

本节将放松供应商知道彼此成本的假设。现在假设每个供应商知晓自身的成本信息，并且买方依旧拥有非公开的对供应商的评估信息。

目的是探究当一个供应商对另一个供应商的成本参数存在不确定性时，结果会如何变化。再次考虑由两个供应商参与的密封竞价拍卖情景假设两个供应商均只有一个质量属性需要决策。

假设供应商的成本由单个参数 ρ_i 决定，因此达到质量水平 z 的成本由 $c_i(\rho_i, z)$ 给出。已知 ρ 值的分布：每个供应商都知道自己的成本，但不知道其他供应商的成本。和前文一样，使用 y_i 表示价格，z_i 表示供应商 i 的质量选择。

一个简单的方法（与成本参数值的离散化有关）是假设存在两种类型的供应商：高成本供应商或低成本供应商。接下来通过增加两种类型之间的差异来分析供应商成本不确定性增加带来的影响。假设开始时，每个供应商为高成本供应商或低成本供应商的概率相等，因此供应商 i 的成本参数可能为 ρ_{iH} 或 ρ_{iL}（与 $\rho_{iH} > \rho_{iL}$）。供应商 i 知道自己的类型，但不知道其他供应商的类型。因此，参与人 i 将在 y_{iH} 和 y_{iL} 这两个价格中进行选择；参与人 j 将在 y_{jH} 和 y_{jL} 这两个价格中进行选择。

由 $C'(\rho_{iH}, z_i(\rho_{iH})) = 1$ 可得出 $z_i(\rho_{iH})$（同理，对于 $z_i(\rho_{iL})$，$z_j(\rho_{jH})$，$z_j(\rho_{jL})$）。定义随机变量如下：

$$X_i = \widetilde{R}_j + \varepsilon_i - \varepsilon_j + z_j^*(\rho_{jH}) - y_{jH} \quad 1/2 \text{ 可能性}$$
$$= \widetilde{R}_j + \varepsilon_i - \varepsilon_j + z_j^*(\rho_{jL}) - y_{jL} \quad 1/2 \text{ 可能性}$$

接下来，假设两个供应商会对 $\widetilde{R}_i$ 和 $\widetilde{R}_j$ 做出相同的估计。$\widetilde{R}_i$ 和 $\widetilde{R}_j$ 为非公开的成本函数。然后

$$F_i(x) = Pr(X_i < x)$$
$$= 1/2 Pr(\varepsilon_i - \varepsilon_j < x - \widetilde{R}_j - z_j^*(\rho_{jH}) + y_{jH}) + 1/2 Pr(\varepsilon_i - \varepsilon_j < x - \widetilde{R}_j - z_j^*(\rho_{jL}) + y_{jL})$$
$$= (G(x - \widetilde{R}_j - z_j^*(\rho_{jH}) + y_{jH}) + G(x - \widetilde{R}_j - z_j^*(\rho_{jL}) + y_{jL}))/2$$

$$f_i(x) = (g(x - \widetilde{R}_j - z_j^*(\rho_{jH}) + y_{jH}) + g(x - \widetilde{R}_j - z_j^*(\rho_{jL}) + y_{jL}))/2$$

因此，高成本类型的供应商 i 的一阶条件是：

$$G(\widetilde{R}_i + z_i^*(\rho_{iH}) - y_{iH} - \widetilde{R}_j - z_j^*(\rho_{jH}) + y_{jH}) + G(\widetilde{R}_i + z_i^*(\rho_{iH}) - y_{iH} - \widetilde{R}_j - z_j^*(\rho_{jL}) + y_{jL}) =$$

$$(y_{iH}-C_i(\rho_{iH}, z_i^*(\rho_{iH})))g(\widetilde{R}_i+z_i^*(\rho_{iH})-y_{iH}-\widetilde{R}_j-z_j^*(\rho_{jH})+y_{jH})+(y_{iH}-C_i(\rho_{iH}, z_i^*$$
$$(\rho_{iH})))g(\widetilde{R}_i+z_i^*(\rho_{iH})-y_{iH}-\widetilde{R}_j-z_j^*(\rho_{jL})+y_{jL}) \qquad (3-5)$$

低成本类型的供应商 i 也存在类似的一阶条件。此外，对于两种类型的供应商 j，可以通过简单地交换 i 和 j 的角色来获得条件集。最终，得到四个方程。根据成本函数 g 和 G 获得的 ε 不确定性模式，可以计算出 y_{iL}、y_{iH}、y_{jL} 和 y_{jH}。

考虑一个二次成本函数 $c_i(\rho_i, z)$，使得 $z_{iH}(\rho_{iH})=1/\rho_{iH}$，$z_{iL}(\rho_{iL})=1/\rho_{iL}$（$J$ 也是如此）。可以通过参数 θ 来刻画高成本供应商和低成本供应商之间的差异，从而探究不同水平的成本不确定性的影响。由于一阶条件中 ρ 以倒数形式出现，因此选择 $\dfrac{1}{\rho_{jL}}=\dfrac{1}{\rho_j}+\theta$、$\dfrac{1}{\rho_{jH}}=\dfrac{1}{\rho_j}-\theta$、$\dfrac{1}{\rho_{iL}}=\dfrac{1}{\rho_i}+\theta$、$\dfrac{1}{\rho_{iH}}=\dfrac{1}{\rho_i}-\theta$。针对特定分布的 G，可以计算出买方应选做的最优不确定性水平。为方便起见，假设买方的信息披露成本 C_B 为 0。

这四组一阶条件的解是相当复杂的，只能通过数值计算针对特定问题进行求解。考虑一个特例，其中 ε_i，ε_j 在 $[-\alpha/2, \alpha/2]$ 内服从均匀分布。设 $R_i=R_j=0$、$1/\rho_i=2$、$1/\rho_j=1$。那么一阶条件（3-5）就变成了：

$G(\widetilde{R}_i-\widetilde{R}_j+1-y_{iH}+y_{jH})+G(\widetilde{R}_i-\widetilde{R}_j+1-2\theta-y_{iH}+y_{jL})=(y_{iH}-1+\theta/2)(g(\widetilde{R}_i-\widetilde{R}_j+1-y_{iH}+y_{jH})+g(\widetilde{R}_i-\widetilde{R}_j+1-2\theta-y_{iH}+y_{jL}))$

还有三个类似的一阶条件。取决于 ε_i 和 ε_j 的随机变量，$\widetilde{R}_i-\widetilde{R}_j$ 决定了最终的均衡解。

对于给定的 α、θ 值，可以通过推断 $\widetilde{R}_i-\widetilde{R}_j$ 的可能取值来计算买方的预期效益。请注意，这里假设 R_i 和 R_j 是固定的。而在图 3-1 中，R 值是未知的。对买方而言，其面临的不同类型的供应商对应了 ϕ 值可能的概率分布。与之前的分析不同，在拍卖前 ϕ 的不确定性会延续到供应商在拍卖时产生的额外不确定性。图 3-4 显示了买方的期望效用随 α 变化的情况。可以计算出，当 $\theta=0.15$、0.1、0.05、0.01 时，α 的最优值分别为 $\alpha^*=0.028$、0.032、0.036、0.039。

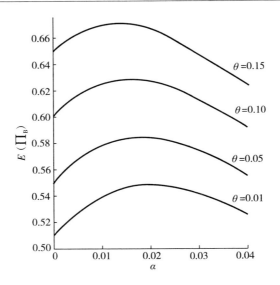

图 3-4　当 ε 服从 $[-\alpha/2,\ \alpha/2]$ 上的均匀分布，并且每个供应商的成本

可以是两种类型之一时，买方的利润

　　总体行为类似于在图 3-1 中看到的。对买方来说，最理想的结果是保留少量供应商的不确定性。随着 θ 的增加，供应商的成本不确定性程度增加，买方的总体结果会改善。因为较强的供应商不再试图挤占另一方的全部利润。尽管如此，对于买方而言，依然可以通过设置大于 0 的 α 获利。本部分观察到的趋势与图 3-3 相似：当买方的成本不确定性较大（θ 较大）时，α 的最优选择略有下降。极限情况下，θ 趋于 0 时的结果与推论 1 相符。

3.6　公开竞标的模型

　　3.5 节中存在两个关键假设，即供应商知道彼此的成本和信号。然而在实践中，可以认为信号 $\tilde{R}_i$ 只提供给供应商 i。因此第二个假设存在问题。在公开拍卖环境中，这两种假设都可能不再适用。随着拍卖的进行，每个供应商都将知道其他参与者选择的质量变量 z^*。此外，可以在供应商接收到不同信号的情况下进行分析（即，供应商 i 对 R_j 的估计可能与供应商 j 的估计不同）。

接下来，考虑如何将研究结果应用于上述情况。为了简便，依旧考虑只有两个供应商的情况。由定理 1 可知供应商会将非价格变量保持在相同水平，但会重新决策出价。拍卖的顺序与密封投标类似。但是，供应商可以在拍卖进行期间（如 24 小时）重新投标，并且另一个供应商会立即知道新的出价。公开拍卖要求竞标者逐步提高出价，在投标时则表现为供应商降低价格。公开竞价拍卖在时间耗尽时结束（有时可能会根据规则延长）。假设随着拍卖的进行，买方不会分享有关出价排名的信息。与密封投标案例一样，合同将授予得分最高的供应商。

由于投标中存在非价格变量，且买方的评估行为存在不确定性，需要对典型的降价采购拍卖情境进行调整。随着拍卖的进行，供应商会渐渐了解其他竞争者的出价情况。出价较高的供应商往往在非价格方面更具优势。由于买方可能会因此选择出价较高的供应商，这一类供应商对于竞争者的出价情况便更为关注（见 Jap（2002）、Haruvy 和 Katok（2013）关于这种类型行为的描述）。在这种情况下，可以假设在拍卖过程中供应商交替出价，且会对另一个供应商的出价做出最佳反应。之后对拍卖过程进行建模。本章得到的第一个结果是，这一公开竞价过程会导致价格递减，最终趋于均衡。

在这个模型中，不需要假设 R 值有共同的估计值，或者 ε_i 和 ε_j 具有相同的分布。在这个考虑两个供应商的模型中，均衡取决于供应商 i 和 j 的私有信号 $(\tilde{R}_i, \tilde{R}_j)$ 以及双方对竞争者带给买方的效用的估计值，即供应商 i 对 R_j 的估计 $(\tilde{R}_{ij})$ 和供应商 j 对 R_i 的估计 $(\tilde{R}_{ji})$。用 $\varepsilon_{ij} = R_j - \tilde{R}_{ij}$ 表示供应商 i 估计效用的误差值。首先，假设双方供应商都不会依据其观察到的竞争者的出价更新其对 R 的估计值（后续会讨论这个假设）。

用 G_i 表示 $\varepsilon_i - \varepsilon_{ij}$ 的累积分布函数，对应的密度函数为 g_i。同理，使用 G_j 表

示 $\varepsilon_j - \varepsilon_{ji}$ 的累积分布函数，对应的密度函数为 g_j。可以将条件(3-3)重新表述如下：

$$G_i(y_j - y_i^* + \eta_i) = (y_i^* - c_i(z_i^*))g_i(y_j - y_i^* + \eta_i) \tag{3-6}$$

其中，$\eta_i = (\widetilde{R}_i + z_i^*) - (\widetilde{R}_{ij} + z_j)$，类似地，

$$G_j(y_i - y_j^* + \eta_j) = (y_j^* - c_j(z_j^*))g_j(y_i - y_j^* + \eta_j) \tag{3-7}$$

其中，$\eta_j = (\widetilde{R}_j + z_j^*) - (\widetilde{R}_{ji} + z_i)$，式(3-6)决定了供应商 i 面对竞争对手 j 的出价 y_j 和非价格变量 z_j 的最佳反应。类似地，式(3-6)描述了供应商 j 面对竞争对手 i 的出价 y_i 和非价格变量 z_i 的最佳反应。

引理 1 假设密度函数 g_i 和 g_j 在有限的范围 $(L_i，U_i)$ 和 $(L_j，U_j)$ 内连续且对于分布范围内的任意 x，有

$$\frac{d}{dx}\frac{G_i(x)}{g_i(x)} > 0,\ \frac{d}{dx}\frac{G_j(x)}{g_j(x)} > 0, \tag{3-8}$$

假设在投标过程中，每个供应商都采用最佳反应来对抗竞争者，且两个供应商交替进行出价。那么，如果第一个供应商的初始出价足够高，那么其他供应商会在拍卖过程中不断降价，并逐渐趋向均衡解。

需要指出的是，式（3-7）适用于任何对数凹分布，因此适用范围较广。现在进一步讨论供应商不会根据所观察到的出价改变他们对 R 的估计值这一假设。在这个模型中，假设供应商不知道竞争者的成本。这使得供应商 i 无法通过供应商 j 的单次响应推断出 $\widetilde{R}_j$。这是因为，即使参与人 i 观察到对方的最优对策 y_j^*，z_j^*，式(3-7)中的 $(y_j^* - c_j(z_j^*))$ 的大小依旧是未知的。

然而，也有可能其中一个供应商通过观察另一个供应商的连续报价来对 R 进行推测。例如，供应商 i 知道 G_j，并观察到后续的 y_j^*，由于 $c_j(z_j^*)$ 不变，供应商 i 将通过求解式(3-7)的推断 η_j 的未知部分 $\widetilde{R}_j - \widetilde{R}_{ji}$。事实上，供应商 i 可根据供应商 j 对两个不同 y_i 的反应推断出 η_j 和 $c_j(z_j^*)$。这一信息又是否会影响供应商 i 对于 $\widetilde{R}_j - \widetilde{R}_{ij}$ 的估计？例如，供应商 i 认为他在某种意义上具有显著优势，即

$\tilde{R}_i - \tilde{R}_{ij}$ 很大且为正。但他从供应商 j 的反应中得知供应商 j 认为供应商 i 没有优势（即 $\tilde{R}_j = \tilde{R}_{ji}$）。那么供应商 i 应该调整其估计。但对于结果而言，需要假设不存在这样的调整。最简单的方法就是像在密封竞标中那样假设所有人对 R 值有共同的估计。

建立了均衡机制后，可以对应定理 1，给出买方的最优不确定性水平。假设公开拍卖运行的时间足够长，以便能够给出均衡状态下最终结果的最佳估计。假设 G_i 和 G_j 的分布均为 G，其概率密度为 g，关于零点对称。如前文所述，假设存在一个基准分布 G_0（密度 g_0），买方根据 $G(w) = G_0(w/\alpha)$ 和 $g(w) = \frac{1}{\alpha} g_0(w/\alpha)$ 选择不确定性程度 α。与 $W_0(x)$ 类似，定义一个具有三个参数的函数 $W_0(x_i, x_j, z)$ 来求解 W 的值：

$$\frac{G_0(w+x_i)}{g_0(w+x_i)} - \frac{1-G_0(w+x_j)}{g_0(w+x_j)} = z-w$$

然后定义二重积分：

$$J\left(\frac{\phi}{\alpha}\right) = \iint \left(-\frac{1-G_0\left(W_0\left(t_i, t_j, \frac{\phi}{\alpha}\right)+t_j\right)}{g_0\left(W_0\left(t_i, t_j, \frac{\phi}{\alpha}\right)+t_j\right)} + \max\left(W_0\left(t_i, t_j, \frac{\phi}{\alpha}\right), 0\right) \right)$$
$$g_0(t_j)g_0(t_i)\,dt_j dt_i$$

定理 2 假设 $\varepsilon_i - \varepsilon_{ij}$ 和 $\varepsilon_j - \varepsilon_{ji}$ 服从由 α 和 G_0 决定的分布。若 G_0 关于 0 对称，且在有限区间 $(-M, M)$ 内，在端点处的概率密度趋于 0，那么买方可以通过最大化 $\alpha \int J(\phi/\alpha) r(\phi) d\phi - C_B(\alpha)$ 来选择 α，以实现其在均衡状态下的效用最大化。由此，可得出最优值 $\alpha^* > 0$ 满足等式如下：

$$\int \left(J\left(\frac{\phi}{\alpha^*}\right) - \frac{\phi}{\alpha^*} J'\left(\frac{\phi}{\alpha^*}\right) \right) r(\phi) d\phi = C'_B(\alpha^*)$$

在定理 1 中，对买方最有利的不确定性水平与参数 ϕ 的分布直接相关。该参数反映了两个供应商的相对优势（成本和基础效用）的差异。

对于特定的 G_0 分布，可以通过数值分析计算最优的 α。但由于涉及三重积分，其计算过程比密封竞标的情况更具挑战性。假设 G_0 为三角分布（对应 ε 服从均匀分布）、ϕ 服从 $[-D, D]$ 上的均匀分布，可以将结果与推论 1 进行比较。当所有相关随机变量 ε_i、ε_j、ε_{ij} 和 ε_{ji} 在 $[-\alpha/2, \alpha/2]$ 上服从均匀分布且买方无须为披露信息付出成本时，可计算出 $\alpha^* = 0.0164D$。因此，在这种情况下，买方的最优不确定性水平非常小，仅为密封竞价拍卖情境下的 13% 左右。

许多公开拍卖会对排名进行反馈，即在每一轮竞价之后公布当前的中标者。这种反馈通过逐步减少不确定性来向投标者提供信息。如果 (y_i, z_i) 优于 (y_j, z_j)，那么双方都可以根据 $R_i + z_i - y_i > R_j + z_j - y_j$ 的信息缩小随机变量 ε_i、ε_j、ε_{ij} 和 ε_{ji} 的范围。这意味着之前降低价格的最佳策略在公开拍卖的情况下并不适用。假设拍卖规则要求竞标者在每一轮中提高出价，那么每一轮均做出最佳回应的竞标者最终可能会后悔出价过低。

值得注意的是，当前没有中标者提高出价的激励。因此可以假设，如果有机会，失败的投标人仍然可以提高他们的出价并以此获利。竞标者可能会后悔出价过低，而最佳策略是在拍卖允许的最小范围内提高出价。当失败的竞标者 j 以 $y_j = c_j(z_j^*)$（零利润）出价时，拍卖结束。由于优胜者 i 在每一步都只在最小范围内降价，因此他们的出价只比 $R_i + z_j^* - R_j - z_j^* + c_j(z_j^*)$ 高一个最小增量。实际上，这是在没有不确定性的情况下可以得到的均衡解。因此，具有排名反馈的公开拍卖得到了与买方透露完整信息的拍卖相同的结果。因此，定理 2 的结果表明，如果可以让竞标的供应商面临一定的不确定性，买方在公开竞标中会更倾向于不提供排名反馈。

3.7　结论

本章研究了一种采购拍卖方式，其中供应商的出价不仅包含价格属性，还包含非价格属性。假设买方有一个可分离的效用函数，可以通过对每个供应商在各个属性上的得分进行加权来计算效用。虽然买方通常会事先公布评分规则，但由于评分规则中存在主观成分，供应商无法准确知道最终的评分结果。对于每个供应商而言，在没有其他竞争者参与时，投标非价格属性的价值是最优的。

本章的目的是确定买方在投标前应向供应商披露的关于评标评分规则的信息量，即评分规则的明确程度。本章详细研究了当有两个供应商时的情况，并考虑了两种不同的模型。在密封投标环境中，假设供应商知道竞争对手的成本，并假设他们对买方评价的估计值是相同的。然后，将该模型扩展到供应商不知道彼此成本的情况。在开放投标环境中，发现供应商们会自然地逐渐降低价格，并最终趋向均衡状态。在这种情况下，不再需要假设供应商知道竞争对手的成本。此外，有时相较于预测买方对自己的评估结果，供应商可能会在预测买方对其竞争对手的评估结果时面临更大的不确定性。本章的模型同样可以处理这种情况。

本章的主要结果（定理 1 和定理 2）表明，即使信息披露的成本为零，买方也没有必要完全披露所有信息来消除供应商对评分规则的不确定性。从买方的角度来看，最好在评分规则中保留一定的主观性，让供应商对如何评分存在一些不确定性。最优的信息披露程度取决于供应商之间的不对称性：成本差异越大，买方希望保持的主观性程度就越大。这会使得低成本供应商为了确保自己的报价被接受，会选择以一个低于预期价值的价格投标，以匹配高成本供应商的最低可能报价。

虽然本章只讨论了存在两个供应商的情况，但问题的基本结构也适用于存在两个以上供应商的情境。如果供应商在成本和基本效用方面是相似的，那么在对个别供应商的投标进行评分时保留主观性对买方没有好处。然而，如果供应商间存在明显的优势差距，那么买方应适当调整评分规则。

对于负责这类采购的管理者，特别是在私营部门，可以得出一些启示。需要考虑的关键问题是，是否存在某个供应商能够主导其他供应商（要么成本更低，要么在其他方面具有优势）。买方期望两个主要供应商在成本和其他方面均是相似的。而无论买方如何决策，都会存在一些剩余的不确定性。因此，建议买方尽量制定明确客观的评分规则。增加评分规则的透明度可以减少投标人的不确定性。其通常会导致价格下降，从而提高买方的效用。这一结果与之前的研究一致，表明了不确定性（竞争对手的成本）会减弱（伯特兰竞争的）竞争性（Spulber，1995），而增加参与者的不确定可以提高竞争性（Pull 等，2013）。

在这种情况下，买方应该公布与待评估公司相关的信息。这些信息在投标过程中不能更改。例如，假设某个供应商知道，由于之前的供应合同延迟交付，他们的得分将会降低。但他们不能确定这会导致何种惩罚，这种不确定性通常会导致供应商提出更高的报价。因此，从买方的角度来看，最好完全告知供应商将会获得哪些惩罚。尽管减少评分规则中主观性可能会带来一些成本（如提前开会、充分讨论），但只要供应商竞争加剧的好处超过信息披露的成本，提高评分规则的明确性对买方而言仍然是有益的。

然而，在某些情况下，本书有不同的建议。在只有一个主要供应商的情况下，由于其低水平的价格结构或其他方面的优势，保留一定程度的主观性是有意义的。特别是在密封投标拍卖中，即使买方的信息披露成本可以忽略不计，买方依旧可以在制定评价细则时保留一定的主观性。当存在明显的领先供应商时，买方完全有可能知道谁是领先的供应商。此时，采购拍卖的存在要么是出于对公平的考虑，要么是用以确定价格和避免腐败的有用手段。

同样的观点在买方预期供应商之间可能存在很大差异时也适用。从本质上讲，减少评价规则的主观性会使拥有成本优势的供应商处于不利地位，这对买方有利。这与最优拍卖设计观点是一致的，即当具有成本优势的出价方被激励提出更积极的出价时，买方受益（Che，1993）。这种情况不需要买方评分规则与其实际偏好不同，因此不依赖于买方的承诺能力。

本章附录

命题 1 的证明

（a）该结果的证明与 Che（1993）中引理 1 的证明相似。由于 c_{ik} 是严格凸的，因此 $z - c_{ik}(z)$ 在 z_{ik}^* 处取最大值。假设供应商的最优投标是 $(\widetilde{y}_i, \widetilde{z}_{i1}, \widetilde{z}_{i2}, \cdots, \widetilde{z}_{im})$ 且 $\widetilde{z}_{ik} \neq z_{ik}^*$，令

$$\delta = z_{ik}^* - c_{ik}(z_{ik}^*) - \widetilde{z}_{ik} + c_{ik}(\widetilde{z}_{ik}) > 0$$

考虑选择一个新的投标，使得 $\hat{y}_i = \widetilde{y}_i + c_{ik}(z_{ik}^*) - c_{ik}(\widetilde{z}_{ik}) + \delta/2$，$\hat{z}_{ik} = z_{ik}^*$ 且其他所有 $\hat{z}_{ij}$ 值等于 $\widetilde{z}_{ij}$。此时，供应商 i 被买方选中后可获得的利润为：

$$\widetilde{y}_i + c_{ik}(z_{ik}^*) - c_{ik}(\widetilde{z}_{ik}) + \delta/2 - \sum_{j \neq k} c_{ij}(\widetilde{z}_{ik}) - c_{ik}(z_{ik}^*) = \widetilde{y}_i - \sum_{j=1}^{m} c_{ij}(\widetilde{z}_{ik}) + \delta/2$$

这一利润严格大于买方接受供应商 i 的投标 $(\widetilde{y}_i, \widetilde{z}_{i1}, \widetilde{z}_{i2}, \cdots, \widetilde{z}_{im})$ 时供应商所获得的利润。新报价被买方接受的概率如下：

$$P_i(\hat{y}_i, \hat{z}_i) = F_i\left(\widetilde{R}_i + \sum_{j \neq k} \widetilde{z}_{ij} + z_{ik}^* - \widetilde{y}_i - c_{ik}(z_{ik}^*) + c_{ik}(\widetilde{z}_{ik}) - \delta/2\right)$$

$$= F_i\left(\widetilde{R}_i + \sum_{j=1}^{m} \widetilde{z}_{ij} - \widetilde{y}_i + \delta/2\right) \geqslant F_i\left(\widetilde{R}_i + \sum_{j=1}^{m} \widetilde{z}_{ij} - \widetilde{y}_i\right)$$

由此可得，供应商 i 的投标为 $(\hat{y}_i, \hat{z}_i)$ 时供应商可以获得相比投标为 $(\widetilde{y}_i, \widetilde{z}_i)$ 时更高的预期利润。因此 z_{ik}^* 给出了供应商 i 的唯一最优质量报价。

（b）期望利润最大化的一阶条件给出了 y_i 需要满足式（附 3-3）。下一步是证明式（附 3-3）的解是唯一的。令 $w = \widetilde{R}_i + \sum_{k=1}^{m} z_{ik}^* - y_i$ 且 $s = \widetilde{R}_i + \sum_{k=1}^{m} z_{ik}^* - \sum_{k=1}^{m} c_{ik}(z_{ik}^*)$，因此 $s - w = y_i - \sum_{k=1}^{m} c_{ik}(z_{ik}^*)$。将定义方程重写为 $F_i(w) = (s-w)f_i(w)$。假设方程的解不唯一，如 $w_1 < w_2$ 是方程 $F_i(w_j) = (s-w_j)f_i(w_j)$（$j = 1, 2$）的两个解。那么，

$$\frac{F_i(w_1)}{f_i(w_1)}+w_1=\frac{F_i(w_2)}{f_i(w_2)}+w_2$$

将中值定理应用于 $F_i(w)f_i(w)$，并推导出在 w_1 和 w_2 之间存在某个点，其中

$$\frac{d}{dw}\left(\frac{F_i(w)}{f_i(w)}\right)=-1$$

这与式（附3-2）相矛盾，因此推断式（附3-3）存在唯一解。最后，检验二阶条件。继续用 w 表示 $\widetilde{R}_i+\sum_{k=1}^{m}z_{ik}^{*}-y_i$。对于 y_i 的较小值，式（附3-3）的左边为正（因为 F 项为1，f 项为0）。鉴于式（附3-3）的零点具有唯一性，可以推导出在解点对 y_i 的导数为负，即

$$\left(y_i-\sum_{k=1}^{m}c_{ik}(z_{ik})\right)f_i'(w)-2f_i(w)=\frac{\partial^2\prod_i}{\partial y_i^2}<0$$

在开始证明命题2之前，可以建立一个引理，给出当 ε_i 和 ε_j 独立同分布时适用于两个供应商的等式。

引理2 假设存在两家供应商，且其估计误差是对称的。那么可以写出分布函数 $G=G_i=G_j$，其密度函数为 g。如果 y_i^{*}，z_{ik}^{*}，y_j^{*}，z_{jk}^{*} 为均衡下的报价，则

$$G(\widetilde{W})=\left(y_i^{*}-\sum_{k=1}^{m}c_k(\rho_{ik},\ z_{ik}^{*})\right)g(\widetilde{W}) \tag{附3-1}$$

$$1-G(\widetilde{W})=\left(y_j^{*}-\sum_{k=1}^{m}c_k(\rho_{jk},\ z_{jk}^{*})\right)g(\widetilde{W}) \tag{附3-2}$$

其中，

$$\widetilde{W}=z_i^{*}-z_j^{*}-y_i^{*}+y_j^{*}+\widetilde{R}_i-\widetilde{R}_j \tag{附3-3}$$

引理2的证明

根据对称性，$G(x)=Pr(\varepsilon_i-\varepsilon_j<x)=Pr(\varepsilon_j-\varepsilon_i>-x)=1-G(-x)$，$g(x)=g(-x)$。因此，只需依照供应商 i 写出供应商 j 的形式，即可得到引理2。

命题2的证明

（a）由于 $\partial^2c_k(\rho_k,\ z_k)/\partial\rho_k\partial z_k>0$，给定 $\rho_{ik}<\rho_{jk}$，因此

$$\left(\frac{\partial c_k(\rho_{ik},\ z)}{\partial z}\right)_{z=z_{jk}^*} < \left(\frac{\partial c_k(\rho_{jk},\ z)}{\partial z}\right)_{z=z_{jk}^*} = 1 \qquad (\text{附}3\text{-}4)$$

此外，z_{jk}^* 满足下列等式：

$$\left(\frac{\partial c_k(\rho_{ik},\ z)}{\partial z}\right)_{z=z_{ik}^*} = 1 \qquad (\text{附}3\text{-}5)$$

已知 c_{ik} 为凸，可得 $\partial c_k(\rho_{ik},\ z)/\partial z$ 在 z 范围内递增。因此，根据式（附3-4）和式（附3-5）证明了 $z_{ik}^* > z_{jk}^*$。

在证明（b）部分之前，观察到 $z - c_k(\rho_k,\ z)$ 是 z 的凸函数。$\prod_C = \max_z(z - c_k(\rho_k,\ z))$ 在 z_k 达到最大值时可以写出 $\prod_C = z_k^* - c_k(\rho_k,\ z_k^*)$。然后根据包络定理

$$\frac{\partial \prod_C}{\partial \rho_k} = -\frac{\partial c_k(\rho_k,\ z_k)}{\partial \rho_k} < 0$$

由于 $\rho_{ik} < \rho_{jk}$，这意味着，

$$z_{ik}^* - c_k(\rho_{ik},\ z_{ik}^*) > z_{jk}^* - c_k(\rho_{jk},\ z_{jk}^*) \qquad (\text{附}3\text{-}6)$$

（b）要求的条件为 $G(W) > 1/2$。假设 $G(W) \leqslant 1/2$，那么根据式（附3-1）和式（附3-2）可得：

$$y_i^* - \sum_{k=1}^m c_k(\rho_{ik},\ z_{ik}^*) \leqslant y_j^* - \sum_{k=1}^m c_k(\rho_{jk},\ z_{jk}^*)$$

如果 $G(W) \leqslant 1/2$，那么根据 G 的对称性可得 $W \leqslant 0$。因此有：

$$\widetilde{R}_i - \widetilde{R}_j + \sum_{k=1}^m (z_{ik}^* - z_{jk}^*) \leqslant y_i^* - y_j^*$$

由上述不等式可得：

$$\widetilde{R}_i - \widetilde{R}_j + \sum_{k=1}^m (z_{ik}^* - z_{jk}^*) \leqslant \sum_{k=1}^m c_k(\rho_{ik},\ z_{ik}^*) - \sum_{k=1}^m c_k(\rho_{jk},\ z_{jk}^*) \qquad (\text{附}3\text{-}7)$$

这与式（附3-6）中的 $\widetilde{R}_i - \widetilde{R}_j \geqslant 0$ 相矛盾。因此设立 $G(\widetilde{W})$，并规定供应商 i 被买方选中的概率严格大于 $1/2$。

（c）在特殊情况下，$c_k(\rho_{ik},\ z) = \rho_{ik}(z)^{q_k}$，$z_{ik}^*$ 值由 $q_k \rho_{ik}(z_{ik}^*)^{q_k-1} = 1$ 决定。因此

$$c_k(\rho_{ik}, z_{ik}^*) = z_{ik}^*/q_k$$

根据（b）有 $G(W)>1/2$，因此，由式（附3-1）与式（附3-2）可得：

$$y_i^* - \sum_{k=1}^{m} c_k(\rho_{ik}, z_{ik}^*) > y_j^* - \sum_{k=1}^{m} c_k(\rho_{jk}, z_{jk}^*)$$

因此，由（a）部分可得：

$$y_i^* > y_j^* + \sum_{k=1}^{m} (z_{ik}^* - z_{jk}^*)/q_k$$

定理 1 的证明

将用引理 2 将买方利润表示为 $\widetilde{W}$。将式（附 3-1）和式（附 3-2）相加得到：

$$1 = (y_i^* + y_j^* - c_i(z_i^*) - c_j(z_j^*))g(\widetilde{W})$$

然后在式（附 3-3）中代入 y_j^* 得到：

$$1 = (2y_i^* - (z_i^* - z_j^*) - \widetilde{R}_i + \widetilde{R}_j + \widetilde{W} - c_i(z_i^*) - c_j(z_j^*))g(\widetilde{W})$$

因此

$$y_i^* = \frac{1}{2}\left(\frac{1}{g(\widetilde{W})} + (z_i^* - z_j^*) - \widetilde{R}_i + \widetilde{R}_j - \widetilde{W} + c_i(z_i^*) + c_j(z_j^*)\right)$$

类似地，有：

$$y_j^* = \frac{1}{2}\left(\frac{1}{g(\widetilde{W})} - (z_i^* - z_j^*) - \widetilde{R}_i + \widetilde{R}_j + \widetilde{W} + c_i(z_i^*) + c_j(z_j^*)\right)$$

将 y_i^* 的表达式代入式（附3-1），计算下述方程的解，得到 $\widetilde{W}$：

$$G(\widetilde{W}) = \frac{1}{2}(-\widetilde{W} + (z_i^* - z_j^*) + \widetilde{R}_i - \widetilde{R}_j - c_i(z_i^*) + c_j(z_j^*))g(\widetilde{W}) + \frac{1}{2}$$

进一步拓展，定义 $\widetilde{W}(x)$ 为如下方程中 w 的解：

$$G(w) = \frac{1}{2}(x-w)g(w) + \frac{1}{2} \qquad\qquad （附3-8）$$

其中，数量 $\widetilde{W}$ 由 $\widetilde{W}(z_i^* - z_j^* + \widetilde{R}_i - \widetilde{R}_j - c_i(z_i^*) + c_j(z_j^*))$ 给出。

如果 R_i 和 R_j 为固定值，那么在给定的 α 值下，买方获得的利润如下：

$$\prod_B = \max(R_i + z_i^* - y_i^*, \ R_j + z_j^* - y_j^*) - C_B(\alpha)$$

$$= R_j + z_j^* - y_j^* + \max(R_i - R_j + z_i^* - z_j^* + y_j^* - y_i^*, \, 0) - C_B(\alpha)$$

在给定 ε_i 和 ε_j 的情况下，可以确定买方的利润如下：

$$y_j^* - y_i^* = \widetilde{W} - (z_i^* - z_j^*) - \widetilde{R}_i + \widetilde{R}_j$$

有 $\widetilde{R}_i = R_i - \varepsilon_i$ 和 $\widetilde{R}_j = R_j - \varepsilon_j$。因此

$$\prod_B = R_j + z_j^* - \frac{1}{2}\left(\frac{1}{g(\widetilde{W})} - (z_i^* - z_j^*) - R_i + R_j - x + \widetilde{W} + c_i(z_i^*) + c_j(z_j^*)\right) + \max\Big(R_i - R_j +$$

$$z_i^* + z_j^* + \widetilde{W} - (z_i^* - z_j^*) - R_i + R_j + \varepsilon_i - \varepsilon_j, \, 0\Big) - C_B(\alpha)$$

因此

$$\prod_B = \frac{1}{2}\left(-\frac{1}{g(\widetilde{W})} + \varPhi + \varepsilon_j - \varepsilon_i - W\right) + \max(\widetilde{W} + \varepsilon_i - \varepsilon_j, \, 0) - C_B(\alpha) \qquad （附3-9）$$

可以更完整地写成：

$$\prod_B(\xi, \, \phi, \, \varPhi) = \frac{1}{2}\left(-\frac{1}{g(\widetilde{W}(\xi + \phi))} + \xi - \widetilde{W}(\xi + \phi)\right) + \max(\widetilde{W}(\xi + \phi) - \xi, \, 0) + \frac{\varPhi}{2} -$$

$$C_B(\alpha)$$

其中，$\xi = \varepsilon_j - \varepsilon_i$ 是供应商估计误差的组合。

用与定义 $\widetilde{W}(x)$ 相同的方式来定义 $W_0(x)$，但此处使用式（附3-8）中的概率分布函数 G_0 和 g_0。因此

$$G(\alpha W_0(x)) = G_0(W_0(x)) = \frac{1}{2}(x - W_0(x))g_0(W_0(x)) + \frac{1}{2}$$

$$= \frac{1}{2}(\alpha x - \alpha W_0(x))g_0(\alpha W_0(x, \, \phi)) + \frac{1}{2}$$

通过与式式（附3-8）比较，可以看出：

$$\widetilde{W}(\alpha x) = \alpha W_0(x)$$

因此，

$$\widetilde{W}(\xi + \phi) = \alpha W_0\left(\frac{\xi}{\alpha} + \frac{\phi}{\alpha}\right)$$

对于买方来说，当 $E_{\xi, \phi, \varPhi}\left(\prod_B(\xi, \, \phi, \, \varPhi)\right)$ 最大化时得到 α 的最佳取值。

由于 $\Phi/2$ 的期望值不影响 α 的选择，因此需要最大化：

$$E_{x,\phi}\left(-\frac{1}{2g(\widetilde{W}(\xi+\phi))}+\frac{\xi}{2}-\frac{\widetilde{W}(\xi+\phi)}{2}+\max(\widetilde{W}(\xi+\phi)-\xi,\ 0)\right)-C_B(\alpha)$$

$$=E_{x,\phi}\left(\frac{\xi}{2}-\frac{\alpha}{2}W_0\left(\frac{\xi}{\alpha}+\frac{\phi}{\alpha}\right)-\frac{\alpha}{2g_0\left(W_0\left(\frac{\xi}{\alpha}+\frac{\phi}{\alpha}\right)\right)}+\max\left(\alpha W_0\left(\frac{\xi}{\alpha}+\frac{\phi}{\alpha}\right)-\xi,\ 0\right)\right)-C_B(\alpha)$$

$$=E_{x,\phi}\left(\frac{1}{2}\left|\alpha W_0\left(\frac{\xi}{\alpha}+\frac{\phi}{\alpha}\right)-\xi\right|-\frac{\alpha}{2g_0\left(W_0\left(\frac{\xi}{\alpha}+\frac{\phi}{\alpha}\right)\right)}\right)-C_B(\alpha)$$

由于 ξ 服从分布 $g(\xi)$，ϕ 服从分布 $r(\phi)$，可以将期望（即上面表达式的第一部分）重写为二重积分：

$$\iint\left(\frac{1}{2}\left|\alpha W_0\left(\frac{\xi}{\alpha}+\frac{\phi}{\alpha}\right)-\xi\right|-\frac{\alpha}{2g_0\left(W_0\left(\frac{\xi}{\alpha}+\frac{\phi}{\alpha}\right)\right)}\right)g(\xi)r(\phi)d\xi d\phi$$

$$=\iint\left(\frac{1}{2}\left|W_0\left(\frac{\xi}{\alpha}+\frac{\phi}{\alpha}\right)-\frac{\xi}{\alpha}\right|-\frac{1}{2g_0\left(W_0\left(\frac{\xi}{\alpha}+\frac{\phi}{\alpha}\right)\right)}\right)g_0(\xi/\alpha)d\xi r(\phi)d\phi$$

$$=\int\left(\int\left(\frac{1}{2}\left|W_0\left(t+\frac{\phi}{\alpha}\right)-t\right|-\frac{1}{2g_0\left(W_0\left(t+\frac{\phi}{\alpha}\right)\right)}\right)g_0(t)\alpha dt\right)r(\phi)d\phi$$

表示

$$H\left(\frac{\phi}{\alpha}\right)=\int\left(\frac{1}{2}\left|W_0\left(t+\frac{\phi}{\alpha}\right)-t\right|-\frac{1}{2g_0\left(W_0\left(t+\frac{\phi}{\alpha}\right)\right)}\right)g_0(t)dt$$

最终得到买方的预期利润的表达式如下：

$$E_{\xi,\phi,\Phi}\left(\prod_B\right)=\int\left(\alpha H\left(\frac{\phi}{\alpha}\right)\right)r(\phi)d\phi+E\left(\frac{\Phi}{2}\right)-C_B(\alpha) \tag{附3-10}$$

α 的最优取值的一阶条件如下：

$$\int\left(H\left(\frac{\phi}{\alpha}\right)-\frac{\phi}{\alpha}H'\left(\frac{\phi}{\alpha}\right)\right)r(\phi)d\phi=C'_B(\alpha)$$

希望证明存在解 $\alpha^* > 0$。这足以证明 $\alpha H\left(\dfrac{\phi}{\alpha}\right)$ 在 $\alpha > 0$ 较小取值时递增，因此期望利润 $(A10)$ 对于小 α 递增。这等价于当 $z \to \infty$ 时 $H(z) > zH'(z)$。

现在解 $W_0(t+z)$ 满足 $G_0(w) = \dfrac{1}{2}(t+z-w)g_0(w) + \dfrac{1}{2}$。由于 w 在 $(-M, M)$ 中，所以大 z 的解必须满足 $g_0(w) \to 0$。而且 $G_0(w) > 0.5$，因此可以得到，当 z 足够大时，$W_0(t+z) \approx M$。对于大 z，由于误差分布均值为 0，可得

$$g_0(W_0(t+z)) = \frac{2G_0(W_0(t+z)) - 1}{(t+z-W_0)} \approx \frac{1}{t+z-M}$$

$$H(z) \approx \int_{-M}^{+M}\left(\frac{1}{2}(M-t) - \frac{t+z-M}{2}\right)g_0(t)\,dt$$

$$= \int_{-M}^{+M}\left((M-t) - \frac{z}{2}\right)g_0(t)\,dt = M - \frac{z}{2}$$

因此与要求一致，$H'(z) \approx -1/2$ 且 $H(z) > zH'(z)$。

推论 1 的证明

当 ε 具有均匀分布时，将得到 $\varepsilon_i - \varepsilon_j$ 的三元分布。设 G_0 的定义域为 $(-1, 1)$。当 $-1 \leq x \leq 0$ 时，$g_0(x) = 1+x$；当 $0 \leq x \leq 1$ 时，$g_0(x) = 1-x$；当 $-1 \leq x \leq 0$ 时，$G_0 = (1/2) + x + (x^2/2)$；当 $0 \leq x \leq 1$ 时，$G_0(x) = (1/2) + x - (x^2/2)$。

由于 $c_i(z) = \rho_i z^2$，因此 $z_i = 1/(2\rho_i)$，$z_j = 1/(2\rho_j)$，$\phi = R_i - R_j + (1/4)(1/\rho_i - 1/\rho_j)$。如果 φ 在 $[-D, D]$ 上独立分布，那么 $r(\varphi) = 1/(2D)$。

已知 $W_0(x)$ 是 $G_0(w) = \dfrac{1}{2}(x-w)g_0(w) + \dfrac{1}{2}$ 的解。为得到满足 $W_0(t, z) > 0$ 的值，需解方程

$$\frac{1}{2} + w - (w^2/2) = \frac{1}{2}(x-w)(1-w) + \frac{1}{2} 2w - w^2 = (x-w)(1-w)$$

由此可以推导出 $W_0(x) = \dfrac{1}{4}\left(x + 3 - \sqrt{(x-1)^2 + 8}\right)$（注意，易得该解为正）。

$$2H\left(\frac{\phi}{\alpha}\right) = \int_{-1}^{0}\left(W_0\left(t+\frac{\phi}{\alpha}\right) - t - \frac{1}{1-W_0\left(t+\frac{\phi}{\alpha}\right)}\right)(1+t)\,dt +$$

$$\int_{0}^{t^*}\left(W_0\left(t+\frac{\phi}{\alpha}\right) - t - \frac{1}{1-W_0\left(t+\frac{\phi}{\alpha}\right)}\right)(1-t)\,dt +$$

$$\int_{t^*}^{1}\left(W_0\left(t+\frac{\phi}{\alpha}\right) - t - \frac{1}{1-W_0\left(t+\frac{\phi}{\alpha}\right)}\right)(1-t)\,dt$$

选择 t^* 使得当 $t<t^*$ 时，$W_0\left(t+\frac{\phi}{\alpha}\right)>t$；当 $t>t^*$ 时，$W_0\left(t+\frac{\phi}{\alpha}\right)<t$。

此处 t^* 满足：

$$\frac{1}{4}\left(t+\frac{\phi}{\alpha}+3-\sqrt{\left(t+\frac{\phi}{\alpha}-1\right)^2+8}\right) = t$$

将上式化简为 $t^2-\left(2+\frac{\phi}{\alpha}\right)t+\frac{\phi}{\alpha}=0$，得到解：

$$t^* = 1+\frac{1}{2}\frac{\phi}{\alpha}-\frac{1}{2}\sqrt{\left(\frac{\phi}{\alpha}\right)^2+4}$$

可以使用数值计算的方法求出解 α^*

$$\int_{0}^{D}\left(H\left(\frac{\phi}{\alpha^*}\right) - \frac{\phi}{\alpha^*}H'\left(\frac{\phi}{\alpha^*}\right)\right)\frac{1}{D}d\phi = 0 \qquad (附3-11)$$

现在

$$\left(W_0\left(t+\frac{\phi}{\alpha}\right)-t-\frac{1}{1-W_0\left(t+\frac{\phi}{\alpha}\right)}\right) = \frac{1}{4}\left(-3t+\frac{\phi}{\alpha}+3-\sqrt{\left(t+\frac{\phi}{\alpha}-1\right)^2+8}\right)-$$

$$\frac{4}{4-\left(t+\frac{\phi}{\alpha}+3-\sqrt{\left(t+\frac{\phi}{\alpha}-1\right)^2+8}\right)} = \frac{1}{4}\left(5-5t-\frac{\phi}{\alpha}-3\sqrt{\left(t+\frac{\phi}{\alpha}-1\right)^2+8}\right)$$

简化为：

$$\left(t - W_0\left(t + \frac{\phi}{\alpha} \right) - \frac{1}{1 - W_0\left(t + \frac{\phi}{\alpha} \right)} \right) = \frac{1}{4}\left(-1 + t - 3\frac{\phi}{\alpha} - \sqrt{\left(t + \frac{\phi}{\alpha} - 1 \right)^2 + 8} \right)$$

因此

$$8H\left(\frac{\phi}{\alpha} \right) = \int_{-1}^{0} \left(5 - 5t - \frac{\phi}{\alpha} - 3\sqrt{\left(t + \frac{\phi}{\alpha} - 1 \right)^2 + 8} \right)(1+t)\,dt +$$

$$\int_{0}^{t^*} \left(5 - 5t - \frac{\phi}{\alpha} - 3\sqrt{\left(t + \frac{\phi}{\alpha} - 1 \right)^2 + 8} \right)(1-t)\,dt +$$

$$\int_{t^*}^{1} \left(-1 + t - 3\frac{\phi}{\alpha} - \sqrt{\left(t + \frac{\phi}{\alpha} - 1 \right)^2 + 8} \right)(1-t)\,dt$$

将 t^* 代入上式，然后将 $H\left(\frac{\phi}{\alpha} \right)$ 代入式（附3-11），可得 $\alpha = 0.124188D$，买方的期望效用为：

$$E\left(\prod_B \right) = \int \alpha H\left(\frac{\phi}{\alpha} \right) r(\phi)\,d\phi + E\left(\frac{\Phi}{2} \right) = \int_0^D \alpha^* H\left(\frac{\phi}{\alpha^*} \right) \frac{1}{D}\,d\phi + E\left(\frac{\Phi}{2} \right) = E(\Phi)/2 -$$

$$0.201620D$$

引理 1 的证明

考虑式（附3-6）的解，尝试改变 y_j 大小并观察 y_i^* 的变化。假设减小 y_j 的值，y_i^* 要么保持不变，要么增加，因此 $y_j - y_i^* + \eta_i$ 减少。根据对其导数的假设，$\frac{G_i(y_j - y_i^* + \eta_i)}{g_i(y_j - y_i^* + \eta_i)}$ 减小。但根据式式（附3-6），该式等于 $y_i^* - c_i(z_i^*)$，假设其不减少。为处理这一矛盾，y_i^* 也必须减少。其也适用于式式（附3-7）中定义的 y_i 的函数 y_j^*。

因此已经证明，随着拍卖的进行，一个供应商的每一次降价都会引起另一个供应商的价格下降。假设供应商 i 首先出价。希望证明，如果初始出价足够高，那么供应商 i 就会在下一个投标中降价（这将会开启竞价者轮流降价的投标序列）。首先要注意：

$$\eta_i + \eta_j = \tilde{R}_i - \tilde{R}_{ij} + \tilde{R}_j - \tilde{R}_{ji} = \varepsilon_i - \varepsilon_{ij} + \varepsilon_j - \varepsilon_{ji} < U_i + U_j - 2\epsilon \qquad \text{（附3-12）}$$

ϵ 的选择要足够小。对于较大的 $y_i^{(1)}$，式（附3-7）中的 $y_j^{(1)}$ 也要足够大，确保 $y_i^{(1)} - y_j^{(1)} + \eta_j > L_j$。由于 $\dfrac{G_j(y_i^{(1)} - y_j^{(1)} + \eta_j)}{g_j(y_i^{(1)} - y_j^{(1)} + \eta_j)} = y_j^{(1)} - c_j(z^*)$，$y_j^{(1)}$ 的值越大，意味着这一分数的值越大。且这只会在 $y_i^{(1)} - y_j^{(1)} + \eta_j$ 接近其上限 U_j 时发生。因此，我们可以假设，选择足够大的 $y_i^{(1)}$，使得 $y_i^{(1)} - y_j^{(1)} + \eta_j > U_j - \epsilon$。此时，$y_i^{(2)}$（由 $y_j^{(1)}$ 导出）也足够大。这一论点也意味着，如果 $y_i^{(1)}$ 足够大，$y_j^{(1)} - y_i^{(2)} + \eta_i > U_i - \epsilon$。由上述不等式可得：

$$y_i^{(2)} + U_i + U_j - 2\epsilon < y_i^{(1)} + \eta_i + \eta_j$$

结合式（附3-12），得到要求的 $y_i^{(2)} < y_i^{(1)}$。

使用 $\{y_i^{(n)}\}$，$\{y_j^{(n)}\}$ 表示两个参与者的价格递减序列。两个序列都有极限点，分别写作 $y_i^{(\infty)}$，$y_j^{(\infty)}$。由于 $y_i^{(n)}$ 是 $y_j^{(n-1)}$ 的最佳响应，反之亦然，因此根据连续性很容易看出 $y_i^{(\infty)}$，$y_j^{(\infty)}$ 是一个平衡对。

定理 2 的证明

使 $\tilde{\delta}_i = \tilde{R}_i - \tilde{R}_{ij}$、$\tilde{\delta}_j = \tilde{R}_{ji} - \tilde{R}_j$，令 $\tilde{W} = z_i^* - z_j^* - y_i^* + y_j^*$，根据对称性重新将式（附3-6）和式（附3-7）写作如下：

$$\tilde{G}(\tilde{W} + \tilde{\delta}_i) = (y_i^* - c_i(z_i^*))g(\tilde{W} + \tilde{\delta}_i) \tag{附3-13}$$

$$1 - G(\tilde{W} + \tilde{\delta}_j) = (y_j^* - c_i(z_i^*))g(\tilde{W} + \tilde{\delta}_j) \tag{附3-14}$$

根据方程定义，得到 $\tilde{W}$：

$$\frac{G(\tilde{W} + \tilde{\delta}_i)}{g(\tilde{W} + \tilde{\delta}_i)} - \frac{1 - G(\tilde{W} + \tilde{\delta}_j)}{g(\tilde{W} + \tilde{\delta}_j)} = -\tilde{W} + z_i^* - z_j^* + c_j(z_j^*) - c_i(z_i^*) \tag{附3-15}$$

这个方程可以用来求 $\tilde{W}$。

假设存在一组特定的误差，令 $x_i = \varepsilon_i - \varepsilon_{ij}$、$x_j = \varepsilon_{ji} - \varepsilon_j$。因此 $\tilde{\delta}_i = R_i - R_j + x_i$、$\tilde{\delta}_j = R_i - R_j + x_j$。使用 $\tilde{W}(x_i, x_j, \phi)$ 表示 $\tilde{W} + R_i - R_j$。将使参数 ϕ 和误差 x_i、x_j 的依赖关系显式化。因此 $\tilde{W}(x_i, x_j, \phi)$ 为下式中的解：

$$\frac{G(w + x_i)}{g(w + x_i)} - \frac{1 - G(w + x_j)}{g(w + x_j)} = \phi - w$$

注意，$W_0(x_i,\ x_j,\ \phi)$ 的定义与 $\widetilde{W}(x_i,\ x_j,\ \phi)$ 相同，但其概率分布为 G_0 而非 G。有：

$$\frac{G_0(W_0(x_i,\ x_j,\ \phi)+x_i)}{g_0(\widetilde{W}_0(x_i,\ x_j,\ \phi)+x_i)} - \frac{1-G_0(W_0(x_i,\ x_j,\ \phi)+x_j)}{g_0(W_0(x_i,\ x_j,\ \phi)+x_j)} = \phi - W_0(x_i,\ x_j,\ \phi)$$

因此，由于 $G(w) = G_0(w/\alpha)$ 和 $g(w) = \dfrac{1}{\alpha}g_0(w/\alpha)$

$$\frac{G(\alpha W_0(x_i,\ x_j,\ \phi)+\alpha x_i)}{g(\alpha W_0(x_i,\ x_j,\ \phi)+\alpha x_i)} - \frac{1-G(\alpha W_0(x_i,\ x_j,\ \phi)+\alpha x_j)}{g(\alpha W_0(x_i,\ x_j,\ \phi)+\alpha x_j)} = \alpha\phi - \alpha W_0(x_i,\ x_j,\ \phi)$$

已经证明了：

$$\widetilde{W}(\alpha x_i,\ \alpha x_j,\ \alpha\phi) = \alpha W_0(x_i,\ x_j,\ \phi)$$

也可以表示为：

$$\widetilde{W}(x_i,\ x_j,\ \phi) = \alpha W_0(x_i/\alpha,\ x_j/\alpha,\ \phi/\alpha)$$

买方获得的利润如下：

$$\prod{}_B = \max(R_i + z_i^* - y_i^*,\ R_j + z_j^* - y_j^*) - C_B(\alpha) = R_j + z_j^* - y_j^* + \max(R_i - $$
$$R_j + z_i^* - z_j^* + y_j^* - y_i^*) - C_B(\alpha)$$

可以将式（附3-14）中的 y_j^* 替换为 $\widetilde{W}$，得到：

$$\prod{}_B = R_j + z_j^* - \frac{1 - G(\widetilde{W} + \widetilde{\delta}_j)}{g(\widetilde{W} + \widetilde{\delta}_j)} - c_j(z_j^*) + \max(R_i - R_j + \widetilde{W},\ 0) - C_B(\alpha)$$

因此，

$$\prod{}_B = R_j + z_j^* - \frac{1 - G(\widetilde{W}(x_i,\ x_j,\ \phi) + x_j)}{g(\widetilde{W}(x_i,\ x_j,\ \phi) + x_j)} - c_j(z_j^*) + \max(\widetilde{W}(x_i,\ x_j,\ \phi) + $$
$$x_j,\ 0) - C_B(\alpha)$$

对于买方来说，当 $E_x(\prod_B(x))$ 最大化时得到 α 的最佳取值。不考虑不受 α 影响的项，只需最大化下式：

$$E_{x_i,x_j}\left(-\frac{1-G(\widetilde{W}(x_i,\ x_j,\ \phi)+x_j)}{g(\widetilde{W}(x_i,\ x_j,\ \phi)+x_j)} + \max(\widetilde{W}(x_i,\ x_j,\ \phi),\ 0)\right) - C_B(\alpha) = $$

$$E_{x_i, x_j}\left(-\alpha \frac{1-G_0(W_0(x_i/\alpha,\ x_j/\alpha,\ \phi/\alpha)+x_j/\alpha)}{g_0(W_0(x_i/\alpha,\ x_j/\alpha,\ \phi/\alpha)+x_j/\alpha)}+\max(\alpha W_0(x_i/\alpha,\ x_j/\alpha,\ \phi/\alpha),\ 0)\right)-C_B(\alpha)$$

其中，期望可以写成如下的双积分形式：

$$\iint\left(-\alpha\frac{1-G_0(W_0(x_i/\alpha,\ x_j/\alpha,\ \phi/\alpha)+x_j/\alpha)}{g_0(W_0(x_i/\alpha,\ x_j/\alpha,\ \phi/\alpha)+x_j/\alpha)}+\max(\alpha W_0(x_i/\alpha,\ x_j/\alpha,\ \phi/\alpha),\ 0)\right)$$

$$g(x_j)g(x_i)dx_jdx_i-C_B(\alpha)$$

$$\iint\frac{1}{\alpha}\left(-\frac{1-G_0(W_0(x_i/\alpha,\ x_j/\alpha,\ \phi/\alpha)+x_j/\alpha)}{g_0(W_0(x_i/\alpha,\ x_j/\alpha,\ \phi/\alpha)+x_j/\alpha)}+\max(W_0(x_i/\alpha,\ x_j/\alpha,\ \phi/\alpha),\ 0)\right)$$

$$g_0(x_j/\alpha)g_0(x_i)dx_jdx_i$$

代入 $t_i=x_i/\alpha$ 和 $t_j=x_j/\alpha$，可以得到：

$$E_{x_i,\ x_j}\left(-\frac{1-G(\widetilde{W}(x_i,\ x_j,\ \phi)+x_j)}{g(\widetilde{W}(x_i,\ x_j,\ \phi)+x_j)}+\max(\widetilde{W}(x_i,\ x_j,\ \phi),\ 0)\right)=$$

$$\alpha\iint\left(-\frac{1-G_0(W_0(t_i,\ t_j,\ \phi/\alpha)+t_j)}{g_0(W_0(t_i,\ t_j,\ \phi/\alpha)+t_j)}+\max(W_0(t_i,\ t_j,\ \phi/\alpha),\ 0)\right)g_0(t_j)g_0(t_i)dt_jdt_i$$

$$=\alpha J(\phi/\alpha)$$

证明的其余部分符合定理 1。

补充材料：将命题 2 扩展到三个竞标者的情况

由于命题 2 的（a）部分直接来自命题 1 的（a）部分，适用于多个投标人的情况。故它同样适用于三个投标人的情况。此外，命题 2 的（c）部分源于命题 2 的（a）和（b）部分。因此，对于三个竞标者的案例，我们着重于命题 2（b）部分的证明。

假设有三个竞标者 i、j、l，由于 ε_i、ε_j、ε_l 是来自同一分布 G 的 i、i、d，因此可得

$$\widetilde{W}_{ij}=\widetilde{R}_i-\widetilde{R}_j-y_i+y_j+z_i^*-z_j^*$$

$$\widetilde{W}_{il}=\widetilde{R}_i-\widetilde{R}_l-y_i+y_l+z_i^*-z_l^*$$

$$\widetilde{W}_{jl}=\widetilde{R}_j-\widetilde{R}_l-y_j+y_l+z_j^*-z_l^*=\widetilde{W}_{il}-\widetilde{W}_{ij}$$

那么，供应商 i 胜出的概率如下：

$$P_i = Pr(\widetilde{R}_i - \varepsilon_i + z_i^* - y_i > \max(\widetilde{R}_j - \varepsilon_j + z_j^* - y_j, \ \widetilde{W}_l - \varepsilon_l + z_l^* - y_l)$$

$$= Pr(\widetilde{R}_j - \varepsilon_j + z_j^* - y_j < \widetilde{R}_i - \varepsilon_i + z_i^* - y_i, \ \widetilde{R}_l - \varepsilon_l + z_l^* - y_l < \widetilde{R}_i - \varepsilon_i + z_i^* - y_i$$

$$= Pr(\varepsilon_j > \varepsilon_i - \widetilde{W}_{ij}, \ \varepsilon_l > \varepsilon_i - \widetilde{W}_{il})$$

$$= \int_{-\infty}^{\infty} \left(\int_{\varepsilon_i - \widetilde{W}_{il}}^{\infty} g(\varepsilon_j) d\varepsilon_j \int_{\varepsilon_i - \widetilde{W}_{il}}^{\infty} g(\varepsilon_l) d\varepsilon_l \right) g(\varepsilon_i) d\varepsilon_i$$

$$= \int_{-\infty}^{\infty} (1 - G(\varepsilon_i - \widetilde{W}_{ij}))(1 - G(\varepsilon_i - \widetilde{W}_{il})) g(\varepsilon_i) d\varepsilon_i$$

$$= \int_{-\infty}^{\infty} (1 - G(x - \widetilde{W}_{ij}))(1 - G(x - \widetilde{W}_{il})) g(x) dx$$

类似地，可以得到供应商 j 或 l 胜出的概率如下：

$$P_j = \int_{-\infty}^{\infty} (1 - G(x + \widetilde{W}_{ij}))(1 - G(x - \widetilde{W}_{il} + \widetilde{W}_{ij})) g(x) dx$$

$$P_l = \int_{-\infty}^{\infty} (1 - G(x + \widetilde{W}_{il}))(1 - G(x + \widetilde{W}_{il} - \widetilde{W}_{ij})) g(x) dx$$

供应商的预期利润可以写成如下：

$$\prod_i = (y_i - c_i) \int_{-\infty}^{\infty} (1 - G(x - \widetilde{W}_{ij}))(1 - G(x - \widetilde{W}_{il})) g(x) dx$$

$$\prod_j = (y_j - c_j) \int_{-\infty}^{\infty} (1 - G(x + \widetilde{W}_{ij}))(1 - G(x - \widetilde{W}_{il} + \widetilde{W}_{ij})) g(x) dx$$

$$\prod_l = (y_l - c_l) \int_{-\infty}^{\infty} (1 - G(x + \widetilde{W}_{il}))(1 - G(x + \widetilde{W}_{il} - \widetilde{W}_{ij})) g(x) dx$$

一阶条件共包含三个方程，它们决定了 y_i^* 、y_j^* 和 y_l^* 分别满足：

$$P_i = (y_i^* - c_i) \int_{-\infty}^{\infty} (g(x - \widetilde{W}_{ij}))(1 - G(x - \widetilde{W}_{il})) + (1 - G(z - \widetilde{W}_{ij})) g(x - \widetilde{W}_{il}) g(x) dx$$

$$P_j = (y_j^* - c_j) \int_{-\infty}^{\infty} (g(x + \widetilde{W}_{ij}))(1 - G(x - \widetilde{W}_{il} + \widetilde{W}_{ij})) + (1 - G(x + \widetilde{W}_{ij})) g(x -$$
$$\widetilde{W}_{il} + \widetilde{W}_{ij}) g(x) dx$$

$$P_l = (y_l^* - c_l) \int_{-\infty}^{\infty} (g(x + \widetilde{W}_{il}))(1 - G(x + W_{il} - \widetilde{W}_{ij})) + (1 - G(x + \widetilde{W}_{ij})) g(x -$$
$$W_{il} + \widetilde{W}_{ij}) g(x) dx$$

取 $\widetilde{W}_{il} > \widetilde{W}_{ij} > 0$ （可以通过调整 i, j, l 的次序来实现这一点）。已知 $G(x -$

$\widetilde{W}_{ij}) < G(x + \widetilde{W}_{ij})$ 和 $G(x - \widetilde{W}_{il}) < G(x - \widetilde{W}_{il} + \widetilde{W}_{ij})$，故：

$$(1 - G(x - \widetilde{W}_{ij}))(1 - G(x - \widetilde{W}_{il})) > (1 - G(x + \widetilde{W}_{ij}))(1 - G(x - \widetilde{W}_{il} + \widetilde{W}_{ij}))$$

由此可以立即推断出：

$$P_i = \int_{-\infty}^{\infty} (1 - G(x - \widetilde{W}_{ij}))(1 - G(x - \widetilde{W}_{il})) g(x) dx >$$

$$\int_{-\infty}^{\infty} (1 - G(x + \widetilde{W}_{ij}))(1 - G(x - \widetilde{W}_{il} + \widetilde{W}_{ij})) g(x) dx = P_j$$

类似地，可以得到 $P_j > P_l$。因此，已经证明了当 $\widetilde{W}_{il} > \widetilde{W}_{ij} > 0$ 时，$P_i > P_j > P_l$。

接下来证明，如果 i 优于 j，j 优于 l，即 $\widetilde{R}_i > \widetilde{R}_j > \widetilde{R}_l$、$\rho_i < \rho_j < \rho_l$，则 $\widetilde{W}_{il} > \widetilde{W}_{ij} > 0$。如果不是，则由 $\widetilde{W}_{ij} \leq 0$ 可以得出：

$$\widetilde{R}_i - \widetilde{R}_j - y_i + y_j + z_i^* - z_j^* \leq 0$$

或者说，

$$\widetilde{R}_i + z_i^* - c_i - (\widetilde{R}_j + z_j^* - c_j) \leq y_i - c_i - (y_j - c_j)$$

由于 $\widetilde{R}_i > \widetilde{R}_j$，$\rho_i < \rho_j$，得到 $\widetilde{R}_i + z_i^* - c_i > \widetilde{R}_j + z_j^* - c_j$，因此有 $y_i - c_i > y_j - c_j$。

此外，由 $\widetilde{W}_{ij} \leq 0$ 得到 $P_i \leq P_j$；然后从一阶条件可以得到：

$$\frac{P_i}{-\partial P_i / y_i} > \frac{P_j}{-\partial P_j / y_j} \qquad \text{（附 3-16）}$$

假设 ε 服从 $[-M, M]$ 上的均匀分布。那么每个供应商胜出的概率可以写作如下：

$$P_i = \frac{1}{2M} \int_{-M}^{M + \widetilde{W}_{il}} \left(1 - \frac{x - \widetilde{W}_{ij} + M}{2M}\right) \left(1 - \frac{x - \widetilde{W}_{il} + M}{2M}\right) dx$$

$$P_j = \frac{1}{2M} \int_{-M}^{-M - \widetilde{W}_{ij}} \left(1 - \frac{x - \widetilde{W}_{il} + \widetilde{W}_{ij} + M}{2M}\right) dx + \frac{1}{2M} \int_{-M - \widetilde{W}_{ij}}^{M + \widetilde{W}_{il} - \widetilde{W}_{ij}} \left(1 - \frac{x + \widetilde{W}_{ij} + M}{2M}\right)$$

$$\left(1 - \frac{x - \widetilde{W}_{il} + \widetilde{W}_{ij} + M}{2M}\right) dx$$

$$P_l = \frac{1}{2M} \int_{-M}^{-M + \widetilde{W}_{ij} - \widetilde{W}_{il}} dx + \frac{1}{2M} \int_{-M + \widetilde{W}_{ij} - \widetilde{W}_{il}}^{-M - \widetilde{W}_{il}} \left(1 - \frac{x + \widetilde{W}_{il} - \widetilde{W}_{ij} + M}{2M}\right) dx +$$

$$\frac{1}{2M}\int_{-M-\widetilde{W}_{il}}^{M}\left(1-\frac{x+\widetilde{W}_{il}+M}{2M}\right)\left(1-\frac{x+\widetilde{W}_{il}-\widetilde{W}_{ij}+M}{2M}\right)dx$$

化简后得到：

$$P_i=\frac{16M^3+12M^2\widetilde{W}_{ij}+12M^2\widetilde{W}_{il}+12M\widetilde{W}_{ij}\widetilde{W}_{il}+3\widetilde{W}_{ij}\widetilde{W}_{il}^2-\widetilde{W}_{il}^3}{48M^3}$$

$$P_j=\frac{16M^3-24M^2\widetilde{W}_{ij}+12M^2\widetilde{W}_{il}+6M\widetilde{W}_{ij}^2-12M\widetilde{W}_{ij}\widetilde{W}_{il}-\widetilde{W}_{il}^3}{48M^3}$$

$$P_l=\frac{16M^3+12M^2\widetilde{W}_{ij}-24M^2\widetilde{W}_{il}-6M\widetilde{W}_{ij}^2-3\widetilde{W}_{ij}\widetilde{W}_{il}^2+2\widetilde{W}_{il}^3}{48M^3}$$

它满足：

$$\frac{P_i}{-\partial P_i/\partial y_i}=\frac{1}{6}\frac{16M^3+12M^2\widetilde{W}_{ij}+12M^2\widetilde{W}_{il}+12M\widetilde{W}_{ij}\widetilde{W}_{il}+3\widetilde{W}_{ij}\widetilde{W}_{il}^2-\widetilde{W}_{il}^3}{4M^2+2M\widetilde{W}_{ij}+2M\widetilde{W}_{il}-\widetilde{W}_{ij}\widetilde{W}_{il}}$$

$$\frac{P_j}{-\partial P_j/\partial y_j}=\frac{1}{12}\frac{16M^3-24M^2\widetilde{W}_{ij}+12M^2\widetilde{W}_{il}+6M\widetilde{W}_{ij}^2-12M\widetilde{W}_{ij}\widetilde{W}_{il}-\widetilde{W}_{il}^3}{M(2M-\widetilde{W}_{ij}+\widetilde{W}_{il})}$$

$$\frac{P_l}{-\partial P_l/\partial y_l}=\frac{1}{6}\frac{16M^3+12M^2\widetilde{W}_{ij}-24M^2\widetilde{W}_{il}-6M\widetilde{W}_{ij}^2-3\widetilde{W}_{ij}\widetilde{W}_{il}^2+2\widetilde{W}_{il}^3}{4M^2+\widetilde{W}_{ij}\widetilde{W}_{il}-\widetilde{W}_{il}^2}$$

然后可以计算出：

$$\frac{P_i}{-\partial P_i/\partial y_i}-\frac{P_j}{-\partial P_j/\partial y_j}=\frac{\widetilde{W}_{ij}A}{12M(2M-\widetilde{W}_{ij}+\widetilde{W}_{il})(4M^2+2M\widetilde{W}_{ij}+2M\widetilde{W}_{il}-\widetilde{W}_{ij}\widetilde{W}_{il})}$$

其中，

$$A=80M^4+136M^3\widetilde{W}_{il}-12M^2\widetilde{W}_{ij}^2-36M^2\widetilde{W}_{ij}\widetilde{W}_{il}+72M^2\widetilde{W}_{il}^2+6M\widetilde{W}_{ij}^2\widetilde{W}_{il}-18M\widetilde{W}_{ij}\widetilde{W}_{il}^2+10M$$
$$\widetilde{W}_{il}^3-\widetilde{W}_{il}^4$$

简单来说：

$$\partial A/\partial\widetilde{W}_{ij}=12M^2(-2\widetilde{W}_{ij}-3\widetilde{W}_{il})-6M\widetilde{W}_{il}(-2\widetilde{W}_{ij}+3\widetilde{W}_{il})>0$$

由于$-2M<\widetilde{W}_{il}\leqslant\widetilde{W}_{ij}\leqslant0$，可以得到：

$$A\geqslant80M^4+136M^3\widetilde{W}_{il}-12M^2\widetilde{W}_{il}^2-36M^2\widetilde{W}_{il}\widetilde{W}_{il}+72M^2\widetilde{W}_{il}^2+6M\widetilde{W}_{il}^2\widetilde{W}_{il}-18M\widetilde{W}_{il}\widetilde{W}_{il}^2+10M$$

$$\widetilde{W}_{il}^3-\widetilde{W}_{il}^4=80M^4+136M^3\widetilde{W}_{il}+24M^2\widetilde{W}_{il}^2-2M\widetilde{W}_{il}^3-\widetilde{W}_{il}^4>0$$

然后

$$\frac{P_i}{-\partial P_i / \partial y_i} - \frac{P_j}{-\partial P_j / \partial y_j} \leqslant 0$$

这与式（附3-16）相矛盾。因此，证明了 $W_{ij} > 0$。类似地，可以证明 $W_{il} > 0$ 和 $W_{jl} > 0$。故已经证明 $P_i > P_j > P_l$，即供应商 i 被选择的可能性比供应商 j 更大，供应商 j 被选择的可能性比供应商 l 更大。

例如，假设 $\rho_i = 2$、$\rho_j = 3$、$\rho_l = 4$、$c = \rho z^2$。那么有 $z_i^* = 1/4$、$z_j^* = 1/6$、$z_l^* = 1/8$ 和 $c_i = 1/8$、$c_j = 1/12$、$c_l = 1/16$。设 $M = 1$、$\tilde{R}_i = 4$、$\tilde{R}_j = 3$、$\tilde{R}_l = 2$。可以计算出 $y_i^* = 1.53$、$y_j^* = 0.84$、$y_l^* = 0.43$、$P_i = 0.63$、$P_j = 0.31$、$P_l = 0.06$。供应商的预期利润为 $E(\prod_i) = 0.89$，$E(\prod_j) = 0.23$，$E(\prod_l) = 0.02$。

4 不对称信息下采购谈判中的
决策优化研究

4.1 引言

在供应商选择过程中，多属性谈判是一种广泛应用的方法，即买方和供应商通过谈判来讨论采购产品的多个属性，如产品价格、产品质量和交付时间等。即便是在竞争性招标中，买方和潜在供应商通常也会进行多属性谈判，这在民营企业和公共部门的采购实践中都是被允许的。例如，当耶鲁大学进行采购时，相关采购人员在评标后会与中标者进行谈判，讨论"期望的价格、性能或条款以及条件改进"，然后做出最终决定。同样，澳大利亚航空公司也会在正式投标或招标过程中与潜在供应商进行谈判。尽管法律对于标后谈判有一些限制，但如果招标文件明确允许标后谈判，买方则具有进行多属性谈判的灵活性。在这种情况下，招标是供应商为获得多属性谈判的机会而进行的竞争。

谈判过程的特点是信息不对称：买卖双方都可能掌握一些私人信息。一方面，买方可能拥有自身对产品或服务属性偏好的私人信息。正如 Rezende（2009）

所述的，在美国联邦采购谈判中，潜在供应商知道，买方是根据预先指定的加权平均值进行评估的，但供应商在报价时可能不确定这些权重的具体数值。也有经验证据表明，在供应商选择过程中，买方展示的偏好可能与其事先陈述的偏好不同（Tunca 等，2014）。此外，还可能存在其他未包括在报价或建议中的因素，如过去的业绩和未来的合作伙伴关系。潜在供应商可能很难拥有评估过去表现的完整信息。另一方面，供应商可能拥有与多属性报价相关成本的私人信息。

典型的双边谈判过程包括许多阶段，在每个阶段，一方提出报价，另一方决定是否接受或拒绝报价。谈判持续到达成一致或有一方退出谈判为止。在每个阶段，报价隐含着供应商的私人信息，而回应（特别是拒绝报价）则隐含着买方的私人信息。因此，买方和供应商都有机会了解对方的私人信息，并且必须谨慎决策，因为对方将从这些决策中推断出他们的私人信息。

为了研究采购环境中买方和供应商拥有私人信息的多属性谈判，本章采用了一种非合作谈判方法。在这个模型中，买方和供应商在不超过两个周期的时间内就物品的价格和质量进行谈判。此时只有供应商提供报价，在第一个周期开始时，供应商提供价格和质量水平信息，如果买方接受报价，谈判终止并完成交易；如果买方拒绝报价，供应商则在第二个周期改进报价。如果第二次报价也被拒绝，谈判结束，双方都没有收益。如果协议从第一个周期延迟到第二个周期，双方都要承担额外费用。

本章模型模拟了供应商选择的实际流程，买方首先提出要求或收集竞争性投标，然后与选定的供应商进行谈判以获得更好的报价。此外，还考虑了一种情况，即只有一个供应商可用，买方必须与该供应商就价格和质量进行谈判，但最终可能不会购买。本章采用了只由供应商提供报价的交易规则（Fudenberg 和 Tirole，1983；Sobel 和 Takahashi，1983；Cramton，1984），并将谈判的范围限制在两个周期内，这对于均衡结果的计算来说足够简单，但可以全面捕捉谈判过程中的信息传递。

本章的模型在 Cramton（1984）的基础上进行了扩展。Cramton 考虑了一个议价的博弈，其中供应商和买方就价格进行谈判，只有供应商提供报价。本章假设供应商的成本和买方的估值是私人信息，并均匀分布，进而对双边不确定性进行建模。本章模型不仅将 Cramton 的分析从一维议价扩展到多属性议价，而且考虑了更多私有信息的一般分布，而不是均匀分布。在采购谈判中，私人信息的作用是非常重要的。希望从更普遍的背景下分析私人信息对谈判结果的影响，而不是仅仅通过 Cramton（1984）中的一个数值例子来探讨双边不确定性下的情况。

本章从供应商的角度区分两种类型的不确定性，并分别建模，解决买方评估供应商报价的问题。考虑的第一类不确定性（在模型 1 中）发生在买方接受报价，但供应商从中获得的价值信息不完整的情况下。例如，在传统制造供应链中，当买方与供应商就原材料采购合同进行谈判时，供应商很难准确知道原材料对买方的实际价值。除了报价本身之外，买方还会考虑供应商的其他属性，如过去的业绩、总体可靠性、未来的战略合作伙伴关系等。因此，这种不确定性可以描述为估值方面存在的不确定性。

考虑的第二类不确定性（在模型 2 中）与买方在评估中认为质量相对于价格的重要性有关。通常情况下，这反映在买方的效用函数中，即相对于价格对质量的加权。本章对以下情况进行了建模：供应商知道质量所分配的权重分布，但不知道具体的权重值，并将这种不确定性描述为质量权重的不确定性，希望双方的议价策略形成一个完美贝叶斯均衡（PBE）。为了推导均衡解，采用 Sobel 和 Takahashi（1983）以及 Cramton（1984）提出的方法。具体来说，供应商可以通过买方拒绝第一次报价来推断买方的估值，因为只有在买方的估值高于供应商提供的报价时，买方才会接受第一次报价。在描述双边不确定性下的均衡时只关注分离均衡，即供应商可以通过第一次报价完全披露信息。

本章还讨论了双边不确定性下的分离均衡和单边不确定性下的均衡之间的条件匹配（在这种情况下，买方明确知道供应商的成本）。如果两者不匹配，在双边不确定性下的分离均衡中，会发生昂贵的信息传递成本，导致拥有私人成本信息的供应商损害自己的利润。同样地，如果买方的私人信息是关于估值的，也会损害买方的利润。然而，如果买方的私人信息与质量权重有关，买方可以从供应商拥有的私人信息中获益。

多属性协商引发了一种有趣的信号行为，与具有相同规则的纯价格谈判形成对比。在双边私人信息下的纯价格谈判中，供应商通过其私人信息发出信号，在第一个周期中提供比没有私人信息时更高的价格。相反，当供应商提供多属性报价时，在第一个周期内会提供较低价格和较低质量的信号。无论买方的私人信息是基于估值还是取决于质量权重，都是如此。

4.2 文献综述

由于将采购谈判建模为一个在双边不确定性下的多属性谈判博弈，因此本章与不完全信息下的非合作谈判博弈的文献紧密相关。

早期对非合作谈判模型的研究主要集中在单边不确定条件下的一维谈判。在采购环境信息不完整的情况下，大量研究探讨了各种谈判规则下的最优价格决策（Sobel 和 Takahashi，1983；Grossman 和 Perry，1986；Cramton 1991）。然后将该模型推广到双边不确定情况下的一维议价问题，其中买方和供应商都有各自预设价格的私人信息。例如，Samuelson（1980）、Chatterjee 和 Samuelson（1983）考虑了单阶段议价博弈；Fudenberg 和 Tirole（1983）描述了两阶段议价博弈的均衡，其中只有供应商可以报价，并且双方的预订价格都是由两点分布描述的私人信息；Cramton（1984）将两阶段议价扩展到无限期模型，并刻画了分离均衡的特征；Cramton（1992）描述了一个无限阶段的议价模型，在这个模型中，双方在战略延迟的情况下交替报价。需要注意的是，所有这些模型以及文献中的大多数议价模型都是一维的，即两个参与者围绕着固定大小的蛋糕切割或物品价格进行议价（详见 Kennan 和 Wilson（1993）的文献）。

然而，现实世界的谈判通常是多层面的。在采购谈判的背景下，曾有人试图在单边不确定性下建立多属性谈判博弈模型。例如，Sen（2000）研究了一个二维交替报价议价模型，其中买方和供应商都具有关于边际估值的私人信息，通过协商来确定价格和交易量；供应商可以提供菜单报价，而买方只能提供单一报价。Inderst（2003）扩展了 Sen（2000）的方法，允许两个参与者制定菜单要约，得到了类似的结果，即存在一个唯一的均衡点，在这个均衡点上，双方立即达成有效的一致。后来，Yao（2012）提出了一个交替报价议价博弈模型，其中买方和供应商在销售合同中讨论价格和数量，结果显示，多属性的改变对议价博弈中的均衡行为和效率存在影响。

　　一些多属性谈判模型都假设只有一个参与者有私人信息，并且这些模型都假设私人信息只有两个可能的取值。而 Li 和 Tesauro（2003）是唯一尝试建立双边私人信息下的多属性谈判模型的研究者，他们考虑了一个双方都具有均匀分布不确定性的二维交替报价谈判过程，但他们的分析是通过模拟实验进行的。至今仍缺乏对单边私人信息和双边私人信息下多属性议价模型的详细分析。

　　本章还与越来越多的关于信息不对称供应链中采用议价框架合同的研究有关。其中一些论文采用了合作纳什议价理论来分析议价问题。例如，Gurnani 和 Shi（2006）研究了一个议价模型，其中供应商和买方在不对称供应可靠性信念下就价格和数量进行谈判。Nagarajan 和 Bassok（2008）建立了一个装配商和一组供应商之间的模型，并考虑了供应链利润分配等问题。Feng 和 Lu（2012）考虑了两个竞争供应链中的采购谈判，其中买方和供应商就产量以及产品利润的分配进行谈判，然后买方在下游市场对产品进行竞争，发现供应商的成本效率可能会对竞争制造商产生反作用。另一些国家则采用非合作谈判办法来审查采购合同问题。例如，Cachon 和 Larviere（2001）研究了供应商和买方之间的合同情况，其中供应商对最终产品的需求具有不确定性，买方决定是否与供应商共享需求预测。在类似的背景下，Ozer 和 Wei（2006）调查了不同的合同并规定了最佳合同条款。Feng 等（2014）分析了新闻供应商问题中的无限期议价模型，其中卖方和买方在非对称需求信息下就数量和价格进行谈判，他们假设买方需求信息具有二元支持。迄今为止，在双边私人信息下建立多属性议价模型的研究仍很有限。

本书的研究在几个方面对现有的议价模型进行了扩展。首先，考虑了除价格外的质量因素，将仅具有卖方报价的议价模型从一维扩展到二维。其次，将具有单边私人信息（即买方估值）的多属性议价模型扩展到包含供应商成本优惠信息的双边不确定性。最后，与大多数多属性谈判模型（通常假设买方类型为二元支持）不同，对具有一般分布的买方类型进行了连续建模。

4.3　模型一：关于估值的不确定性

考虑以下情景：其中买方和供应商就某物品的价格 y 和质量 z 进行谈判。在第一周期开始时，供应商提出报价(y_1, z_1)。如果买方(B)接受要约，则该物品以价格 y_1 和质量 z_1 进行交易。如果买方拒绝报价，则供应商在第二期开始时提出新报价(y_2, z_2)。如果买方接受新的报价，则物品以价格 y_2 和质量 z_2 进行交易；否则无交易发生，双方都没有收益。

假设在周期 $t(t \in \{1, 2\})$ 中，来自报价(y, z)的买方效用如下：

$$U_B(y, z, t) = \delta_B^{t-1}(R + \beta z - y + \varepsilon)$$

其中，$R > 0$ 表示买方从购买中获得的基础价值，$\beta > 0$ 表示质量的权重，δ_B 表示买方的延迟成本，而 ε 表示买方从接受(y, z)中获得价值的未知部分。

上式假设供应商知道买方的基本效用 R 和质量对价格的相对重要性 β。此外，供应商知道 $\varepsilon \in [a-\mu, a+\mu]$，具有累积密度函数 $F(\cdot)$ 和概率密度函数 $f(\cdot)$，但不知道 ε 的具体值。

将 $\varepsilon = X$ 的买方定义为在接受和拒绝第一个报价(y_1, z_1)之间的截止买家类型。

那么 X 满足 $R+\beta z_1-y_1+X=\delta_B(R+\beta z_2-y_2+X)$，等价于 $X=\dfrac{\delta_B(\beta z_2-y_2)-(\beta z_1-y_1)}{1-\delta_B}-R$。
其中，y_2、z_2 是第二周期中的价格和质量报价。由此可见，如果 $\varepsilon\geq X$，ε 买方将接受第一个报价，如果 $\varepsilon<X$，将拒绝第一个报价。因此，可以把 $1-F(X)$ 记为第一个周期内交易的概率。此外，从供应商的角度来看，拒绝 (y_1,z_1) 表明买方的类型为 $\varepsilon<X$，否则第一报价将被接受。类似地，如果接受第二报价有任何正利润，即如果 $R+\beta z_2-y_2+\varepsilon>0$，则 ε 买方将倾向于选择在第二周期购买，而不是无交易。因此，可以把 $F(X)-F(y_2-\beta z_2-R)$ 写成第二周期的交易概率。

供应商从报价中获得的利润 (y,z) 只是价格 y 和成本 $C(\rho,z)$ 之间的差额，其中，ρ 是供应商的成本参数，$C(\rho,z)$ 是供应商实现质量水平 z 的成本。在议价开始之前，供应商观察到 ρ 的具体值；而买方不知道。将供应商的延迟成本表示为 δ_S；那么在周期 $t\,(t\in\{1,2\})$ 中供应商从报价 (y,z) 获得的利润可以写成 $U_S(y,z,t)=\delta_S^{t-1}(y-C(\rho,z))$。

4.3.1 单边不确定性下的二维议价博弈

首先考虑买方明确知道成本参数 ρ 的情况。在这种情况下，有一个单边不确定性下的二维议价博弈模型，其中从供应商的角度来看，ε 在 $[a-\mu,a+\mu]$ 上具有连续支持，具有累积分布函数 $F(\cdot)$ 和概率密度函数 $f(\cdot)$。该均衡分析不仅为单边不确定情况下的二维议价模型提供新的见解，也为双边不确定情况提供了一个基准。

在这个两阶段博弈中，使用逆向归纳法来推导顺序均衡解。

第二周期的问题：假设买方拒绝第一个报价。然后，在第二轮开始时，供应商知道 $\varepsilon<X$，其中 X 是在接受第一报价和等待第二报价之间漠不关心的载止买家类型。供应商的第二周期面临的问题可以表述如下：

$$\max_{y_2,z_2}(y_2-C(z_2))(F(X)-F(y_2-\beta z_2-R)) \tag{4-1}$$

一阶报价则如下：

$$F(X)-F(y_2-\beta z_2-R)-(y_2-C(z_2))f(y_2-\beta z_2-R)=0$$

$$-C'(z_2)(F(X)-F(y_2-\beta z_2-R))+\beta z_2 f(y_2-\beta z_2-R)=0$$

假设 $y_2-C(z_2)>0$ 且 $f(y_2-\beta z_2-R)>0$。得到最优第二周期质量决策 z_2^* 由下式确定：

$$C'(z_2^*)=\beta \tag{4-2}$$

对于每个 X，供应商在第二个周期的最优价格决策 $y_2^*(X)$ 由下式给出：

$$y_2^*(X)=\frac{F(X)-F(y_2^*(X)-\beta z_2^*-R)}{f(y_2^*(X)-\beta z_2^*-R)}+C(z_2^*) \tag{4-3}$$

第一周期的问题：收到第一报价后，如果买方拒绝，他将从第二报价计算他的报酬（如果买方拒绝第一报价，供应商将根据式（4-2）和式（4-3）做出第二报价），将其与接受第一要约的回报进行比较，然后决定是接受还是拒绝第一报价。买方的策略是，如果 $\varepsilon \geqslant X$，则接受第一报价，如果 $\varepsilon<X$，则拒绝第一报价，其中 X 是通过以下公式求解选择的：

$$X=\frac{\delta_B(\beta z_2^*-y_2^*(X))-(\beta z_1-y_1)}{1-\delta_B}-R \tag{4-4}$$

知道了买方的策略，供应商第一周期问题是最大化预期总利润，即

$$\max_{y_1,z_1}(y_1-C(z_1))(1-F(X))+\delta_S(y_2^*(X)-C(z_2^*))(F(X)-F(y_2^*(X)-\beta z_2^*-R)) \tag{4-5}$$

假设 $y_1-C(z_1)>0$。那么平衡可以按如下推导：给定成本函数 $C(\cdot)$，则 z_2^* 可由式（4-3）导出。给定分布函数 $F(\cdot)$，将 z_2^* 代入式（4-3），可以把 y_2^* 写成仅仅是 X 的函数。然后将 z_2^* 和 $y_2^*(X)$ 代入式（4-4），用 y_1、z_1 写出 X 以及 $y_2^*(X)$。将 $X(y_1,z_1)$，$y_2(y_1,z_1)$ 和 z_2^* 代入式（4-5），则供应商的目标函数仅由 y_1,z_1 确定。给定 $F(\cdot)$，解决最大化问题将给出第一周期内的最优价格和质量决策，即 y_1^* 和 z_1^*。然后计算截止类型 X^*。随后，可以推导出第二周期 y_2^* 中供应商的最优价格。

如果 $X^* \in (a-\mu, \ a+\mu)$ 且 $y_2^* - \beta z_2^* - R > a-\mu$，那么在平衡状态下，如果第一报价被拒绝，则供应商在第一周期中提供 $(y_1^*, \ z_1^*)$，在第二周期中提供 $(y_2^*, \ z_2^*)$。如果 $\varepsilon_0 \geq X^*$，则 $\varepsilon = \varepsilon_0$ 的买方接受第一报价；如果 $y_2^* - \beta z_2^* - R < \varepsilon_0 < X^*$，则拒绝第一报价并接受第二报价；如果 $\varepsilon_0 \leq y_2^* - \beta z_2^* - R$，则拒绝两个报价。

以下定理说明了如何在均衡状态下做出质量决策。

定理 1 假设 $C(\cdot)$ 是严格凸函数。最佳质量报价 z_1，z_2^*（分别在周期 1 和周期 2）是唯一的，并由式给出 $C'(z_1^*) = C'(z_2^*) = \beta$。假设 $f(\cdot)$ 在 $(a-\mu, \ a+\mu)$ 可微。如果 $F(x)$ 的失败率（IFR）增加，即对于所有 x，$\dfrac{f(x)}{1-F(x)}$ 递增，且 $1-F(x) > 0$，则两期议价博弈的均衡解是唯一的。在这种情况下，供应商对买方的估值不确定，只有供应商可以提出价格—质量报价（如果存在的话）。

均衡的质量水平恰好是最大化期望供应链效用的质量水平，即最佳质量。该报价在两个期间内考虑了任何延迟成本，独立于供应商对买方估值的不确定性。

这一发现与先前文献中关于多属性谈判的研究发现一致。先前研究表明，在单边不确定性下的多属性交替要约议价中可以实现最佳质量（或数量）水平（Sen，2000；Inderst，2003；Yao，2012）。然而，均衡质量不仅取决于供应商的成本函数，还取决于买方的类型。相反，定理 1 表明在均衡时的质量水平与买方类型无关。此外，定理 1 还可以轻松推广到无限阶段的议价博弈。其逻辑是，由于买方效用函数中有一个附加的不确定性成分，从供应商的角度来看，任何不符合"最佳质量"的报价总是可以在不增加买方成本的前提下被改进，因此只有符合"最佳质量"的报价才能形成均衡解。在采购环境下的竞争性招标模型中也发现了类似的结果（Che，1993；Anderson 和 Qian，2014）。

下面的引理给出了保证上述均衡确实存在的条件。

引理 1 假设 $F(x)$ 的失败率增加，$\lim_{x \to a-\mu} f(x) = 0$，则 $y_2 - \beta z_2 - R > a-\mu$，$X^* \in (a-\mu, \ a+\mu)$ 时，存在平衡点。

失败率递增的假设要求所有 x 的 $f(x)/(1-F(x))$ 递增，以使 $1-F(x) > 0$。这

一假设适用于许多常见的分布，如均匀分布、三角分布和正态分布、β 分布、γ 分布、Weibull 分布，如果它们的参数设置得当，都能满足（Lariviere 和 Porteus，2001）。条件 $\lim_{x \to a-\mu} f(x) = 0$ 要求 ε 的概率密度函数在其支持的左端趋近于 0。诸如三角形分布之类的分布也具有这种性质。

4.3.2　双边不确定性下的二维议价博弈

现在考虑买方不明确知道供应商的成本参数的情况。假设供应商观察到其成本参数是 ρ_k（称为 k 型供应商或供应商 k），而买方只知道 ρ 可以是集合 $\{\rho_1, \rho_2, \cdots, \rho_n\}$ 中的任何值，其中，$\rho_1 < \rho_2 < \cdots < \rho_n$，如前文所述，$F(\cdot)$ 和 $f(\cdot)$ 分别表示 ε 在 $[a-\mu, a+\mu]$ 上的累积分布函数和密度函数。

即使在两期议价博弈中，也存在两种买方类型和两种供应商类型的多重均衡（Cramton，1982）。然而，遵循以前关于双边不确定性下议价的研究（Cramton，1984；Cho，1990），考虑一个分离均衡，其中不同类型的供应商在第一周期提出不同的报价，从而使得买方在收到第一次报价后了解实际类型，并理性地更新 ρ。同样的方法在供应链承包的情况下也被采用，并证明了其合理性（Cachon 和 Lariviere，2001；Ozer 和 Wei，2006），因为分离均衡解（不同类型的供应商做出不同的报价）使可信和合理的信息传递成为可能。具体而言，必须满足以下要求。首先，供应商的报价必须可信，这意味着任何其他类型的供应商都不会通过模仿（即假装拥有更高的成本）而获益。其次，买方的后验信念是正确的，即 k 型供应商从报价中获得的最大期望利润（$y_1(\rho_k)$，$z_1(\rho_k)$）大于从任何其他报价中获得的期望利润。此外，当评估供应商从一个报价中获得的预期利润时，根据供应商的均衡信念，供应商正确地预测了买方在第二周期的行为。

考虑 k 型供应商模仿一个 m 型供应商。假设 k 型供应商提供（y_1，z_1）这样一种选择方式，使得买方推断供应商是 m 型。那么买方将基于 ρ_m 选择 X，即 $X(\rho_m)$ 由下式确定：

$$R+\beta z_1-y_1 = \delta_B(R+\beta z_2(X(\rho_m), \rho_m)-y_2(X(\rho_m), \rho_m)) \tag{4-6}$$

式中，$(y_2(X(\rho_m),\rho_m),z_2(X(\rho_m),\rho_m))$ 是买方认为/期望的 m 型供应商在第一个报价 (y_1,z_1) 被拒绝的情况下会做出的第二周期报价。即：

$$y_2(X(\rho_m),\rho_m)=\frac{F(X(\rho_m))-F(y_2(X(\rho_m),\rho_m)-\beta z_2(X(\rho_m),\rho_m)-R)}{f(y_2(X(\rho_m),\rho_m)-\beta z_2(X(\rho_m),\rho_m)-R)}+C$$

$$(\rho_m,z_2(X(\rho_m),\rho_m))\frac{\partial C(\rho_m,z_2(X(\rho_m),\rho_m))}{\partial z_2(X(\rho_m),\rho_m)}=\beta$$

假设第一报价 (y_1,z_1) 被买方拒绝。那么供应商 k 知道 $X(\rho_m)$ 并且知道 $\varepsilon<X(\rho_m)$，然后基于 $X(\rho_m)$ 和实际成本参数 ρ_k（而不是买方期望的 ρ_m）做出第二报价，如下：

$$y_2(X(\rho_m),\rho_k)=\frac{F(X(\rho_m))-F(y_2(X(\rho_m),\rho_k)-\beta z_2(X(\rho_m),\rho_k)-R)}{f(y_2(X(\rho_m),\rho_k)-\beta z_2(X(\rho_m),\rho_k)-R)}+C(\rho_k,$$

$$z_2(X(\rho_m),\rho_k))\frac{\partial C(\rho_k,z_2(X(\rho_m),\rho_k))}{\partial z_2(X(\rho_m),\rho_k)}=\beta$$

将 $U(y_1,z_1,\rho_m,\rho_k)$ 表示为 k 型供应商在第一周期中从提供 (y_1,z_1) 中获得的预期总利润，买方认为供应商是 m 型（因此使用 $X(\rho_m)$ 作为其阈值），供应商 k 在第二周期中选择 $y_2(X(\rho_m),\rho_k),z_2(X(\rho_m),\rho_k)$。

然后可以写出：

$$U(y_1,z_1,\rho_m,\rho_k)=(y_1-C(\rho_k,z_1))(1-F(X(\rho_m)))+\delta_S(y_2(X(\rho_m),\rho_k)-C$$

$$(\rho_k,z_2(X(\rho_m),\rho_k)))(F(X(\rho_m))-F(y_2(X(\rho_m),$$

$$\rho_k)-\beta z_2(X(\rho_m),\rho_k)-R)) \tag{4-7}$$

供应商 k 的第一期问题可以写成：

$$\max_{y_1,z_1}U(y_1,z_1,\rho_k,\rho_k)$$

$$\text{s. t. } U(y_1,z_1,\rho_k,\rho_{k-1})\leqslant\max_{y,z}U(y,z,\rho_{k-1},\rho_{k-1}) \tag{4-8}$$

$$U(y_1,z_1,\rho_k,\rho_k)\geqslant\max_{y,z}U(y,z,\rho_{k-1},\rho_k) \tag{4-9}$$

式（4-8）是可信度约束，确保报价 (y_1,z_1) 作为 k 型供应商的信号是可信的，因为它对于供应商 $k-1$ 来说太昂贵而难以模仿。而式（4-9）是激励相容约束，它

确保了 k 型供应商从揭示其真实类型中获得的利润不低于从假装 $k-1$ 型中可以获得的最大利润。换句话说，这两个约束确保 $k-1$ 类型不会考虑模仿 k 类型，k 类型也不会模仿 $k-1$ 类型。

注意，供应商 k 的问题是一个约束最大化问题。在解决这个问题之前，先检查这两个约束，并表明它们在某些条件下可以被删除。在下面的引理中，给出了激励相容约束式（4-9）可以从问题中去除的条件。

引理 2 假设 $F(\cdot)$ 的失败率不断增加，记 $z^*(\rho)$ 为 $dC(\rho, z^*(\rho))/dz^*(\rho) = \beta$ 的解，假设 $\beta z^*(\rho) - C(\rho, z^*(\rho))$ 随 ρ 减小，那么式（4-9）适用于无约束问题，即 $U(y_1, z_1, \rho_k, \rho_k) \geqslant \max_{y,z} U(y, z, \rho_{k-1}, \rho_k)$。

满足引理 2 中的条件，即如果最优供应链利润随着成本参数降低而降低（这通常是真的），处于成本劣势（即具有较高的 ρ）的供应商将不会假装是具有较低成本的供应商。这样，约束式（4-9）可以从最大化问题中去除。

随着约束式（4-9）被移除，很明显，如果无约束问题的解满足式（4-8），则有约束问题的解与无约束问题的解匹配。下面的定理给出了式（4-8）成立的条件。

定理 2 假设 $F(x)$ 有一个递增的失败率。

对于具有 ρ_1 的供应商，双边不确定情况下的分离均衡总是与单边不确定情况相匹配。

对于 $\rho_k (k=2, \cdots, n)$，只有满足下列条件之一时，双边不确定性下的分离均衡才与单边不确定性情况匹配：

（a）δ_B 和 δ_S 接近 1。

（b）$\rho_k - \rho_{k-1} > d_k d_k$ 是 $U(y_1^*(\rho_k), z_k^*, \rho_k, \rho_k - d_k) = \max_{y,z} U(y, z, \rho_k - d_k, \rho_k - d_k)$ 的解。其中，$(y_1^*(\rho_k), z_k^*)$ 是在单边不确定性下供应商 k 的第一周期均衡报价。

定理 2 表明，如果供应商的成本参数具有连续支持条件，除了成本最低的供应商之外，其他供应商类型都有动机假装成本更高。因此，对于连续分布的成本，除非双方都有完全的耐心，否则不存在双边不确定性下与单边不确定性下相匹配的分离均衡。

当买方对信息的可信度约束条件式（4-8）不满足时，为了让买方相信供应商发送的信息经过第一次报价是真实的，供应商必须提供第一次报价，以防止低成本的供应商模仿。在这种情况下，供应商在满足可信度约束条件式（4-8）的前提下，供应商的期望总利润最大化。定理3给出了单边不确定性和双边不确定性下均衡结果的比较。

定理3 在模型一中，假设在双边不确定性下的分离平衡与在单边不确定下的平衡不匹配。具体来说，相比于单边不确定性下的均衡结果，在双边不确定性下的分离均衡中，供应商会在第一阶段提供较低的质量，在第二阶段提供更高的价格和相同的质量，而买方的阈值 X 较高。对于供应商和买方来说，在均衡状态下的预期利润都较低。

推测供应商在第一周期提供了较低的价格，但无法确证这一点。下文将使用一个数值例子来证明这一点。定理3还指出，在第一周期交易的概率较低，并且在最后没有交易的概率较高（因为 $F(y_2-\beta z_2-R)$ 增加）。这是因为在第一周期中，由于买方不确定供应商的实际成本，供应商有动机假装成本更高，而买方则知道这一点。因此，买方更倾向于相信供应商的成本低于其所声称/暗示的成本，即使供应商已经真实地披露了自己的私人信息。为了可靠地传递私人信息，供应商必须付出一些成本，以消除低成本供应商模仿的动机（即昂贵的信号）。定理3表明，供应商的昂贵信号降低了双方的利润。

4.4 模型二：关于质量权重的不确定性

现在考虑这样一种情况，供应商不确定买方将分配给质量的权重。为了简化问题，假设买方效用函数中的 ε 归一化为0。因此，在周期 $t(t \in \{1,2\})$ 中来自报价 (y, z) 的买方效用是 $U_B(y, z, t) = \delta_B^{t-1}(R + \beta z - y)$。假设买方观察到 $\beta = \beta_0$，而供应商只知道 β 在 $[b-\nu, b+\nu]$（其中 $b > \nu > 0$）上的分布，累积分布函数为 $G(\cdot)$ 和密度函数 $g(\cdot)$。其他假设与模型一相同。

对于一个两阶段的议价博弈，如果 $R + \beta z_1 - y_1 \geq \delta_B(R + \beta z_2 - y_2)$，$\beta$ 买方更倾向于在第一周期进行采购后再进行第二周期的交易。如果 $R + \beta z_2 - y_2 > 0$，则 β 买方更喜欢在第二周期购买，而非不交易。定义变量 W，在第一周期中 $W = (y_1 - \delta_B y_2 - (1-\delta_B)R)/(z_1 - \delta_B z_2)$。结果表明，当 $z_1 > \delta_B z_2$ 时，如果 $\beta \geq W$，则 β 买方更愿意在第一周期购买；当 $z_1 < \delta_B z_2$ 时，如果 $\beta \leq W$，则 β 买方更喜欢在第一周期中购买。需要注意的是，如果 $z_1 < \delta_B z_2$，则在 $[b-\nu, b+\nu]$ 范围内不存在阈值 W，因此不存在均衡。因此，假设 $z_1 > \delta_B z_2$。$1 - G(W)$ 为第一周期交易的概率，$G(W) - G((y_2 - R)/z_2)$ 为第二周期交易的概率。

4.4.1 单边不确定性下的二维议价博弈

该平衡以与模型一中类似的方式导出。假设第一个报价被拒绝，那么供应商知道 $\beta < W$。类似于式（4-1），供应商的第二周期问题如下：

$$\max_{y_2, z_2}(y_2 - C(z_2))\left(G(W) - G\left(\frac{y_2 - R}{z_2}\right)\right)$$

假设这个问题对于每个 W 有一个唯一的解 $(y_2(W), z_2(W))$，那么一阶条件如下：

$$C'(z_2(W)) = \frac{y_2(W) - R}{z_2(W)} \tag{4-10}$$

$$y_2(W) = \frac{G(W) - G\left(\frac{y_2 - R}{z_2}\right)}{g\left(\frac{y_2 - R}{z_2}\right)}z_2(W) + C(z_2(W)) \tag{4-11}$$

那么该均衡由第一周期报价 (y_1^*, z_1^*) 表示，求解如下：

$$\max_{y_1, z_1}(y_1 - C(z_1))(1 - G(W)) + \delta_S(y_2 - C(z_2))\left(G(W) - G\left(\frac{y_2 - R}{z_2}\right)\right) \tag{4-12}$$

其中，W 取决于 (y_1, z_1)，并且是恒等式的解：

$$W = \frac{y_1 - \delta_B y_2(W) - (1 - \delta_B)R}{z_1 - \delta_B z_2(W)} \tag{4-13}$$

假设 $W \in (b - \nu, b + \nu)$。那么可以从式（4-12）的一阶条件推导出：

$$\partial C(z_1)/\partial z_1 = W$$

这使得第一周期的质量写成 W 的函数，即 $z_1(W)$。给定式（4-13），还可以把第一周期价格写成 W 的函数，即 $y_1(W)$，那么式（4-12）就可以写成只有 W 的问题。要解决这个问题，给出一个最优值 W（可以表示为 W^*）。随后，可以推导出供应商的决策 $y_1{}^*$，$z_1{}^*$，$y_2{}^*$，$z_2{}^*$。

如果 $W^* \in (b - \nu, b + \nu)$ 且 $(y_2{}^* - R)/z_2{}^* > b - \nu$，则在平衡时供应商提供 $(y_1{}^*, z_1{}^*)$，如果第一报价被拒绝，则在第二周期中提供 $(y_2{}^*, z_2{}^*)$。如果 $\beta_0 \geqslant W^*$，则 $\beta = \beta_0$ 的买方接受第一报价，如果 $(y_2{}^* - R)/z_2{}^* < \beta_0 < W^*$，则拒绝第一报价并接受第二报价，如果 $\beta_0 \leqslant (y_2{}^* - R)/z_2{}^*$，则拒绝两个报价。

定理 4 表明，供应商的质量决策不同于模型一。它们不再固定在最佳水平上。事实上，质量报价取决于质量权重的不确定性水平。然而，可以证明，交易质量总是低于平衡时的最佳水平。

定理 4 假设 $C(z)$ 是严格凸函数。在均衡状态下，交易质量严格低于由 $C'(z^*) = \beta_0$ 定义的 z^*，其中 β_0 是买方的实际质量权重。

下面的引理 3 给出了保证平衡存在的条件。

引理 3 假设 $G(x)$ 的失败率增加，$\lim_{x \to b-\nu} g(x) = 0$，然后 $(y_2{}^* - R)/z_2{}^* > b - \nu$，$W^* \in (b - \nu, b + \nu)$，均衡存在。

4.4.2 双边不确定性下的二维议价博弈

接下来考虑买方不知道供应商的成本这种情况。如前文所述，假设买方只知

道 ρ 可以是有限集合 $\{\rho_1, \rho_2, \cdots, \rho_n\}$ 中的任何值，其中 $\rho_1 < \rho_2 < \cdots < \rho_n$。

分离平衡的分析方法与模型一类似。可以证明，在双边不确定性下的分离均衡与单边不确定性下的分离均衡相匹配的条件与模型一中的条件相同。然而，当涉及单边不确定性和双边不确定性下的均衡结果的比较时，模型二中的结果与模型一中的结果不同。定理 5 总结了模型二中的比较结果。

定理 5　在模型二中，假设双边不确定性下的分离均衡与单边不确定性下的均衡不匹配。在双边不确定性下的分离均衡，与单边不确定性下的均衡结果相比，供应商在两个周期都提供较低的质量；供应商在两个周期都提供较低的价格；买方的阈值 W 较低；供应商在均衡时的预期利润较低。

定理 5 表明，当供应商有额外的私人信息时，为了可靠地表明其类型，供应商在这两个时期提供的价格和质量都低于当买方明确知道其成本信息时将会提供的价格和质量。在第一周期 $(1-G(W))$ 进行交易的概率较高，而不进行交易的概率 $(G((y_2-R)/z_2))$ 较低。有趣的是，供应商的昂贵信号肯定会伤害自己，但不一定伤害买方。下面将给出证明。

4.5　数值分析

本节提供了一些数值示例来说明私有信息在二维谈判中的作用。此外，还给出了纯价格谈判和二维谈判的均衡结果的数值比较。

4.5.1　私有信息在二维协商中的作用

4.5.1.1　从完整信息到买方的片面私人信息

本章通过考虑买方私人信息的更一般分布（而不是离散或均匀分布），拓展了现有的具有单边私人信息的二维议价模型。本章的结果阐明了买方的私人信息对均衡决策和公司盈利能力的影响。首先，均衡时的质量决策是不受买方关于估价的私人信息的影响，但受买方关于质量权重的私人信息的影响。其次，虽然买方在没有私人信息的情况下没有获得利润，但买方并不一定从拥有私人信息中获益。因此，买方私人信息对于交易的利润可能并非必要条件，同时也并非一定会带来额外的利益。

以估值的不确定性为例，假设供应商的二次成本 $C(z)=\rho_0 z^2$，$\rho_0=2$；供应商知道买方的质量权重是 $\beta=2$，并且知道 $\varepsilon \sim N(0, \sigma)$。请注意，从供应商的角度来看，$\sigma$ 反映的是外生不确定性水平。那么定理 1 表明供应商总是提供最优的质量水平 $z^*=\beta/2\rho_0=0.5$。图 4-1 显示了均衡价格决策以及企业利润。根据不确定

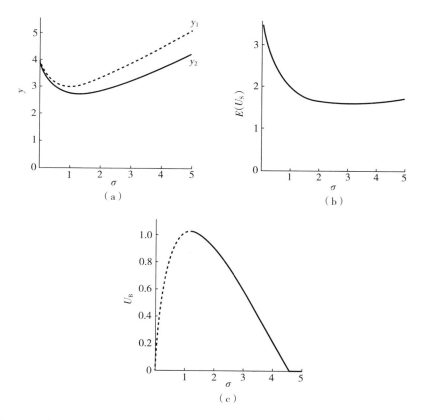

图 4-1　估值中单边不确定性下的均衡结果（$\beta=2$，$R=3$，$\varepsilon \sim N(0, \sigma)$，$\rho_0=2$）

不受买方关于估价的私人信息的影响，但受买方关于质量权重的私人信息的影响

性的程度，供应商可以提供更低或更高的价格。对于买方来说，存在一个最优的不确定性水平。假设买方的观察估值为 $\varepsilon_0 = 0$；图 4-1（c）显示，如果 $\sigma = 1.2$，获得最高利润 1.024，他拒绝第一报价并接受第二报价（虚线表示接受第一报价，而实线表示拒绝第一报价）。值得注意的是，如果供应商在买方估值中具有太多的不确定性（如 $\sigma = 5$），则买方根本不会从其私人信息中获益。

4.5.1.2 从买方的单边私人信息到双边私人信息

从买方的单边私人信息到双边私人信息的讨论，通过比较单边和双边私人信息下的二维议价模型，定理 3 和定理 5 揭示了供应商私人信息对均衡结果的影响。在模型一和模型二中，供应商的私有信息都会因为昂贵的信号而损害供应商的利润。换句话说，当供应商拥有私人成本信息时，他肯定比当买方知道其成本是处于不利地位。买方有可能从供应商昂贵的信号中获益。当买方拥有关于估值的私人信息时，这种情况不会发生，但当买方的私人信息是关于质量权重时，则可能发生。

用一个简单的例子说明定理 3 和定理 5 的结果。假设供应商可能是高成本类型（$\rho = H$）或低成本类型（$\rho = L$）。假设供应商和买方的延迟成本相同，其中 $\delta_B = \delta_S = 0.8$，供应商具有二次成本函数 $C(\rho, z) = \rho z^2$。假设 ε 的正态分布和 β 的三角分布（因为 β 必须是正的）。表 4-1 显示了在单边不确定性和双边不确定性情况下，二维议价博弈的均衡结果如何变化。

很明显，在模型一和模型二中，供应商的利润都会因为拥有私有信息而减少（从 1U 到 2U）。在模型一中，供应商的私人信息导致买方利润减少，但在模型二中，导致买方利润增加（从 0.6481 增加到 0.6514）。

换句话说，在单边不确定性情况下，供应商通过提供价格和质量来进行议价，并且拥有私人成本信息会减少供应商的利润，同时也会对买方的利润产生负面影响。然而，在双边不确定性情况下，供应商拥有私人成本信息会减少供应商的利润，但却会对买方的利润产生正面影响。需要注意的是，在不同的情境下，供应商和买方的私人信息对于均衡结果的影响是不同的。这些结果表明，供应商的私人信息可以对博弈过程和结果产生重要影响，进而影响供应链中各方的利益分配。

4.5.2　纯价格谈判与二维谈判的比较

4.5.2.1　从完整信息到买方的片面私人信息

在估值不确定情况下，质量水平总是被设置在第一最佳水平，很明显，二维议价均衡与仅价格议价的均衡相匹配。图 4-1 展示了供应商和买方在二维议价过程中的策略选择和均衡结果，当不确定性相对较低时，供应商选择提供较低的价格，并承担由于买方的私人信息而导致的所有供应链损失，这使得买方可以从他的私人信息中获益。然而，当不确定性增加时，供应商将会提高价格，以便买方分担部分损失。买方可以在第一周期拒绝高价，但如果预期在第二周期有利润的话，将接受高价（考虑到谈判必须结束的事实）。

在存在质量权重不确定性的情况下，已经证明交易的质量水平低于最优水平，这意味着二维议价的均衡结果与价格均衡不再匹配。通过一个具体的例子可以阐述不同的均衡结果。

对于任何水平的不确定性，供应商更喜欢二维议价，这并不令人意外，因为他可以做出不选择质量最好产品的决定。然而有趣的是，当存在高度的不确定性（$\mu \geqslant 3.25$）时，买方也从供应商进行质量决策中获益。这是因为在唯一价格谈判中，供应商总是以高价格提供固定质量的产品。相比之下，在高度不确定性下的二维议价中，供应商会选择相对较低的质量，但同时以非常有吸引力的价格提供，这使得买方可以获得比在纯价格谈判中更高的利润。

4.5.2.2　从买方的单边私人信息到双边私人信息

在具有双边私人信息的二维议价模型的分离均衡结果中，表 4-1 显示供应商在第一阶段使用较高价格和较低质量的信号来揭示其类型，这与纯价格谈判中的信号行为不同。引理 4 进一步阐明了这一点，并指出在双边不确定性下，供应商在第一阶段使用比其在买方明确知道成本的情况下使用的价格更高来表示其类型。

表4-1　单边不确定性（1U）和双边不确定性（2U）下二维议价的均衡结果

模型1：估值不确定性（$\beta = 2$，$R = 3$，$\varepsilon \sim N(0, 1)$，$\varepsilon_0 = 0$）

H = 2.1	y_1	z_1	y_2	z_2	X	P1	P2	E（U_S）	U_B
1U	2.9527	0.4762	2.6976	0.4762	0.0204	0.4919	0.4033	1.9349	1.0038
2U	2.9239	0.4605	2.6997	0.4762	0.0248	0.4901	0.4047	1.9346	1.0022
L = 1.9	y_1	z_1	y_2	z_2	X	P1	P2	E（U_S）	U_B
1U/2U	0.0383	0.5263	2.7824	0.5263	0.0093	0.4963	0.4017	1.9717	1.0162

模型2：质量权重不确定性（$R = 0.5$，$\beta \sim Tri(2, 4, 6)$，$\beta_0 = 4$）

H = 2.1	y_1	z_1	y_2	z_2	W	P1	P2	E（U_S）	U_B
1U	3.6548	0.9507	2.3437	0.6626	3.9931	0.5035	0.4200	1.3621	0.6481
2U	3.3286	0.8700	2.3377	0.6615	3.9857	0.5070	0.4173	1.3554	0.6514
L = 1.9	y_1	z_1	y_2	z_2	W	P1	P2	E（U_S）	U_B
1U/2U	4.0314	1.0566	2.5858	0.7409	4.0152	0.4924	0.4245	1.7850	0.6706

注：P1 和 P2 分别表示周期 1 和周期 2 的交易概率。

引理4　当谈判只针对价格时，在双边不确定下的二维议价博弈的分离均衡中，供应商在第一阶段用比其在买方明确知道成本的情况下使用的价格更高的价格来表示他的类型。

表4-2 给出了单边和双边私人信息下（高级供应商）均衡结果的一个例子。与供应商的成本为买方所知的情况相比，供应商 H 在具有私人成本信息的第一周期提供更高的价格来显示其类型。这种信号行为对于估值的不确定性和质量权重的不确定性都是成立的。

表4-2 单边不确定性（P1U）和双边不确定性（P2U）下纯价格议价的均衡结果

模型1：得分不确定性（$\beta=2$, $R=3$, $\varepsilon \sim N(0, 1)$, $\varepsilon_0=0$, $L=1.9$）

H = 2.1	y_1	z_1	y_2	z_2	X	P1	P2	E（U_S）	U_B
P1U/1U	2.9527	0.4762	2.6976	0.4762	0.0204	0.4919	0.4033	1.9349	1.0038
P2U	2.9623	0.4762	2.7054	0.4762	0.0374	0.4851	0.4087	1.9348	0.9976

模型2：重量不确定性（$R=0.5$, $\beta \sim Tri(2, 4, 6)$, $\beta_0=4$, $L=1.9$）

H = 2.1	y_1	z_1	y_2	z_2	W	P1	P2	E（U_S）	U_B
P1U	3.6422	0.9524	3.4351	0.9524	4.1689	0.4191	0.4346	1.2602	0.6995
P2U	3.8691	0.9524	3.6090	0.9524	4.6302	0.2345	0.5656	1.2319	0.5605

4.6　结论

尽管多属性谈判在采购实践中普遍存在，但缺乏对双边不确定条件下多属性谈判模型的研究。本章进行了这项研究，探讨了一个两阶段的议价模型，供应商和买方在谈判过程中涉及一个产品的价格和质量。本章建立了一个双边私人信息模型：买方拥有关于如何评估供应商报价（估值或质量权重）的私人信息，而供应商则拥有私有成本信息。首先，通过考虑买方私人信息的更一般分布，推广了现有的单边私人信息下的二维议价模型。其次，描述了在双边不确定性下的二维议价博弈的分离均衡，并与单边不确定性下的均衡结果进行了比较。最后，还比较了二维议价模型和单一维度议价模型。本章的分析为买方私人信息、供应商私人信息和额外质量属性在采购谈判中的影响提供了参考。

当供应商没有私人信息时，买方关于估价的私人信息并不影响供应商在均衡状态下的质量决策。然而，供应商的质量决策取决于买方关于质量权重的私人信息。此外，买方不一定会从拥有私人信息中受益。

关于供应商私有信息的影响，本章的分析表明，当供应商不确定买方如何评估其报价（估值或质量权重）时，如果供应商的成本支持足够脱节或当双方都完全有耐心时，供应商的附加私有信息不会改变均衡结果。否则，由于信号成本高昂，供应商拥有任何私人信息都是不利的。如果买方了解有关估价的私人信息时，供应商发出昂贵信号也会损害买方。然而，当买方拥有质量权重的私人信息时，可能会从供应商发出昂贵信号中受益。

证明了当供应商没有私有信息时，如果买方在估价方面拥有私人信息（模型一），二维议价模型的均衡与仅涉及价格的议价模型的均衡相匹配。然而，如果买方在质量权重方面拥有私人信息（模型二），则二维议价模型的均衡与仅涉及价格的模型的均衡不同。由于质量选择的灵活性，供应商总是倾向于进行二维谈判；一般而言，买方更倾向于仅涉及价格的谈判，但如果供应商具有高水平的不确定性，则可能更倾向于进行二维谈判。

还比较了当买方和供应商都有私人信息时的二维模型和仅涉及价格的模型。当谈判仅关注价格时，供应商通过在第一周期提供更高的价格来传递其私人信息的信号。相反，当谈判涉及两个维度时，供应商在第一周期提供了较低的价格和较低的质量（与其成本为买方所知的情况相比）。

未来的研究可以考虑双边不确定性下的其他谈判结构，如无限期模型或交替报价模型。在这样的谈判背景下，研究能够恢复供应链效率的安排也将是有趣的课题。一个简单的协调工具——耗散支付，即供应商除了提供多属性报价之外，还向买方提供一次性付款。通过这种方式，不同类型的供应商通过不同金额的一次性付款，真实可信地表明他们所属的类型。

本章附录

定理 1 的证明

证明类似于 Che（1993）中引理 1 的证明。

根据式（4-2），一阶条件给出了满足 $C'(z_2{}^*)=\beta$ 的 $z_2{}^*$。由于假设 $C(z)$ 是严格凸函数，所以值 $z_2{}^*$ 是 $\beta z-C(z)$ 的唯一极大值。接下来证明，它确实是最佳的质量选择。假设一个最优报价是 (y_2,z_2)，其中，$z_2 \neq z_2{}^*$。然后通过示出 (y_2,z_2) 严格地由另一个报价 (y'_2,z'_2) 支配，得出一个矛盾，其中 $y'_2=y_2+\beta z_2{}^*-\beta z_2$。

注意，$y'_2-\beta z'_2-R=y_2-\beta z_2-R$。给定 X，供应商的第二周期预期利润由 (y'_2,z'_2) 表示，$\dfrac{(y'_2-C(z'_2))(F(X)-F(y'_2-\beta z'_2-R))}{F(X)}=(y_2-C(z_2)+\beta z_2-C(z_2)-(\beta z_2-C(z_2)))(F(X)-F(y_2-\beta z_2-R))/F(X)>(y_2-C(z_2))(F(X)-F(y_2-\beta z_2-R))/F(X)$。这与 (y_2,z_2) 的最优性相矛盾。

接下来，证明第一周期质量 $z_1{}^*$ 也满足 $C'(z_1{}^*)=\beta$。证明是相似的。假设一个最优报价是 (y_1,z_1)，其中 $z_1 \neq z_1{}^*$，那么通过证明这个报价严格地由一个备选报价 (y'_1,z'_1) 支配就会得到一个矛盾结果，其中，$z'_1=z_1{}^*$，$y'_1=y_1+\beta z_1{}^*-\beta z_1$。得出 $X=(\delta_B(\beta z_2{}^*-y_2)-(\beta z_1-y_1))(1-\delta_B)^{-1}-R$，很容易证明 $X(y_1,z_1)=X(y'_1,z'_1)$，因为 $\beta z_1-y_1=\beta z'_1-y'_1$，$y_2$ 是 X 的函数。回顾之前的证明，供应商的第二周期问题的第一阶条件给出如下：

$$\frac{F(X)-F(y_2-\beta z_2{}^*-R)}{f(y_2-\beta z_2{}^*-R)}=y_2-C(z_2{}^*) \tag{附4-1}$$

给定相同的 X 和 z_2，很明显，在 (y_1,z_1) 和 (y'_1,z'_1) 下，y_2，$F(X)$ 是相同的。

现在，供应商在第一周期通过提供 (y'_1, z'_1) 获得的预期利润可以写成如下：

$(y'_1 - C(z'_1))(1 - F(X)) + \delta_S(y_2 - C(z_2{}^*))(F(X) - F(y_2 - \beta z_2{}^* - R)) = (y_1 - C(z_1) + \beta z_1{}^* - C(z_1{}^*) - (\beta z_1 - C(z_1)))(1 - F(X)) + \delta_S(y_2 - C(z_2{}^*))^2 f(y_2 - \beta z_2{}^* - R) > (y_1 - C(z_1))(1 - F(X)) + \delta_S(y_2 - C(z_2{}^*))^2 f(y_2 - \beta z_2{}^* - R)$

这与 (y_1, z_1) 的最优性相矛盾。通过 $C(z)$ 的凸性保证了 z_1 和 z_2 的唯一性。

通过证明给定 X，(A1)的解是唯一的，设 $w = y_2 - \beta z^* - R$，$s = \beta z^* - C(z^*)$，可以将(A1)改写为 $F(X) - F(w) = (w + s + R)f(w)$。

假设有不止一个解，如 $w_1 < w_2$，其中 $F(X) - F(w_j) = (w_j + s + R)f(w_j)$ 代表 $j = 1, 2$。然后 $\dfrac{F(X) - F(w_1)}{f(w_1)} - w_1 = \dfrac{F(X) - F(w_2)}{f(w_2)} - w_2$。因此，可以将中值定理应用于 $(F(X) - F(w))/f(w)$，并推导出在 w_1 和 w_2 之间存在某一点，其中 $\dfrac{d}{dw}\left(\dfrac{F(X) - F(w)}{f(w)}\right) = 1$，或者等效为 $2f(w)^2 + (F(X) - F(w))f'(w) = 0$。

如果 $f'(w) > 0$，则紧接 $2f(w)^2 + (F(X) - F(w))f'(w) > 0$ 之后会得到矛盾的结果。如果 $f'(w) < 0$，还可以利用 $F(w)$ 具有递增失败率的假设得到矛盾的结果。注意，增加的故障率意味着 $\dfrac{d}{dw}\left(\dfrac{f(w)}{1 - F(w)}\right) > 0$ 或等价于 $f(w)^2 + (1 - F(w))f'(w) > 0$。

给定 $f'(w) < 0$ 和 $F(X) < 1$，则 $f(w)^2 + (F(X) - F(w))f'(w) > 0$，从中得到 $2f(w)^2 + (F(X) - F(w))f'(w) > 0$。

因此，已经证明存在一个唯一的 w，并因此存在一个唯一的 y_2。给定 $z_1{}^* = z_2{}^* = z^*$，则 X 满足 $X = (\delta_B(\beta z^* - y_2(X)) - (\beta z^* - y_1))(1 - \delta_B)^{-1} - R$。

或者等价于：

$$y_1 = (R + X + \beta z^*)(1 - \delta_B) + \delta_B y_2(X) \tag{附4-2}$$

因此，可以通过证明 X^* 是唯一的来证明 $y_1{}^*$ 的唯一性。

将式(附4-2)代入供应商的第一周期问题式(4-5)，得到了关于 X 的最大化问题：

$$\max_X (y_1(X)-C(z^*))(1-F(X))+\delta_S(y_2(X)-C(z^*))(F(X)-F(y_2(X)-\beta z^*-R))$$

（附4-3）

简化后的一阶条件给出如下：

$$\frac{\partial y_1}{\partial X}\frac{1-F(X)}{f(X)}=y_1-C(z^*)-\delta_S(y_2-C(z^*))$$

（附4-4）

二阶条件如下：

$$\frac{\partial^2 y_1}{\partial X^2}(1-F(X))-\frac{\partial y_1}{\partial X}\frac{2f(X)^2+(1-F(X))f'(X)}{f(X)}+\delta_S f(X)\frac{\partial y_2}{\partial X}<0$$

（附4-5）

假设有多个解，比如 $X_a<X_b$ 满足 $(A4)$，则

$$\frac{\partial y_{1a}}{\partial X}\frac{1-F(X_a)}{f(X_a)}-y_{1a}+\delta_S y_{2a}=\frac{\partial y_{1b}}{\partial X}\frac{1-F(X_b)}{f(X_b)}-y_{1b}+\delta_S y_{2b}$$

（附4-6）

定义 $A(X)=\dfrac{\partial y_1}{\partial X}\dfrac{1-F(X)}{f(X)}-y_1+\delta_S y_2$，因此，

$$\frac{\partial A(X)}{\partial X}=\frac{\partial^2 y_1}{\partial X^2}\frac{1-F(X)}{f(X)}-\frac{\partial y_1}{\partial X}\frac{2f(X)^2+(1-F(X))f'(X)}{f(X)^2}+\delta_S\frac{\partial y_2}{\partial X}<0$$

根据式（附4-5），给定 $X_a<X_b$，则 $A(X_a)>A(X_b)$，即

$$\frac{\partial y_{1a}}{\partial X}\frac{1-F(X_a)}{f(X_a)}-y_{1a}+\delta_S y_{2a}>\frac{\partial y_{1b}}{\partial X}\frac{1-F(X_b)}{f(X_b)}-y_{1b}+\delta_S y_{2b}$$

这与式（附4-6）相矛盾。因此，证明了 X^* 是唯一的，y_1^* 也是唯一约。

引理 1 的证明

设 $w^*=y_2^*-\beta z^*-R$，$s=\beta z^*-C(z^*)$。通过证明 $w^*>a-\mu$，推导出 $y_2^*-\beta z^*-R>a-\mu$。

给定 X 和 z^*，供应商的第二周期问题可以写成 $\max\limits_{w}(R+w+s)(F(X)-F(w))/F(X)$。

关于 w 的一阶导数为 $\dfrac{F(X)-F(w)}{F(X)}-(R+w+s)\dfrac{f(w)}{F(X)}$。

（附4-7）

给定 $\lim_{x\to a-\mu}f(x)=0$，则 $\lim_{w\to a-\mu}f(w)=0$。因此，当 $w=a-\mu$ 时，式（附4-7）

为正，则 $F(X)-F(w)>0$，$F(X)>0$，这表示在点 $w=a-\mu$ 供应商在第二周期的预期利润随 w 增加，即 $w^*>a-\mu$，因此，$y_2{}^*-\beta z^*-R>a-\mu$。

接下来证明 $X^*\in(a-\mu,\ a+\mu)$。给定供应商的第一周期式（附4-3），关于 X 的一阶导数如下：

$$\left(1-\delta_B+\delta_B\frac{\partial y_2}{\partial X}\right)(1-F(X))-f(X)(y_1-C(z^*)-\delta_S(y_2-C(z^*)))\qquad（附4-8）$$

由于当 $X=X^*$ 时式（附4-8）等于 0，因此可以通过证明当 X 接近 $a-\mu$ 时式（附4-8）为正，当 X 接近 $a+\mu$ 时式（附4-8）为负，推导出 $X^*\in(a-\mu,\ a+\mu)$。

当 X 从左侧逼近 $a+\mu$ 时，给定 $F(a+\mu)=1$，式（附4-8）逼近 $-f(X)(y_1-C(z^*)-\delta_S(y_2-C(z^*)))$，考虑到 $f(X)>0$ 且 $y_1-C(z^*)-\delta_S(y_2-C(z^*))=(\delta_B-\delta_S)(y_2-C(z^*))+(1-\delta_B)(R+\beta z^*-C(z^*)+X)>(1-\delta_B)(R+\beta z^*-y_2+X)>0$

从上式可知，当 X 从右侧接近 $a-\mu$ 时，如果 $\lim_{x\to a-\mu}f(x)=0$ 且 $F(a-\mu)=0$，则式（附4-8）接近 $1-\delta_B+\delta_B\frac{\partial y_2}{\partial X}$，这是正的，因为 $\frac{\partial y_2}{\partial X}>0$ 且 $\delta_B<1$。因此，证明了 $X^*\in(a-\mu,\ a+\mu)$。

引理 2 的证明

与前面的证明类似，将 $U(y_1,\ z_1,\ \tau,\ \theta)$ 表示为 θ 型供应商在第一周期通过提供 $(y_1,\ z_1)$ 的预期总利润，并且买方推断供应商是一个 τ 型。然后可以得出：

$$U(y_1,\ z_1,\ \tau,\ \theta)=(y_1-C(\theta,z_1))(1-F(X(\tau)))+\delta_S(y_2(X(\tau),\ \theta)-C(\theta,z_\theta{}^*))(F(X(\tau))-F(y_2(X(\tau),\ \theta)-\beta z_\theta{}^*-R))\qquad（附4-9）$$

其中，$X(\tau)=(\delta_B(\beta z_\tau-y_2(X(\tau),\ \tau))-(\beta z_\tau-y_1))(1-\delta_B)^{-1}$；$U^*(\tau,\ \theta)=\max\limits_{y_1,z_1}U(y_1,\ z_1,\ \tau,\ \theta)$ 且 $y_\theta(\tau),\ z_\theta(\tau)=arg\max\limits_{y_1,z_1}U(y_1,\ z_1,\ \tau,\ \theta)$。（附4-10）

给出 $y_2(X(\tau),\ \theta)-C(\theta,\ z_\theta{}^*)=\dfrac{F(X(\tau))-F(y_2(X(\tau),\ \theta)-\beta z_\theta{}^*-R)}{f(y_2(X(\tau),\ \theta)-\beta z_\theta{}^*-R)}$，

因此，

$$\frac{\partial U^*(\tau, \theta)}{\partial \tau} = -f(X(\tau))\frac{\partial X(\tau)}{\partial \tau}(y_\theta(\tau) - C(\theta, z_\theta(\tau)) - \delta_S(y_2(X(\tau), \theta) - C(\theta,$$

$$z_\theta^*)))$$
（附4-11）

接下来证明式（附4-11）是正的。由于$(y_\theta(\tau), z_\theta(\tau))$最大化$U(y_1, z_1, \tau, \theta)$，它们满足一阶条件（关于$y_1$），即

$$\left(1 - \delta_B + \frac{\partial y_2(X(\tau), \tau)}{\partial X(\tau)}\right)\frac{1 - F(X(\tau))}{f(X(\tau))} = y_\theta(\tau) - C(\theta, z_\theta(\tau)) - \delta_S(y_2(X(\tau), \theta) -$$

$$C(\theta, z_\theta))$$

由于$\partial y_2(X(\tau), \tau)/\partial X(\tau) > 0$，得到右侧是正的。接下来展示如何证明$\partial X(\tau)/\partial \tau < 0$。

注意
$$\frac{\partial X(\tau)}{\partial \tau} = \frac{\delta_B}{1 - \delta_B}\left(\beta\frac{\partial z_\tau^*}{\partial \tau} - \frac{\partial y_2(X(\tau), \tau)}{\partial \tau}\right)$$
（附4-12）

令$w_\tau = y_2(X(\tau), \tau) - \beta z_\tau^* - R$，$s_\tau = \beta z_\tau^* - C(\tau, z_\tau^*)$，那么式（附4-12）可以写成
$$\frac{\partial X(\tau)}{\partial \tau} = -\frac{\delta_B}{1 - \delta_B}\frac{\partial w_\tau}{\partial \tau}。$$
（附4-13）

由于$y_2(X(\tau), \tau)$解决了供应商的第二周期问题，即

$$(y_2(X(\tau), \tau) - C(\tau, z_\tau))f(y_2(X(\tau), \tau) - \beta z_\tau^* - R) = F(X(\tau)) - F(y_2(X(\tau), \tau) - \beta z_\tau^* - R)$$

等效为 $\dfrac{F(X(\tau)) - F(w_\tau)}{f(w_\tau)} = R + w_\tau + s_\tau$，

取关于τ的导数，重新排列方程，得到：

$$\frac{\partial w_\tau}{\partial \tau}\left(\frac{2f(w_\tau)^2 + f'(w_\tau)(F(X(\tau)) - F(w_\tau))}{f(w_\tau)^2} + \frac{\delta_B}{1 - \delta_B}\frac{f(X(\tau))}{f(w_\tau)}\right) = -\frac{\partial s_\tau}{\partial \tau}$$
（附4-14）

如果$\beta z_\tau^* - C(\tau, z_\tau^*)$随$\tau$减小，则$\partial s_\tau/\partial \tau < 0$。将式（附4-13）代入式（附4-14），得到：

$$\frac{\partial w_\tau}{\partial \tau}\left(\frac{2f(w_\tau)^2 + f'(w_\tau)(F(X(\tau)) - F(w_\tau))}{f(w_\tau)^2} + \frac{\delta_B}{1 - \delta_B}\frac{f(X(\tau))}{f(w_\tau)}\right) = -\frac{\partial s_\tau}{\partial \tau}$$

从中得到 $\partial w_\tau / \partial \tau > 0$。那么式（附4-12）给出 $\partial X(\tau)/\partial \tau < 0$。因此，已经证明式（附4-11）是正的，即 $U^*(\tau, \theta)$ 随 τ 增加。在给定 $\rho_k > \rho_{k-1}$ 的情况下，得到了 $U^*(\rho_k, \rho_k) > U^*(\rho_{k-1}, \rho_k)$。因此，证明了引理2。

定理2的证明

对于具有最小 ρ 的供应商，其不具有可信度约束，因为没有更低类型。此外，给定引理1，证明了对于 $\rho = \rho_1$ 的供应商，在双边不确定情况下的分离均衡总是与单边不确定情况相匹配。为了证明定理的其余部分，固定 $k > 1$。

将 $(y_1^*(\rho_k), z_{\rho_k}^*)$ 表示为供应商 k 在单边不确定性下的第一个平衡报价。为了简化表示，令 $H = \rho_k$ 和 $L = \rho_{k-1}$，并将供应商 k 和 $k-1$ 分别称为供应商 H 和 L。

当 $\delta_B = \delta_S = 1$ 时，两阶段议价问题转化为第二阶段博弈，此时供应商的问题为 $\max\limits_{y,z}(y - C(z))(1 - F(y - \beta z - R))$，这可以通过满足 y 和 z 来解决

$$\frac{\partial C(z)}{\partial z} = \beta$$

$$y = \frac{1 - F(y - \beta z - R)}{f(y - \beta z - R)} + C(z)$$

那么，供应商 L 通过假扮 H 型获得的利润如下：

$$U(y_1^*(H), z_H^*, H, L) = (y_1^*(H) - C(L, z_H^*))(1 - F(y_1^*(H) - \beta z_H^* - R))$$

因此，$\dfrac{\partial U(y_1^*(H), z_H^*, H, L)}{\partial H} = \left(\dfrac{\partial y_1(H)}{\partial H} - \dfrac{\partial C(L, z_H)}{z_H}\dfrac{\partial z_H}{\partial H}\right)(1 - F(y_1(H) - \beta z_H - R)) - (y_1(H) - C(L, z_H))f(y_1(H) - \beta z_H - R)\left(\dfrac{\partial y_1(H)}{\partial H} - \beta\dfrac{\partial z_H}{\partial H}\right) = f(y_1(H) - \beta z_H - R)$

$\left(\left(\dfrac{\partial y_1(H)}{\partial H} - \dfrac{\partial C(L, z_H)}{z_H}\dfrac{\partial z_H}{\partial H}\right)(y_1(H) - C(H, z_H)) - (y_1(H) - C(L, z_H))\left(\dfrac{\partial y_1(H)}{\partial H} - \beta\right.\right.$

$\left.\left.\dfrac{\partial z_H}{\partial H}\right)\right) < 0$

因为 $0 < \dfrac{\partial C(L, z_H^*)}{z_H^*} < \dfrac{\partial C(L, z_L^*)}{z_L^*} = \beta$，$\dfrac{\partial z_H^*}{\partial H} < 0$，$f(y_1^*(H) - \beta z_H^* - R) > 0$ 且 C

$(H, z_H{}^*) > C(L, z_H{}^*)$。因此，给定 $H > L$，则 $U(y_1{}^*(L), z_L{}^*, L, L) > U(y_1{}^*(H), z_H{}^*, H, L)$，表明当 $\delta_B = \delta_S = 1$ 时满足可信度约束。

需要证明的是，当 $H-L$ 足够大时，在单边不确定情况下的第一个报价满足约束，即 $U(y_1{}^*(L), z_L{}^*, L, L) \geqslant U(y_1{}^*(H), z_H{}^*, H, L)$

注意到，

$$U(y_1{}^*(L), z_L{}^*, L, L) = (y_1{}^*(H) - C(L, z_H{}^*))(1 - F(X(H))) + \delta_S$$
$$(y_2(X(H), L) - C(L, z_L{}^*))^2 f(y_2(X(H), L) - \beta z_L{}^* - R)$$

其中，$X(H) = (\delta_B(\beta z_H{}^* - y_2(X(H), H)) - \beta z_H{}^* + y_1{}^*(H))(1 - \delta_B)^{-1} - R$

$$（附4-15）$$

因此，

$$\frac{\partial U(y_1{}^*(H), z_H{}^*, H, L)}{\partial H} = \left(\frac{\partial y_1{}^*(H)}{\partial H} - \frac{\partial C(L, z_H{}^*)}{\partial z_H{}^*} \frac{\partial z_H{}^*}{\partial H} \right)(1 - F(X(H))) - f(X$$
$$(H)) \frac{\partial X(H)}{\partial H}(y_1{}^*(H) - C(L, z_H{}^*) - \delta_S(y_2(X(H),$$
$$L) - C(L, z_L{}^*)))$$

$$（附4-16）$$

表示为 $w_H = y_2(X(H), H) - \beta z_H{}^* - R$。

既然引理 2 的证明给出了 $\partial w_H / \partial H > 0$ 且 $\partial X(H)/\partial H < 0$，那么可以得出这样的结论：

$$\frac{\partial y_1{}^*(H)}{\partial H} = (1 - \delta_B)\frac{\partial X(H)}{\partial H} + \delta_B \frac{\partial w_H}{\partial H} + \beta \frac{\partial z_H{}^*}{\partial H} > \left(1 - \delta_B + \delta_B \frac{\partial y_2(X(H), H)}{\partial X(H)} \right) \frac{\partial X(H)}{\partial H} +$$
$$\beta \frac{\partial z_H{}^*}{\partial H} = \frac{\partial y_1{}^*(H)}{\partial X(H)} \frac{\partial X(H)}{\partial H} + \beta \frac{\partial z_H{}^*}{\partial H}$$

因此，式（附4-16）可以写成：

$$\frac{\partial U(y_1{}^*(H), z_H{}^*, H, L)}{\partial H} > \left(\beta \frac{\partial z_H{}^*}{\partial H} - \frac{\partial C(L, z_H{}^*)}{\partial z_H{}^*} \frac{\partial z_H{}^*}{\partial H} \right)(1 - F(X(H))) +$$

$$\frac{\partial X(H)}{\partial H}\frac{\partial y_1{}^*(H)}{\partial X(H)}(1-F(X(H)))-f(X(H))(y_1{}^*(H)-C(L,z_H{}^*)-\delta_S(y_2(X(H),$$

$$L)-C(L,z_L{}^*)))\qquad\qquad\qquad\text{(附 4-17)}$$

由于 $(y_1{}^*(H),z_H{}^*)$ 满足最大化 $U(y_1,z_1,H,H)$ 时的一阶条件，所以它们满足：

$$y_1{}^*(H)-C(H,z_H{}^*)=\delta_S(y_2(X(H),H)-C(H,z_H{}^*))+\frac{1-F(X(H))}{f(X(H))}$$

$$\frac{\partial y_1{}^*(H)}{\partial X(H)}\qquad\qquad\qquad\text{(附 4-18)}$$

将式（附 4-18）和式（附 4-17）代入式（附 4-16），在 $H=L$ 的点，得到：

$$\frac{\partial U(y_1{}^*(H),z_1(H),L)}{\partial H}>\left(\beta\frac{\partial z_H{}^*}{\partial H}-\frac{\partial C(L,z_H{}^*)}{\partial z_H}\frac{\partial z_H{}^*}{\partial H}\right)(1-F(X(H)))+f(X$$

$$(H))\frac{\partial X(H)}{\partial H}(C(L,z_H{}^*)-C(H,z_H{}^*)+\delta_S(y_2(X(H),L)-C(L,z_L{}^*))-\delta_S(y_2(X$$

$$(H),H)-C(H,z_H{}^*)))=0$$

因此，当 H 从上面接近 L 时，$U(y_1{}^*(H),z_H{}^*,H,L)$ 随 H 增加。假设 $U(y_1{}^*(H),z_H{}^*,H,L)$ 有一个最大值。然后，随着 H 的增加，$U(y_1{}^*(H),z_H{}^*,H,L)$ 将达到其最大值。随着 H 的进一步增加，$\partial U(y_1{}^*(H),z_H{}^*,H,L)/\partial H$ 变为负值，然后 $U(y_1{}^*(H),z_H{}^*,H,L)<U(y_1{}^*(L),z_L{}^*,L,L)$ 给定 $H>L$。因此，已经证出 $U(y_1{}^*(L),z_L{}^*,L,L)\geqslant U(y_1{}^*(H),z_H{}^*,H,L)$，当 $H>L+d_k$，且 $H=L+d_k$ 点满足：

$$U(y_1{}^*(H),z_H{}^*,H,L)=U(y_1{}^*(L),z_L{}^*,L,L)$$

即定理 2（b）得到证明。

定理 3 的证明

假设供应商 H 的成本为 $\rho=\rho_k(k>1)$。假设双边不确定性下的分离均衡与单边不确定性下的均衡不匹配，即可信度约束是绑定的，即 $U(y_1{}^*(H),z_H{}^*,H,$

$L) > U(y_1{}^*(L), z_L{}^*, L, L)$。

为了便于比较，首先总结了单边不确定性下供应商 H 的均衡报价：

第一周期和第二周期的质量报价为 $z_1{}^*(H) = z_2{}^*(H) = z_H{}^*$。

由 $C'(H, z_H{}^*) = \beta$ 确定。

第一期和第二期的报价 $y_1{}^*(H)$ 和 $y_2{}^*(H)$ 由以下因素决定：

$$y_1{}^*(H) = arg\ \max_{y_1}(y_1 - C(H, z_H{}^*))(1 - F(X^*(H))) + \delta_S(y_2{}^*(H) - C(H,$$
$$z_H{}^*))(F(X^*(H)) - F(y_2{}^*(H) - \beta z_2{}^*(H) - R)),\quad y_2{}^*(H) =$$
$$\frac{F(X^*(H)) - F(y_2{}^*(H) - \beta z_H{}^* - R)}{f(y_2{}^*(H) - \beta z_H{}^* - R)} + C(H, z_H{}^*),$$

其中，$X^*(H) = (\delta_B(\beta z_H{}^* - y_2{}^*(H)) - (\beta z_H{}^* - y_1{}^*(H)))(1 - \delta_B)^{-1} - R$。

将双边不确定性下的分离均衡决策表示如下：供应商 H 的第一周期报价为 $(y_H(H), z_H(H))$，买方的阈值为 $X_H(H)$，供应商 H 的第二周期报价为 $(y_2(X_H(H), H), z_2(X_H(H), H))$。需要证明的是 $z_H(H) < z_H{}^*$ 且 $z_2(X_H(H), H) = z_H{}^*$。

已经证明了由 $C'(H, z_2) = \beta$ 决定的 $z_2(X_H(H), H) = z_H{}^*$。因为即使在双边不确定性下，供应商 H 也会根据 $X(H)$ 和其的真实成本参数 H 来选择第二周期质量，就像在单边不确定性下一样。接下来证明 $z_H(H) < z_H{}^*$。将最大化的拉格朗日表示如下：

$$T(y_1, z_1) = U(y_1, z_1, H, H) - \lambda(U(y_1, z_1, H, L) - U(y_1{}^*(L), z_L{}^*, L, L))$$

在双边不确定性下的分离均衡，第一周期决策 $y_H(H)$，$z_H(H)$ 满足以下等式：

$$\frac{\partial U(y_H(H), z_H(H), H, H)}{\partial y_H(H)} - \lambda \frac{\partial U(y_H(H), z_H(H), H, L)}{\partial y_H(H)} = 0 \qquad (附4-19)$$

$$\frac{\partial U(y_H(H), z_H(H), H, H)}{\partial z_H(H)} - \lambda \frac{\partial U(y_H(H), z_H(H), H, L)}{\partial z_H(H)} = 0 \qquad (附4-20)$$

$$U(y_H(H), z_H(H), H, L) - U(y_1{}^*(L), z_L{}^*, L, L) = 0 \qquad (附4-21)$$

其中，$\lambda > 0$。表示为 $z^* = arg\ \max_z \beta z - C(H, z) - \lambda(\beta z - C(L, z))$。

证明 $z_H(H) = z^*$。假设不是；则报价 $(y_H(H), z_H(H))$ 严格地由报价 (y, z^*)

支配，其中 $y=y_H(H)+\beta z^*-\beta z_H(H)$。由于 $\beta z^*-y=\beta z_H(H)-y_H(H)$，因此 $X(H)$ 在这两种情况下是相同的。而且很容易证明 $T(y,z^*)>T(y_H(H),z_H(H))$。

证明 $\lambda<1$。假设不是；因为 $0<\beta z-C(H,z)<\beta z-C(L,z)$，所以 $\lambda\geqslant1$ 意味着当 $z=0$ 时，$\beta z-C(H,z)-\lambda(\beta z-C(L,z))$ 的最大值为 0。这与 $z^*>0$ 相矛盾。因此，可以证明 $0<\lambda<1$。

现在 $z_H(H)$ 由式确定 $\beta-\dfrac{\partial C(H,z_H(H))}{\partial z_H(H)}=\lambda\left(\beta-\dfrac{\partial C(L,z_H(H))}{\partial z_H(H)}\right)>0$，因此，

$$\frac{\partial C(H,z_H(H))}{\partial z_H(H)}<\beta=\frac{\partial C(H,z_1{}^*(H))}{\partial z_1{}^*(H)}。$$

由于凸性给出 $C''(z)>0$，因此 $z_H(H)<z_1{}^*(H)$。给定（任意）$X(H)$ 的表达式，可以用 $X(H)$ 替换 y_1，然后写 $U(y_1,z_1,H,\rho)$ 为 $U(X(H),z_1,H,\rho)$，然后

$$\frac{\partial U(X(H),z_1,H,\rho)}{\partial X(H)}=\left(1-\delta_B+\delta_B\frac{\partial y_2(X(H),H)}{\partial X(H)}\right)(1-F(X(H)))-f(X(H))$$
$$(y_1-C(\rho,z_1)-\delta_S(y_2(X(H),\rho)-C(\rho,z_\rho{}^*))),$$

其中，$y_1=(X(H)+R)(1-\delta_B)-\delta_B(\beta z_H-y_2(X(H),H))+\beta z_1$。

注意，y_1 不受 ρ 的影响。

因此，$\dfrac{\partial^2 U(X(H),z_1,H,\rho)}{\partial X(H)\partial\rho}=f(X(H))\left(\dfrac{\partial C(\rho,z_1)}{\partial\rho}+\delta_S\dfrac{\partial y_2(X(H),\rho)-C(\rho,z_\rho{}^*)}{\partial\rho}\right)。$

因为 $y_2(X(H),\rho)$ 由式决定 $y_2(X(H),\rho)-C(\rho,z_\rho{}^*)=$
$\dfrac{F(X(H))-F(y_2(X(H),\rho)-\beta z_\rho{}^*-R)}{f(y_2(X(H),\rho)-\beta z_\rho{}^*-R)}$，可以推断 $\dfrac{\partial y_2(X(H),\rho)-C(\rho,z_\rho{}^*)}{\partial\rho}>-\delta_S$

$\dfrac{\partial C(\rho,z_2{}^*)}{\partial\rho}$，并且存在 $\dfrac{\partial C(\rho,z_1)}{\partial\rho}+\delta_S\dfrac{\partial y_2(X(H),\rho)-C(\rho,z_\rho{}^*)}{\partial\rho}>0$。因此，得出

$$\frac{\partial^2 U(X(H),z_1,H,\rho)}{\partial X(H)\partial\rho}>0。$$

因为给定 $H>L$，得出 $\dfrac{\partial U(X(H),z_1,H,H)}{\partial X(H)}>\dfrac{\partial U(X(H),z_1,H,L)}{\partial X(H)}。$

因为 $X_H(H)$，$z_H(H)$ 满足 $\dfrac{\partial U(X_H(H),\ z_H(H),\ H,\ H)}{\partial X_H(H)}-\lambda\dfrac{\partial U(X_H(H),\ z_H(H),\ H,\ L)}{\partial X_H(H)}=$

0，给定 $0<\lambda<1$，可以推断出 $\dfrac{\partial U(X_H(H),\ z_H(H),\ H,\ H)}{\partial X_H(H)}<0$。 （附4-22）

给定 $\overline{X}=arg\ \max_{X(H)}U(X(H),\ z_H(H),\ H,\ H)$，根据（附4-22）得出 $X_H(H)>$

$\overline{X}$。因此，$X^*(H)=arg\ \max\limits_{X(H)}U(X(H),\ z_1(H),\ H,\ H)$。

给定 $z_H(H)<z_H{}^*$，得出 $\dfrac{\partial U(X^*(H),\ z_H(H),\ H,\ H)}{\partial X^*(H)}>0=\dfrac{\partial U(\overline{X},\ z_H(H),\ H,\ H)}{\partial \overline{X}}$，

然后给定 $\dfrac{\partial^2 U(\overline{X},\ z_H(H),\ H,\ H)}{\partial \overline{X}^2}<0$，得出 $\overline{X}>X^*(H)$。因此，证出 $X_H(H)>\overline{X}>X^*(H)$。

由于 $\partial y_2(X(H),\ H)/\partial X(H)>0$，给定 $X_H(H)>X^*(H)$，有 $y_2(X_H(H),\ H)>y_2{}^*(H)$。

根据式（附4-21），很明显，在双边不确定性 $U(y_H(H),\ z_H(H),\ H,\ H)$ 下，供应商 H 在分离平衡时的预期利润低于在单边不确定性 $U(y_1{}^*(H),\ z_H{}^*,\ H,\ H)$ 下，供应商 H 在平衡时的预期利润，因为 $U(y_1,\ z_1,\ H,\ H)$ 在 $(y_1{}^*(H),\ z_H{}^*)$ 处最大化。因此，对于除了 ρ_1 之外的任何供应商类型，在双边不确定性下，供应商在均衡时的期望利润都低于在单边不确定性下的期望利润。

接下来证明，如果供应商是 H 型的，在双边不确定性下，在分离均衡时买方的利润总是低于单边不确定性下的利润，而与买方的实际估值 ε_0 无关。

由于 $X(H)=(\delta_B(\beta z_H{}^*-y_2(X(H),\ H))-\beta z_1+y_1)(1-\delta_B)^{-1}-R$，显然 $X(H)$ 会随着 βz_1-y_1 减少。给定 $X_H(H)>X^*(H)$，得到了 $\beta z_H(H)-y_H(H)<\beta z_H{}^*-y_1{}^*(H)$

考虑三种情况：

情况1：如果 $\varepsilon_0 \geqslant X_H(H)>X^*(H)$，在两种情况下，交易发生在周期1。那么双边不确定性 $R+\beta z_H(H)-y_H(H)+\varepsilon_0$ 下的买方利润低于单边不确定性下的买方利润不确定度 $R+\beta z_H{}^*-y_1{}^*(H)+\varepsilon_0$，这是因为 $\beta z_H(H)-y_H(H)<\beta z_H{}^*-y_1{}^*(H)$。

情况 2：如果 $\varepsilon_0 < X^*(H) < X_H(H)$，在两种情况下，交易发生在第二周期。那么买家的双边不确定性下的利润 $\delta_B(R + \beta z_H{}^* - y_2(X_H(H), H) + \varepsilon_0)$ 低于单边不确定性 $\delta_B(R + \beta z_H{}^* - y_2{}^*(H) + \varepsilon_0)$，由于 $y_2(X_H(H), H) > y_2{}^*(H)$。

情况 3：如果 $X^*(H) \leqslant \varepsilon_0 < X_H(H)$，在单边不确定性下，交易发生在第一周期，在双边不确定性下，交易发生在第二周期。那么双边不确定性 $\delta_B(R + \beta z_H{}^* - y_2(X_H(H), H) + \varepsilon_0)$ 下的买方利润低于单边不确定性 $R + \beta z_H{}^* - y_1{}^*(H) + \varepsilon_0$ 下的买方利润，因为在给定 $y_2(X_H(H), H) > y_2{}^*(H)$ 的情况下，$R + \beta z_H{}^* - y_1{}^*(H) + \varepsilon_0 > \delta_B(R + \beta z_H{}^* - y_2{}^*(H) + \varepsilon_0) > \delta_B(R + \beta z_H{}^* - y_2(X_H(H), H) + \varepsilon_0)$。

因此，在双边不确定性下，买方在均衡时的期望利润低于单边不确定性下的期望利润。

定理 4 的证明

因为只有当 $\beta_0 \geqslant W^*$ 时，交易才在第一周期发生，并且在这种情况下，质量水平 $z_1{}^*$ 由下式确定 $\dfrac{\partial C(z_1{}^*)}{\partial z_1{}^*} = W^*$。

因此，得出 $\dfrac{\partial C(z_1{}^*)}{\partial z_1{}^*} < \beta_0 = \dfrac{\partial C(z^*)}{\partial z^*}$。

因为 $C(z)$ 是严格凸的，因此遵循 $z_1{}^* < z^*$。只有在 $(y_2{}^* - R)/z^* < \beta_0 < W^*$，且质量水平 z_2 由式决定 $\dfrac{\partial C(z_2{}^*)}{\partial z_2{}^*} = \dfrac{y_2{}^* - R}{z_2{}^*}$。

因此，有 $\partial C(z_2{}^*)/\partial z_2{}^* < \beta_0$，它给出了 $z_2{}^* < z^*$。已经证明，交易质量严格低于第一最佳质量水平。

引理 3 的证明

$z_L = (y_2{}^* - R)/(b - \nu)$。通过证明 $z_2{}^* < z_L$ 来证明 $(y_2{}^* - R)/z_2{}^* > b - \nu$。

由于给定 W，供应商的第二周期问题如下：

$$\max_{y, z} (y - C(z)) \left(G(W) - G\left(\frac{y - R}{z}\right) \right) / G(W)$$

关于 z 的一阶导数如下：

$$-\frac{\partial C(z)}{\partial z}\left(G(W)-G\left(\frac{y-R}{z}\right)\right)+(y-C(z))\frac{y-R}{z^2}g\left(\frac{y-R}{z}\right)$$

其在点 $(y_2{}^*,\ z_L)$ 处为负，因为 $G\left(\frac{y_2{}^*-R}{z_L}\right)=0$，$\lim_{x\to b-\nu}g(x)=0$ 且 $\frac{\partial C(z_L)}{\partial z_L}>0$。

z_L 必须大于使利润最大化的 $z_2{}^*$，因此，$(y_2{}^*-R)/z_2{}^*>b-\nu$。

接下来证明 $W^*\in(b-\nu,\ b+\nu)$。

取式（4-10）关于 W 的导数，简化后得到：

$$\frac{\partial y_2}{\partial W}=\left(\frac{y_2-R}{z_2}+z_2\frac{\partial^2 C(z_2)}{\partial z_2{}^2}\right)\frac{\partial z_2}{\partial W} \tag{附4-23}$$

取式（4-11）关于 W 的导数，经过一些简化，得到：

$$\left(\frac{\partial y_2}{\partial W}-\frac{y_2-R}{z_2}\frac{\partial z_2}{\partial W}\right)\frac{2g\left(\frac{y_2-R}{z_2}\right)^2+\left(G(W)-G\left(\frac{y_2-R}{z_2}\right)\right)g'\left(\frac{y_2-R}{z_2}\right)}{g\left(\frac{y_2-R}{z_2}\right)^2}=\frac{g(W)}{g\left(\frac{y_2-R}{z_2}\right)}$$

由于 $G(\cdot)$ 的失败率越来越高，可以推导：

$$\frac{\partial y_2}{\partial W}>\frac{y_2-R}{z_2}\frac{\partial z_2}{\partial W}$$

因此，式（附4-23）给出 $\partial z_2/\partial W>0$，然后 $\partial y_2/\partial W>0$。

给定供应商的第一周期问题式（4-12），考虑关于 W 的导数，经过一些简化，得到

$$\left(z_1-\delta_B z_2-\delta_B W\frac{\partial z_2}{\partial W}+\delta_B\frac{\partial y_2}{\partial W}\right)(1-G(W))-g(W)(y_1-C(z_1)-\delta_S(y_2-C(z_2)))$$

$$\tag{附4-24}$$

接下来证明：当 W 接近 $b-\nu$ 时式（附4-24）是正的，当 W 接近 $b+\nu$ 时式（附4-24）是负的。

当 W 从右侧接近 $b-\nu$ 时，由于 $\lim_{x\to b-\nu}g(x)=0$ 且 $G(b-\nu)=0$，式（附4-24）接近

$$z_1 - \delta_B z_2 - \delta_B (b-\nu)\frac{\partial z_2}{\partial W} + \delta_B \frac{\partial y_2}{\partial W} > 0$$

因为 $z_1 > \delta_B z_2$ 且 $\partial y_2 / \partial W > (b-\nu)\partial z_2 / \partial W$。因此，最佳阈值 $W^* > b-\nu$。

当 W 从左侧接近 $b+\nu$ 时，给定 $G(b+\nu)=1$ 和 $g(b+\nu)>0$，可得 $y_1 - C(z_1) - \delta_S (y_2 - C(z_2)) = W(z_1 - \delta_B z_2) + \delta_B y_2 + (1-\delta_B)R - \delta_S (y_2 - C(z_2)) = (1-\delta_B)R - (\delta_S - \delta_B)y_2 + W(1-\delta_B)z_2 + W(z_1 - z_2) + \delta_S C(z_2) > (1-\delta_B)(R - y_2 + Wz_2) > 0$。

因此，证明了最佳阈值 $b-\nu < W^* < b+\nu$。

定理 5 的证明

遵循以前的证明，通过证明比较结果对 $\rho = \rho_k$ 的任意供应商 H 成立来证明该定理。假设双边不确定性下的分离均衡与单边不确定性下的均衡不匹配。即可信度约束是有约束力的，

$$U(y_1{}^*(H), z_1{}^*(H), H, L) > U(y_1{}^*(L), z_1{}^*(L), L, L)$$

为了便于比较，首先总结了在单边不确定性下供应商 H 的均衡报价：

第一周期 $z_1{}^*(H)$ 的质量报价由 $C'(H, z) = W^*(H)$ 确定。

第二周期 $z_2{}^*(H)$ 的质量报价由 $C'(H, z) = (y_2{}^*(H) - R)/z_2{}^*(H)$ 确定。

第一周期及第二周期的报价为 $y_1{}^*(H)$ 及 $y_2{}^*(H)$，由下式决定：

$$y_1{}^*(H) = arg\max_{y_1}(y_1 - C(H, z_1{}^*(H)))(1 - G(W^*(H))) + \delta_S(y_2{}^*(H) - C(H, z_2{}^*(H)))\left(G(W^*(H)) - G\left(\frac{y_2{}^*(H) - R}{z_2{}^*(H)}\right)\right)$$

$$y_2{}^*(H) = \frac{G(W^*(H)) - G\left(\dfrac{y_2{}^*(H) - R}{z_2{}^*(H)}\right)}{g\left(\dfrac{y_2{}^*(H) - R}{z_2{}^*(H)}\right)} z_2{}^*(H) + C(H, z_2{}^*(H))$$

其中，$W^*(H) = \dfrac{y_1{}^*(H) - \delta_B y_2{}^*(H) - (1-\delta_B)R}{z_1{}^*(H) - \delta_B z_2{}^*(H)}$。

将最大化的拉格朗日表示如下：

$$T(y_1, z_1) = U(y_1, z_1, H, H) - \lambda(U(y_1^*(L), z_1^*(L), H, L) - U(y_L^*, z_L^*, L))$$

在双边不确定性下的分离平衡，第一周期提供 $y_H(H)$，$z_H(H)$ 满足以下方程：

$$\frac{\partial U(y_H(H), z_H(H), H, H)}{\partial y_H(H)} - \lambda \frac{\partial U(y_H(H), z_H(H), H, L)}{\partial y_H(H)} = 0 \quad (\text{附} 4\text{-}25)$$

$$\frac{\partial U(y_H(H), z_H(H), H, H)}{\partial z_H(H)} - \lambda \frac{\partial U(y_H(H), z_H(H), H, L)}{\partial z_H(H)} = 0 \quad (\text{附} 4\text{-}26)$$

$$U(y_H(H), z_H(H), H, L) - U(y_1^*(L), z_1^*(L), L, L) = 0 \quad (\text{附} 4\text{-}27)$$

其中，$\lambda > 0$。给定 $U(y_1, z_1, H, \theta) = (y_1 - C(\theta, z_1))(1 - G(W(H))) + \delta_S(y_2(\theta, W(H)) - C(\theta, z_2(\theta, W(H))))\left(G(W(H)) - G\left(\dfrac{y_2(\theta, W(H)) - R}{z_2(\theta, W(H))}\right)\right)$

遵循 $\dfrac{\partial U(y_1, z_1, H, \theta)}{\partial \theta} < -\dfrac{\partial C(\theta, z_1)}{\partial \theta}(1 - G(W(H))) < 0$。

$\lambda < 1$。假设不是，那么 $T(y_1, z_1)$ 不能被最大化，因为 $U(y_1, z_1, H, H) < U(y_1, z_1, H, L)$。因此有 $0 < \lambda < 1$。

先证明定理 5（d）：根据式（附 4-27），很明显，供应商 H 在双边不确定性 $U(y_H(H), z_H(H), H, H)$ 下的分离平衡时的预期利润低于其在单边不确定性 $U(y_1^*(H), z_1^*(H), H, H)$ 下的平衡时的预期利润，因为 $U(y_1^*, z_1^*, H, H)$ 在 $(y_1^*(H), z_1^*(H))$ 处最大化。因此，对于除了 ρ_1 以外的任何供应商类型，双边不确定性下供应商在均衡时的预期利润低于单边不确定性下的预期利润。

定理（a）~定理（c）的证明：同时解式（附 4-25）和式（附 4-26），得到 $z_H(H)$，由下式确定：

$$W_H(H) - \frac{\partial C(H, z_H(H))}{\partial z_H(H)} = \lambda\left(W_H(H) - \frac{\partial C(L, z_H(H))}{\partial z_H(H)}\right)$$

由于 $\partial C(H, z_H(H))/\partial z_H(H) > \partial C(L, z_H(H))/\partial z_H(H)$ 且 $0 < \lambda < 1$，可以导出：

$$W_H(H) - \frac{\partial C(H, z_H(H))}{\partial z_H(H)} > 0$$

注意，$z_1{}^*(H)$由下式确定：

$$\frac{\partial C(H,z_1{}^*(H))}{\partial z_1{}^*(H)}=W^*(H)$$

将W_H表示为供应商H在单侧不确定性下的最优选择W，以及供应商H在双边不确定性下的最优选择W。

证明$z_H(H)<z_1{}^*(H)$。假设不成立，则$z_H(H)\geqslant z_1(H)$给出$W_H(H)\geqslant W^*(H)$。给定$W(H)$的表达式，可以用$W(H)$代替$y_1(H)$，把$U(y_1,z_1,H,\theta)$写成$U(W(H),z_1,H,\theta)$。然后

$$\frac{\partial U(W(H),z_1,H,\theta)}{\partial W(H)}=\left(z_1-\delta_B z_2(H,W(H))+\delta_B\left(\frac{\partial y_2(H,W(H))}{\partial W(H)}-W(H)\right.\right.$$
$$\frac{\partial z_2(H,W(H))}{\partial W(H)}\bigg)\bigg)(1-G(W))-g(W(H))(y_1-C(\theta,$$
$$z_1(H))-\delta_S(y_2(\theta,W(H))-C(\theta,z_2(\theta,W(H)))))$$

且$\dfrac{\partial^2 U(W(H),z_1(H),\theta)}{\partial W(H)\partial z_1(H)}=1-G(W(H))+g(W(H))\dfrac{\partial C(\theta,z_1(H))}{\partial z_1(H)}>0$。

给定$W_H(H)>W^*(H)$，$z_H(H)\geqslant z_1{}^*(H)$，可知

$$U(W_H(H),z_H(H),H,\theta)>U(W^*(H),z_1{}^*(H),H,\theta)$$

这与$U(W_H(H),z_H(H),H,\theta)<U(W^*(H),z_1{}^*(H),H,\theta)$的事实相矛盾。因此$z_H(H)<z_1{}^*(H)$，然后是$W_H(H)<W^*(H)$。

在引理3的证明中，已经证明了$y_2(\theta,W(\tau))$和$z_2(\theta,W(\tau))$都随$W(\tau)$增加。给定$W_H(H)<W^*(H)$，有$y_2(H,W_H(H))<y_2(H,W^*(H))$和$z_2(H,W_H(H))<z_2(H,W^*(H))$。

此外，由于y_1是$W(H)$和z_1的函数：

$$y_1=W(H)(z_1-\delta_B z_2(H,W(H)))+\delta_B y_2(H,W(H))+(1-\delta_B)R$$

可得$\dfrac{\partial^2 y_1}{\partial W(H)\partial z_1}>0$。由于$z_H(H)<z_1{}^*(H)$且$W_H(H)<W^*(H)$，可知$y_H(H)<y_1{}^*(H)$。

5 有限信息下的采购机制设计研究

5.1 引言

汽车、航空航天、电子、家电和机床制造等众多加工装配生产行业，都依赖于装配生产系统。为了充分利用外部供应商的技术专长，装配商经常将配套部件的生产外包出去。例如，在汽车行业，通用汽车外包了超过 55% 的零部件，福特和克莱斯勒汽车的外包比例分别超过 65% 和 80%（Iyer 等，2005）。2017 年，波音公司在近 1300 家供应商上花费了近 600 亿美元，约占波音产品生产成本的 65%。这些外包活动给装配商带来了一系列挑战，包括装配商缺乏有关供应商生产成本的信息。通过对汽车公司经理的访谈，Lockstrom 等（2011）发现"信息不对称使得合作双方的交互存在大量的对抗行为，但是信息的完全公开是非常困难的。"换句话说，供应商通常会将有关其生产成本的信息严格保密，然而，这些生产成本信息对装配商的采购决策是至关重要的。

已有学者研究了装配系统采购中的信息不对称，这里的"采购"是指装配商采购用于生产最终产品的几个互补部件。例如，Fang 等（2014）提出了一种采购机制，其中每个供应商的订单数量取决于该供应商的单位生产成本，而不取决于其他同类零部件供应商的成本。因此，最优订购策略是一个非平衡订购量。随后的 Hu 和 Qi（2018）、Li 等（2019）证明了非平衡订购量可能导致装配商的重大损失。不同的是，Hu 和 Qi（2018）运用了贝叶斯激励相容（BIC）准则，而 Li 等（2019）运用了占优策略激励相容（ICDS）准则。本章通过考虑装配商对供应商成本信息了解有限情况下的稳健采购机制，扩展了之前的文献。与 Li 等（2019）一致，本章采用 ICDS 准则，因为它与 BIC 准则不同，不需要假设供应商和装配商都知道单位生产成本的联合概率分布。因此，在设计稳健采购机制时，ICDS 准则更为合适。

5.1.1 装配系统的零部件采购

以往的很多文献都假设供应商的生产成本存在一个众所周知的先验分布。这种假设在大多数实际环境中是不现实的。随着经济全球化和科学技术发展得越来越快，装配商经常需要与新的、不熟悉的供应商签订合同。在这种情况下，关于供应商生产成本的信息可能是有限的，并且对于装配商来说，核实供应商的生产成本可能是耗时且昂贵的做法。此外，制造企业很少披露其生产成本，使得可用的数据过于稀疏，无法确定其概率分布。

虽然没有足够的生产成本数据来证明共同先验分布的假设是正确的，但从各种来源，如统计年鉴和行业报告中往往可以获得关于生产成本的部分信息。例如，关于蔬菜作物生产成本的统计数据可从 AUSVEG 网站（澳大利亚蔬菜协会网站）获得；各类能源的平均生产成本可从美国能源情报署获得；华尔街日报公布了不同国家生产一桶石油或天然气的平均成本。在这种部分信息可用性的激励下，本章设计了一种采购机制，在供应商生产成本可用信息有限的情况下，如只知道生产成本的平均值和范围，装配商可以采用这种机制。

5.1.2　有限信息下的稳健采购机制

以往关于装配系统机制设计的研究（Fang 等，2014；Hu 和 Qi，2018；Li 等，2019）有一个共同特征，即假设装配商从不同的供应商处采购每个部件。然而实践中，许多装配商选择从同一供应商处采购几个互补部件。例如，日产（Nissan）在生产 Micra 时，从法雷奥（Valeo）采购液压离合器主缸和管道以及暖通空调压缩机，从有信制造（U-Shin）采购转向柱锁和锁套，从辉门公司（Federal-Mogul）采购轴承、气缸套、活塞，从康奈尔（Calsonic Kansei）采购空调零部件和散热器零部件。同样，苹果的 iPhone 6s 是由高通公司生产的一系列部件组装而成的。此外，在某些情况下，装配商可以选择使用同一家供应商生产的多个部件，或者使用不同的供应商生产的不同配件。例如，Davis 等（2021）指出，大众从同一家供应商处采购了高尔夫 VI 的前照灯光源和控制模块，但在高尔夫 VII 中选择了不同的供应商。受此启发，本章研究了分散生产（即不同供应商生产不同部件）和集成生产（即多个部件由同一供应商制造）的稳健采购机制，并总结了装配商偏好集成生产或分散生产的条件。

5.1.3　结论概述与理论贡献

本章从三个方面扩展了之前的文献（Fang 等，2014；Hu 和 Qi，2018；Li 等，2019）。第一，使用 ICDS 准则推导出一个稳健的采购机制。第二，分析了分散生产和集成生产的模型设定，并考虑了装配商在这两种设定之间的选择。第三，比较了最优稳健机制与两种启发式稳健机制（即混合机制和稳健批发价合同）的表现。这两种启发式稳健机制都不需要有关生产成本的完整信息，且都比最优稳健机制更容易实施，具有重要的实践意义。

在推导最优稳健机制时，假定采用最大—最小准则，其中装配商最大化（即超过合同参数）在最坏情况下（即在供应商成本分布未知的情况下）的期望收益。分析侧重于装配商只知道供应商的平均单位生产成本的情况。然后，将分析扩展到供应商生产成本的均值和方差都已知的情况。由于假设供应商的单位生产成本缺乏共同的先验分布，这给求解最优采购机制构成了技术挑战。

先考虑分散生产，假设有一个平衡订购策略，它在已知分布的 ICDS 准则下是最优的。在此策略下，每个部件的订购数量相同（Li 等，2019）。利用 ICDS 准则，建立了装配商已知平均单位生产成本的稳健最优模型。最大—最小准则导致了一个两阶段的问题：在第一阶段，选择可行的订购和支付策略；在第二阶段，选择生产成本在最坏情况下的分布。对这种两阶段方法的另一种解释是，装配商是选择支付和数量函数的先发者，而不利的那一方是选择最坏情况分布的后发者。本章将该问题描述为线性半无限规划模型，并使用原始—对偶方法（Anderson 和 Nash，1987）将两阶段（顺序优化）模型转换为单阶段（联合优化）模型。本章证明了在已知平均成本时，装配商的事后利润是分段线性的；在已知平均成本和方差时，装配商的事后利润是分段二次的。还分析了集成生产的情况，并对比了分散生产和集成生产的表现，发现当零部件成本存在高度异质性时，装配商更倾向于分散生产。

为了证明稳健最优机制的行为并确定影响该机制稳健性的关键属性，本章进行了一系列综合数值实验。这些实验观察到订货量和支付给供应商的款项都随实际单位生产成本的下降而下降，确保了装配商的事后利润随生产成本以恒定的速率下降。这与完全信息下观察到的行为相反，在完全信息下，支付函数可能随单位成本的增加而增加。此外，还评估了稳健最优机制与可在有限信息下实施的替代机制（即自然机制）的表现，发现稳健机制在以下情况下可以明显优于替代机制：①最终客户需求具有重大不确定性时；②平均成本很高时；③供应商的单位成本存在重大不确定性时。这些实验结果有助于我们理解稳健最优机制的行为，并确定其适用的环境和条件。通过采用这种机制，装配商可以在不完全的信息下做出更稳健的决策，以最大程度地降低风险并提高利润。

本章还提出了两种更为简便、易于计算和实施的稳健启发式机制，尤其适用于零部件数量庞大而装配商只拥有有限供应商单位成本信息的情况。第一种是混合机制，即只对最重要的部件采用稳健最优机制；第二种是较为常见且易于实施的批发价合同，根据订单数量成比例支付给每个供应商。本章对这两种启发式方法和稳健最优机制进行了比较，发现采用固定价格机制（如批发价格机制）而不是支付菜单（如稳健最优机制和混合机制），会导致装配商遭受重大损失，尤其是在需求不确定性很高的情况下。这一结果为装配商在设计采购机制时权衡复杂性和效果提供了重要的实践启示。

5.2　文献综述

早期对装配系统的研究侧重分析不同运营环境下的最优或近似最优库存策略（近期的文献综述见 Atan 等（2017））。随着外包业务的兴起，研究人员开始关注在信息不对称情况下的采购机制（早期文献综述见 Elmaghraby（2000））。本章将这些文献分为单供应商模型（Ha，2001；Cachon 和 Zhang，2006）和多供应商模型（Tunca 和 Wu，2009；Li 等，2013）。虽然大部分研究集中在一维的私人信息（Li 和 Debo，2009；Martínez-De-Albéniz 和 Simchi-Levi，2010；Çakar.yildirim 等，2012），但也有一些论文探讨了供应商私人信息是二维的情况（Chen 等，2010；Gupta 等，2015）。最新的装配商—供应商合同研究调查了从零部件供应商采购多个产品的装配商的最优合同策略，假设供应商私人信息的先验分布是公开的（Granot 和 Yin，2008；Fang 等，2014；Hu 和 Qi，2018；Li 等，2019）。而本章的研究放宽了常见的先验假设，并将稳健的最大—最小决策规则与逆向选择相结合。

本章的模型与经济学文献中关于多代理人提供投入时最优生产结构的研究相关联。先前的一些研究考虑了可替代商品，并发现由于标杆竞争的好处，分散生产更受青睐（Dana Jr，1993），而其他研究考虑了互补商品，发现由于信息租金较低，集成生产更受青睐（Baron 和 Besanko，1992；Gilbert 和 Riordan，1995）。当然，这些结果建立在已知的先验假设上。例如，Baron 和 Besanko（1992）、Gilbert 和 Riordan（1995）都得出结论，在每个供应商的类型分布是相互独立且满足对数凹性的假设下，装配商更倾向于集成生产。然而，Rocha 和 de Frutos（1999）发现，当实际的独立成本和二元成本支持足够分散时，装配商可能更倾向于分散生产。而在本书中，由于不存在已知的先验分布，因此允许存在任何程度的相关性，使得对装配商更倾向于集成生产还是分散生产这个问题得到一个与分布无关的解。

关于代理人使用最大—最小准则的稳健机制设计的文献越来越多，Pınar 和 Kızılkale（2017）、Carrasco 等（2018a，2018b）的研究是最相关的。在具有离散买方类型（即估值）的环境中，Pınar 和 Kızılkale（2017）为向买方提供单一商品的卖方设计了一个稳健机制。在买方估值均值已知的情况下，他们的模型可以被视为本章模型的一个特例。Pınar 和 Kızılkale（2017）还考虑了一种情况，即买方估值的均值和方差都已知，但他们只给出了一种特殊情况的结论，即方差非常小时，公开的价格机制最优。Carrasco 等（2018a）也考虑了一种稳健机制来销售不可分割的商品，但他们假设买方的类型是连续的。与 Pınar 和 Kızılkale（2017）中使用的原始—对偶方法不同，Carrasco 等（2018a）使用了基于零和博弈和鞍点的方法。本章研究与这些研究论文有几个不同之处：①研究了一个装配商如何设计稳健的 ICDS 机制来采购多个零部件，并对多供应商和单供应商情境下的结果进行了比较；②研究了一个报童模型，其中买家对最终产品的需求有不确定性，这导致了一个非线性目标函数，与 Pınar 和 Kızılkale（2017）、Carrasco 等（2018a）中假设的已知需求和线性目标函数不同；③当供应商类型分布的均值和方差都已知时，本章提供了比 Pınar 和 Kızılkale（2017）更全面的最优机制结果；④提出并研究了两种稳健启发式机制的效果，虽然这两种机制不是最优的，但在实际应用中，当零部件数量较多时，它们更容易计算和实施；⑤因为考虑了连续的供应商类型，本章的求解方法是半无限规划在委托代理模型这一重要研究领域的新应用。

5.3 模型一：分散生产

本节推导了分散生产和集成生产下装配商的稳健最优采购机制，在描述了每种情况下的最优机制之后，从装配商的角度比较了这两种生产结构的表现。

在这两种模型中，装配商（称为她）采购两个互补的零部件。在适当的比例下，可以假设最终产品需要每个零部件的数量都是一个单位。在分散生产中，零部件由两个不同的供应商制造（以下简称复数形式的他们或单数形式的他），其中每个供应商负责生产一个零部件。相比之下，在集成生产中，这两个零部件都是从同一个供应商（称为他）处采购的。为了降低符号的复杂性，分析集中在最终产品由两个零部件组成的情况。但是，结果可以推广到 $n \geq 2$ 个零部件。$n \geq 2$ 个零部件情况下的问题公式见本章附录。

在分散生产和集成生产两种情况下，装配商都宣布一种采购机制（即合同菜单），并要求每个供应商报告他们的边际生产成本。在收到供应商的成本报告后，装配商确定从每个供应商处采购的数量，并支付相应的款项。在设计该机制时，假设装配商已知平均生产成本，且装配商采用稳健的方法，即在供应商生产成本分布的最坏情况下实现期望利润最大化。

在分散生产下，让 $\widetilde{\theta}_i$ 表示零部件 i 的边际生产成本，$i = 1，2$，这是供应商 i 在与装配商签订合同之前私下得知的。边际成本是常数，因此生产成本在数量上是线性的。用 $\widetilde{\theta}_i$ 表示一个随机变量，θ_i 表示实现值。类似的符号将运用于所有随机量。在实际采购中，很少有生产成本为零（这好得令人难以置信）或过高（这使得贸易无法进行）的情况。因此，设 l_i 和 h_i 为两个已知常数，满足 $0 < l_i < h_i$ 且 $\theta_i \in [l_i, h_i]$。

将与供应商生产成本有关的私人信息作为该供应商的类型。假设只有两个供应商（θ_1，θ_2），供应商 1 的类型是 θ_1，供应商 2 的类型是 θ_2。用 $F(\cdot,\cdot)$ 表示（$\tilde{\theta}_1$，$\tilde{\theta}_2$）的联合累积分布函数（CDF），假定装配商和两个供应商都不知道该函数。对于装配商而言，关于供应商类型的唯一可用信息是每个边际成本的平均值，即 $\mu_i = E(\tilde{\theta}_i)$，$i = 1$，2。这一假设与 Carroll（2017）不同，Carroll 假设 $\tilde{\theta}_i$ 的边际分布是已知的，联合分布未知。本章用 S 表示所有联合分布的集合 $F(\cdot,\cdot)$，满足 $\int_{l_1}^{h_1}\int_{l_2}^{h_2} dF(\theta_1,\theta_2) = 1$ 和 $\int_{l_1}^{h_1}\int_{l_2}^{h_2}\theta_i dF(\theta_1,\theta_2) = \mu_i$，$i = 1$，2。因此，$S$ 是支持度为 $[l_1,h_1]\times[l_2,h_2]$ 且均值为 μ_1 和 μ_2 的二元分布集，包括连续分布、离散分布和混合分布。

在发现供应商类型之前，装配商承诺采用直接的激励相容的采购机制，其特征是包含两个支付菜单，表示为 $P_1(m_1,m_2)$ 和 $P_2(m_1,m_2)$，以及两个订购策略，表示为 $Q_1(m_1,m_2)$ 和 $Q_2(m_1,m_2)$，其中 m_i 是供应商 i 向装配商报告的类型。换句话说，如果供应商 1 宣称自己是类型 m_1，供应商 2 宣称自己是类型 m_2，装配商承诺向供应商 i 支付 $P_i(m_1,m_2)$，以购买 $Q_i(m_1,m_2)$ 个单位的零部件 i。直接机制要求供应商的报告集合与假设的类型集合相同，这意味着报告的类型满足 $m_i \in [l_i,h_i]$。如果供应商 i 报告他的成本小于 l_i 或大于 h_i，装配商将忽略该报告并终止交易。由于供应商可能有曲解其类型的动机，所以使用 m_i，而不是 θ_i，直到得出确保供应商如实陈述的约束条件。

设 $R(q)$ 为装配商在装配并销售 q 单位最终产品时获得的收入，其中 $q = \min(q_1(m_1,m_2), q_2(m_1,m_2))$。假设 $R(q)$ 是连续递增的，并且相对于 q 是凹的。在这个新的情景中，可以将最终产品的外部需求表示为非负随机变量 $\tilde{D}$，其累积分布函数为 G，概率密度函数为 g。假设在销售损失的情况下，每单位的零售价格为 r，未使用部件的残值为 0，$R(q) = rE[\min(q,D)]$。特别地，当 $0 \leq q \leq 1$ 时，$G(q) = 0$ 且 $G(1) = 1$。在这种情况下，需求是确定的，并且被缩放为 1，对于任何 $0 \leq q \leq 1$，$R(q) = rq$。这里，q 可以被解释为需要满足的确定性需求的

比例，或者是生产恰好一单位最终产品的概率。确定性需求模型等价于 Gilbert
和 Riordan（1995）研究的不可分配的完全竞争模型。具有随机需求的更一般的
模型相当于 Baron 和 Besanko（1992）研究的可分配的完全竞争模型。

假设装配商使用平衡订购策略，即订购数量满足 $q_2(m_1, m_2) = q_1(m_1,$
$m_2) \overset{def}{=} q(m_1, m_2)$，这就减少了与未使用零部件相关的低效率。

5.3.1 装配商的问题

我们感兴趣的是为装配商设计一种最优机制，在这种机制中，每个供应商都
认为如实报告自己的类型是有益的。为此，要写出激励相容（IC）约束，以确保
对每个供应商来说是最优的。ICDS 准则可确保无论其他供应商报告什么（以及
无论这些报告是否真实），每个供应商都发现披露真相是一种弱主导策略。综上
所述，在 BIC 准则下，需要假设供应商类型是一个众所周知的先验分布，才能保
证每个供应商通过如实报告其成本来获得期望收益是最高的。这种假设与本章的
稳健方法不一致。

定义 $u_1(\theta'_1 | \theta_1, m_2) = P_1(\theta'_1, m_2) - \theta_1 q(\theta'_1, m_2)$ 为供应商 1 在报告类型为
θ'_1 时的净收益，并假设供应商 1 的真实类型是 θ_1，供应商 2 报告他的类型是
m_2。因此，$u_1(\theta_1 | \theta_1, m_2)$ 是供应商 1 如实报告其类型为 θ_1 而供应商 2 报告类型
为 m_2 时的净收益。供应商 1 的 IC 约束条件为 $u_1(\theta_1 | \theta_1, m_2) \geq u_1(\theta'_1 | \theta_1, m_2)$，
对于任何 θ_1，$\theta'_1 \in [l_1, h_1]$ 且 $m_2 \in [l_2, h_2]$，这就保证了无论供应商 2 报告什
么，供应商 1 总是倾向于如实报告。类似地，定义 $u_2(\theta'_2 | m_1, \theta_2) = P_2(m_1,$
$\theta'_2) - \theta_2 q(m_1, \theta'_2)$，为供应商 2 在报告类型为 θ'_2 时的净收益，假设供应商 2
的真实类型是 θ_2，供应商 1 报告他的类型是 m_1。供应商 2 的 IC 约束条件为 u_2
$(\theta_2 | m_1, \theta_2) \geq u_2(\theta'_2 | m_1, \theta_2)$，对于任何 θ_2，$\theta'_2 \in [l_2, h_2]$ 且 $m_1 \in [l_1, h_1]$。

给定这些 IC 约束，就可以得到供应商都说真话的均衡结果，可以分别用 θ_i
和 θ_j 替换 m_i 和 m_j，以获得最终的 IC 约束集：

$$P_1(\theta_1, \theta_2) - \theta_1 q(\theta_1, \theta_2) \geqslant P_1(\theta'_1, \theta_2) - \theta_1 q(\theta'_1, \theta_2) \ \forall \theta_1, \ \theta'_1 \in [l_1, h_1],$$
$$\theta_2 \in [l_2, h_2] \tag{5-1}$$

$$P_2(\theta_1, \theta_2) - \theta_2 q(\theta_1, \theta_2) \geqslant P_2(\theta_1, \theta'_2) - \theta_2 q(\theta_1, \theta'_2) \ \forall \theta_1 \in [l_1, h_1], \ \theta_2,$$
$$\theta'_2 \in [l_2, h_2] \tag{5-2}$$

接下来考虑装配商的目标函数。由于目标是为装配商推导一个稳健采购机制，使用了最大—最小准则，即装配商在只知道每个供应商的平均生产成本、寻求最大化的最坏情况下的期望利润。具体来说，装配商要在供应商的类型分布 F 是最坏的情况下，寻求使期望利润最大化的支付款项和采购数量。因此，装配商的问题可以描述为：

$$Z_2 = \max_{q(\theta_1, \theta_2) P_i(\theta_1, \theta_2)} \inf_{F \in S} \{ E_F [R(q(\theta_1, \theta_2)) - P_1(\theta_1, \theta_2) - P_2(\theta_1, \theta_2)] \} \tag{5-3}$$

装配商的目标函数受到 IC 约束式（5-1）和式（5-2）的限制，同时受到参与约束（IR）的限制。IR 确保每个供应商获得非负收益，即对于任何 $\theta_1 \in [l_1, h_1]$ 和 $\theta_2 \in [l_2, h_2]$，$u_1(\theta_1 \mid \theta_1, \theta_2) \geqslant 0$ 和 $u_2(\theta_2 \mid \theta_1, \theta_2) \geqslant 0$。式（5-3）在 Z_2 中使用下标 2 来表示装配商采用分散生产结构并与两个供应商签订合同。

5.3.2 基准机制

在确定稳健最优机制之前，先介绍两种机制，可以作为评估最优机制效果的基准。

考虑完全信息下的最优机制，可称为第一最佳解。在这种情况下，只有一个决策者并且供应商类型是已知的。对于分散生产，使用 $\bar{V}(\theta_1, \theta_2, q) = R(q) - (\theta_1 + \theta_2)q$ 来表示系统的总利润，并且用 $\bar{q}(\theta_1, \theta_2) = arg \max_{q \geqslant 0} \{ \bar{V}(\theta_1, \theta_2, q) \}$ 来表示已知供应商类型为 (θ_1, θ_2) 时系统的最优订购策略。对于给定的 $R(q)$，确定最优订购策略较为容易。此外，由于 $\bar{V}(\theta_1, \theta_2, q)$ 仅取决于总生产成本，即 $\theta_1 + \theta_2$，因此整体生产情况的第一最佳解与分散生产情况的第一最佳解相同。

第一最佳解代表了最好情况下的基准机制，而天真机制（Naïve Mechanism）

则是最坏情况下的基准机制。天真机制是基于这样一个情况，即对于装配商来说，可行的解决方案是以 h_i 的价格购买零部件 $i(i=1，2)$。因为 h_1 和 h_2 是可能的最高成本，供应商将接受这些报价，而不管他们的实际生产成本。像稳健机制一样，天真机制可以在有关供应商类型分布的有限信息下实现，即装配商只需要知道 h_1 和 h_2。在天真机制下，无论是分散生产还是集成生产，装配商都向供应商订购每个零部件的 $\bar{q}(h_1，h_2)$ 个单位，并向供应商支付 $h_1 \times \bar{q}(\theta_1，\theta_2)$ 和 $h_2 \times \bar{q}(\theta_1，\theta_2)$。装配商的期望利润是 $Z_h = R(\bar{q}(h_1，h_2)) - (h_1 + h_2) \times \bar{q}(\theta_1，\theta_2)$，其中下标 h 表示高成本假设。

5.3.3 稳健最优采购合同

5.3.3.1 给定订购策略的最优支付菜单

为了解决装配商的问题，先描述给定订购策略的最优支付函数。文献已经提出了（平衡）订购策略的可行性条件，如引理 1 所述。如果违反了这个单调性条件，就不可能识别出满足所有 IC 约束的支付函数。因此，要求订购策略满足引理 1 中的条件。

引理 1 任何可行的平衡订购策略 $q(\theta_1，\theta_2)$，对于任何给定的 θ_2，必须是相对于 θ_1 的弱递减策略；对于任何给定的 θ_1，必须是相对于 θ_2 的弱递减策略。

现在可以推导出一个给定的可行订购策略下的最优支付函数。

引理 2 对于任意一个可行的平衡订货策略 $q(\theta_1，\theta_2)$，在 ICDS 准则下，给供应商 1 和供应商 2 的最优付款分别如下：

$$P_1(\theta_1，\theta_2) = \theta_1 q(\theta_1，\theta_2) + \int_{\theta_1}^{h_1} q(x_1，\theta_2) dx_1 \tag{5-4}$$

$$P_2(\theta_1，\theta_2) = \theta_2 q(\theta_1，\theta_2) + \int_{\theta_2}^{h_2} q(\theta_1，x_2) dx_2 \tag{5-5}$$

利用式（5-4）和式（5-5）中的支付函数，在给定可行的平衡订购策略 $q(\theta_1，\theta_2)$ 的情况下，可以将装配商在供应商类型为 $(\theta_1，\theta_2)$ 时的事后利润写成如下：

$$V(\theta_1, \theta_2, q(\theta_1, \theta_2)) = R(q(\theta_1, \theta_2)) - (\theta_1 + \theta_2) q(\theta_1, \theta_2) - \int_{\theta_1}^{h_1} q(x_1, \theta_2)$$

$$dx_1 - \int_{\theta_2}^{h_2} q(\theta_1, x_2) dx_2 \qquad (5\text{-}6)$$

其中，前两项代表系统总利润 $\overline{V}(\theta_1, \theta_2, q)$，第三和第四项代表支付给每个供应商的信息租金。此时式（5-3）可以被写为：

$$Z_2 = \max_{q(\theta_1, \theta_2)} \inf_{F \in S} \{ E_F [V(\theta_1, \theta_2, q(\theta_1, \theta_2))] \} \qquad (5\text{-}7)$$

它服从引理 1 的可行性条件，即当 $i=1$，2 时，$\dfrac{dq(\theta_i, \theta_j)}{d\theta_i} \leq 0$。

5.3.3.2 将装配商问题重新表述为联合优化

在已知各供应商平均生产成本的情况下，装配商寻求在供应商生产成本分布的最坏情况下实现期望利润最大化。因此，生产成本的联合分布 F 对模型来说是内生的，这使得分析变得复杂。

式（5-7）中优化问题的内部部分是 $\inf_{F \in S} \{ E_F [V(\theta_1, \theta_2, q(\theta_1, \theta_2))] \}$。这个问题可称为 D，用 Z_D 表示其最优目标函数。考虑与 D 有关的对偶问题是相对容易的，它可以写成：

$$\max_{y_0, y_1, y_2} \{ y_0 + y_1 \mu_1 + y_2 \mu_2 \} \qquad (5\text{-}8)$$

$$\text{s. t. } y_0 + y_1 \theta_1 + y_2 \theta_2 \leq V(\theta_1, \theta_2, q(\theta_1, \theta_2)), \quad \forall \theta_i \in [l_i, h_i] \qquad (5\text{-}9)$$

其中，y_0、y_1、y_2 是拉格朗日因子，与定义问题 D 的可行性区域 S 的三个约束相关联，即 $\int_{l_1}^{h_1} \int_{l_2}^{h_2} dF(\theta_1, \theta_2) = 1$，$\int_{l_1}^{h_1} \int_{l_2}^{h_2} \theta_i dF(\theta_1, \theta_2) = \mu_i$ 当 $i=1$，2。y_i，$i=0$，1，2 的符号是不受限制的，因为问题 D 中的约束条件必须是相等的。将式（5-8）和式（5-9）定义的问题称为问题 P，用 Z_P 表示其最优目标函数。问题 P 是一个线性半无限规划模型，因为有三个决策变量出现在无穷多个线性约束中。可以得到以下引理：

引理 3 式（5-7）中的装配商稳健优化问题可以重新表述为：

$$Z_2 = \max_{q(\theta_1, \theta_2)} \max_{y_0, y_1, y_2} \{y_0 + y_1\mu_1 + y_2\mu_2\} = \max_{\substack{q(\theta_1, \theta_2) \\ y_0, y_1, y_2}} \{y_0 + y_1\mu_1 + y_2\mu_2\} \tag{5-10}$$

在式（5-9）的约束下对式（5-10）进行优化，可以得到稳健最优解，包括最优订购策略 $q^*(\theta_1, \theta_2)$ 和对偶变量 y_0^*，y_1^*，y_2^*。最优拉格朗日乘子 $\lambda^*(\theta_1, \theta_2)$，与约束式（5-9）相关联，表征了供应商类型的最坏情况下的联合分布。

约束式（5-9）可以看作是选择最坏情况分布的附加 IC 约束。LHS 代表不利方的收益，其中不利方分别将总概率资源和两个平均资源的影子价格设为 y_0、y_1、y_2。RHS 是装配商在供应商类型为 (θ_1, θ_2) 时对三种资源状态的支付意愿。我们知道，不利方的收入和装配商的利润是一样的。因此，可以将两人顺序模型转换为单人联合优化模型，由单一方决定事后利润（通过订购策略）和最坏情况分布（通过约束式（5-9）和影子价格）。

5.3.3.3 最优订货数量

可以通过联合优化方法描述约束式（5-9）的一个重要属性，这将有助于解决装配商的问题。

引理 4 如果已知 $E(\tilde{\theta}_i) = \mu_i$，对于 $i = 1$，2，则装配商最优解满足以下条件：对于给定 θ_j，其中 $j \neq i$，若 $\theta_i = a$，$\theta_i = b$，其中 $l_i \leq a < b \leq h_i$，式（5-9）具有约束力；若与此同时 $q(a, \theta_j)$ 和 $q(b, \theta_j)$ 为正，则约束式（5-9）对所有 $\theta_i \in [a, b]$ 具有约束力。

引理 4 指出约束式（5-9）在一个区间内具有约束力。式（5-9）的 LHS 是线性的（形成一个平面），而式（5-9）的 RHS 表示事后利润。当式（5-9）从区间边界开始在每个维度的区间上都具有约束力时，即 $\theta_1 = l_1$ 和 $\theta_2 = l_2$，得到装配商的事后利润与 θ_i 是分段线性关系。因此，可以得到：

命题 1 存在 $\xi_1(\theta_2)$ 和 $\xi_2(\theta_1)$ 两个分界点，其中 $l_i < \xi_i(\theta_j) \leq h_i$，使得 $\xi_i(\theta_j)$ 在 θ_j 上递减，且 $V(\theta_1, \theta_2)$ 满足：

$$V(\theta_1, \theta_2) = \begin{cases} y_0 + y_1\theta_1 + y_2\theta_2, & l_i \leq \theta_i \leq \xi_i(\theta_j) \\ 0, & \theta_i > \xi_i(\theta_j) \end{cases} \tag{5-11}$$

利润函数的分段线性意味着，装配商减少不确定性的最佳方法是选择一种订购策略，使其事后利润与每种供应商类型（即单位生产成本）呈线性。反之，如果装配商的订购策略使得利润与供应商类型呈非线性关系，则可以选择最坏情况下的供应商类型分布，通过设置概率的方式来利用非线性，从而降低装配商的期望利润。Carroll（2015）的研究还表明，在代理人可能采取行动不确定的情况下，对于采用最大—最小准则的委托人来说，线性合同是最优的选择。然而，本章的研究与 Carroll（2015）的研究主要有几个不同之处：①考虑的是逆向选择而不是道德风险；②假设平均生产成本是外生的，而 Carroll（2015）的研究中产出的分布取决于代理人的行为；③对部分信息的内容有不同的假设，即假设装配商只知道平均生产成本，而在 Carroll（2015）的研究中，委托人知道代理人可以采取一部分行动（但不是全部）。在下一节中将展示，当生产成本的方差也已知时，装配商应选择一种订购策略，使得事后利润相对于每个供应商的单位生产成本呈二次函数关系。因此，部分信息的性质是决定装配商利润函数形状的关键因素。

接下来，将介绍如何根据命题 1 所示的分段线性来寻找最优订购策略。该命题意味着存在一个分界点，$\xi_i(\theta_j) \leq h_i$，使得

$$y_0 + y_1\theta_1 + y_2\theta_2 = V(\theta_1, \theta_2, q(\theta_1, \theta_2)) \tag{5-12}$$

对于任何 $\theta_i \in [l_i, \xi_i(\theta_j)]$，$i = 1, 2$。由引理 4 的证明可知，$y_1 \leq 0$，$y_2 \leq 0$。因此，式（5-9）的 LHS 是关于 θ_i 弱递减的，其中 $i = 1, 2$。对于足够大的 θ_i，式（5-9）的 LHS 可以变成严格负的，而 RHS 总是非负的。这一结果表明存在一个分解点 $\xi_i(\theta_j)$，它依赖于 y_i，对于足够大的 θ_i，即 $\theta_i \geq \xi_i(\theta_j)$，约束条件式（5-9）无约束力，这意味着订货数量和事后利润都等于 0。

对于 $\theta_i \leq \xi_i(\theta_j)$，在式（5-12）两边对 θ_1 求一阶导数得到：

$$\frac{\partial V(\theta_1, \theta_2, q(\theta_1, \theta_2))}{\partial \theta_1} = \frac{\partial q(\theta_1, \theta_2)}{\partial \theta_1} \left[\frac{\partial R(q(\theta_1, \theta_2))}{\partial q(\theta_1, \theta_2)} - (\theta_1 + \theta_2) \right] -$$

$$\int_{\theta_2}^{h_2} \frac{\partial q(\theta_1, \ x_2)}{\partial \theta_1} dx_2 = y_1 \tag{5-13}$$

类似地，在式（5-12）两边对 θ_2 求一阶导数，发现：

$$\frac{\partial V(\theta_1, \theta_2, \ q(\theta_1, \theta_2))}{\partial \theta_2} = \frac{\partial q(\theta_1, \ \theta_2)}{\partial \theta_2} \left[\frac{\partial R(q(\theta_1, \ \theta_2))}{\partial q(\theta_1, \ \theta_2)} - (\theta_1 + \theta_2) \right] -$$

$$\int_{\theta_1}^{h_1} \frac{\partial q(x_1, \ \theta_2)}{\partial \theta_2} dx_1 = y_2 \tag{5-14}$$

对于给定的 (y_1, y_2)，要找到满足式（5-13）和式（5-14）的订购策略 $q(\theta_1, \theta_2)$。从而可以根据 ξ_1 和 ξ_2 的定义，求解 $q(\xi_1, \xi_2) = y_0 + y_1\xi_1 + y_2\xi_2 = 0$，并将 y_0 表示为 (y_1, y_2)。然后，找到使 $Z = y_0 + y_1\mu_1 + y_2\mu_2$ 最大化的最优 (y_1, y_2)。这种方法已经得到了支持，请见命题 2 对模型的一个特殊情况的证明。

遗憾的是，式（5-13）和式（5-14）通常是难以处理的，也没有解析解。不过，它们可以通过离散化方法求解，详见本章第 7 节。

5.4 模型二：集成生产

5.4.1 装配商的问题

在集成生产模式中，装配商与单一供应商签订合同，生产两种零部件。在平衡订购策略下，总生产成本用随机变量 $\tilde{\theta} = \tilde{\theta}_1 + \tilde{\theta}_2$ 表示，这是一个充分统计量。这样，装配商的问题就简化为一个维度。假设装配商可获得的总生产成本的信息是 $E(\tilde{\theta}) = \mu_T$，以及总成本的边界 l_T 和 h_T，其中 $l_T \leqslant \tilde{\theta} \leqslant h_T$。

有两种可能的方法来计算集成生产下的总成本参数。一方面，装配商可能认为供应商提供了两种成本不同的零部件，即 $\tilde{\theta}_1 \in [l_1, h_1]$ 和 $\tilde{\theta}_2 \in [l_2, h_2]$。另一方面，装配商可能认为供应商提供的是总成本为 $\widetilde{\theta}_T \in [l_T, h_T]$ 的单个整体组件。使用后一种方法来描述生产成本的原因是，在许多实际情况下，虽然装配商采购的是由多个不同零部件组成的整个组件，但他们只关心生产和采购整个组件的成本，而不关心生产单个零部件的成本。

集成生产模式可以表述为分散生产的特殊情况。假设供应商 1 的平均成本为 $E(\widetilde{\theta}) = \mu_T$，供应商 2 的平均成本为 0，可以去掉供应商的下标，即去掉 θ_2，用 μ_T 代替 μ_1。式(5-6)则变成式(5-15)

$$V(\theta, q(\theta)) = R(q(\theta)) - \theta q(\theta) - \int_\theta^{h_T} q(x)\,dx \tag{5-15}$$

订购策略的可行性约束，类似于引理 1，是 $\dfrac{dq(\theta)}{d\theta} \leq 0$。因此，与装配商的稳健优化模型相关的对偶问题可以写成：

$$Z_1 = \max_{q(\theta), y_0, y_1} \{y_0 + y_1 \mu_T\} \tag{5-16}$$

$$\text{s. t. } y_0 + y_1 \theta \leq V(\theta, q(\theta)), \quad \forall \theta \in [l_T, h_T] \tag{5-17}$$

在这里，Z_1 中的下标 1 用于表示装配商与一个供应商签订合同。

令 $\lambda^*(\theta)$ 表示与约束式(5-17)相关的最优拉格朗日因子。拉格朗日因子刻画了最差供应商类型分布下的总生产成本。推论 1 直接从命题 1 得出，它描述了装配商期望利润的特征。

推论 1 如果装配商已知 $E(\widetilde{\theta}) = \mu_T$，在集成生产条件下，装配商的最优事后利润函数 $V(\theta, q^*(\theta))$ 是关于 θ 的分段线性函数。

推论 1 表明，当只知道生产成本的均值时，事后利润函数在 θ 上是分段线性的。通过证明约束 $y_0 + y_1 \theta \leq V(\theta, q(\theta))$ 在 $q(\theta) > 0$ 时是有约束力的来证明这个结果。这些有约束力的约束条件导致了一个微分方程，$y_1 = dV(\theta, q(\theta))/d\theta$，方程右边十分复杂，取决于 $R(q)$ 的形式。一般来说，这个方程没有解析解。

5.4.2 稳健最优采购合同

考虑外部需求是确定的并被缩放为 1 的特殊情况，在这种情况下，装配商的收益与订货量呈线性关系，可以得到稳健最优机制的闭式。具体来说，当 $0 \leq q \leq 1$ 时，装配商的收入为 $R(q) = rq$，其中 $r > l_T$ 为单位销售价格。对于这种特殊情况，得到了以下结果：

命题 2 如果装配商已知 $E(\tilde{\theta}) = \mu_T$，且需求是确定的，在集成生产模式下，稳健最优机制有以下解：

（1）最优订购策略 $q^*(\theta)$ 满足：

$$q^*(\theta) = \begin{cases} 1 + y_1^* \ln\left(\dfrac{r - l_T}{r - \theta}\right), & l_T \leq \theta \leq r - (r - l_T)\exp\left(\dfrac{1}{y_1^*}\right) \\ 0, & r - (r - l_T)\exp\left(\dfrac{1}{y_1^*}\right) \leq \theta \leq h_T \end{cases} \tag{5-18}$$

（2）最优支付函数 $P^*(\theta)$ 满足：

$$P^*(\theta) = \begin{cases} \theta q^*(\theta) + \displaystyle\int_{\theta}^{r - (r - l_T)\exp\left(\frac{1}{y_1^*}\right)} \left[1 + y_1^* \ln\left(\dfrac{r - l_T}{r - \theta}\right)\right] dx \\ \qquad l_T \leq \theta \leq r - (r - l_T)\exp\left(\dfrac{1}{y_1^*}\right) \\ 0, \quad r - (r - l_T)\exp\left(\dfrac{1}{y_1^*}\right) \leq \theta \leq h_T \end{cases}$$

（3）装配商的事后利润 $V(\theta, q^*(\theta))$ 满足：

$$V(\theta, q^*(\theta)) = \begin{cases} y_0^* + y_1^* \theta, & l_T \leq \theta \leq r - (r - l_T)\exp\left(\dfrac{1}{y_1^*}\right), \\ 0, & r - (r - l_T)\exp\left(\dfrac{1}{y_1^*}\right) \leq \theta \leq h_T. \end{cases} \tag{5-19}$$

（4）最优双变量 y_0^* 和 y_1^* 满足：

$$y_0^* = -y_1^*\left[r - (r - l_T)\exp\left(\dfrac{1}{y_1^*}\right)\right] \text{ 且 } \left(1 - \dfrac{1}{y_1^*}\right)\exp\left(\dfrac{1}{y_1^*}\right) = \dfrac{r - \mu_T}{r - l_T} \tag{5-20}$$

装配商的利润等于 $Z_1 = y_0^* + y_1^* \mu_T = -y_1^*\left[r - \mu_T - (r - l_T)\exp\left(\dfrac{1}{y_1^*}\right)\right]$。

（5）总生产成本的最差情况的分布 $F(\theta)$ 的 CDF 满足：

$$F(\theta)=\begin{cases}\dfrac{(r-l_T)\exp\left(\dfrac{1}{y_1^*}\right)}{r-\theta}, & l_T\leqslant\theta\leqslant r-(r-l_T)\exp\left(\dfrac{1}{y_1^*}\right)\\[4mm] 1, & r-(r-l_T)\exp\left(\dfrac{1}{y_1^*}\right)\leqslant\theta\leqslant h_T\end{cases} \tag{5-21}$$

这些结果将在本章第 7 节中进行演示。这里我们要注意，与分散生产一致，装配商的最佳事后利润也是随总单位成本呈线性递减的。

5.4.3 集成生产与分散生产的比较

考虑装配商在分散生产和集成生产之间的选择。Baron 和 Besanko（1992）、Gilbert 和 Riordan（1995）对此展开了研究，得出的结论是装配商总是更喜欢集成生产。然而，在假设装配商只知道关于供应商生产成本的部分信息时，这种选择取决于供应商成本的异质性程度，使用 $\dfrac{\mu_1}{\mu_2}$ 的比值来衡量，保持 $\mu_1+\mu_2=\mu_T$ 为常数。当 $\dfrac{\mu_1}{\mu_2}\to 0$ 时，零部件 2 的成本大于零部件 1 的成本；当 $\dfrac{\mu_1}{\mu_2}\to\infty$ 时，零部件 1 的成本大于零部件 2 的成本；如果 $\dfrac{\mu_1}{\mu_2}=1$，则两个零部件成本一致。为了便于处理，假设供应商的单位生产成本区间是对称的，即 $l_1=l_2$，$h_1=h_2$，得到如下结果：

命题 3 如果装配商只知道生产成本的均值，且供应商的单位生产成本区间是对称的，则采用最大—最小准则的装配商倾向于分散生产，如果 $\dfrac{\mu_1}{\mu_2}<\eta_1$ 或 $\dfrac{\mu_1}{\mu_2}>\eta_2$，其中 $\eta_1<1<\eta_2$。否则，采用最大—最小准则的装配商更倾向于集成生产。

当供应商的单位生产成本区间是不对称的，即 $l_1\neq l_2$ 和 $h_1\neq h_2$ 时，命题 3 的结果在性质上保持不变，除了阈值 η_1 和 η_2 不一定分别小于和大于 1。这些结果将在本章第 7 节中进行演示。

命题 3 与 Bhatia-Davis 不等式相关，它的定义如下：

注释 1　（Bhatia 和 Davis，2000）当 $\tilde{\theta} \in [l, h]$，且 $\tilde{\theta}$ 的均值已知且等于 μ 时，$\tilde{\theta}$ 的方差必须满足以下不等式：$\sigma^2 \leqslant (h-\mu)(\mu-l)$。

这个不等式在给定支持度 $[l, h]$ 和平均值 μ 的情况下，提供了供应商成本方差的上限。容易证明，这个上限是 μ 的凹函数，且当 $\mu=(l+h)2$ 时，它取得最大值。因此，给定 $\mu_i+\mu_j=\mu_T$ 不变时，当供应商 i 的平均成本（μ_i）朝着上限 h_i 递增时，而供应商 j 的平均成本（μ_j）朝着下限 l_j 递减时，成本的异质性程度增加，即 μ_i/μ_j 增大，但是最大可能方差减小。由于最大方差较小，最坏情况分布更受约束，并且装配商的最坏情况利润在分散生产下提高了。

5.5　两种启发式机制

稳健最优机制的制定和分析集中在只有两个零部件的情况下。然而，在实践中，装配系统通常需要非常多的零部件。不幸的是，当零部件数量很大时，可以计算出集成生产情况下的稳健最优机制，但对于分散生产情况则不是这样。此外，零部件和集成生产案例的稳健最优机制实现起来可能很复杂。因此，为了简化契约的设计，本节提出了两种启发式机制，这两种机制都比稳健最优机制更容易实现，特别是当零部件数量很大时。本章第 7 节评估了启发式机制相对于稳健最优机制的表现。

由于启发式机制适用于一般数量的零部件，考虑将第 3 和第 4 节中的模型扩展到最终产品由 n 个零部件组装而成的情况。同时，拓展了所用的符号，用下标 i 代替下标 1 和下标 2 来表示零部件 i，其中 $i \in \{1, \cdots, n\}$。

5.5.1　混合机制

在实际装配过程中，装配商通常需要采购大量的零部件，但是不是所有的零部件都具有相同的重要性。例如，装配商可能需要简单的紧固件（如螺母和螺栓），以及更复杂的电气元件。在混合机制下，装配商将只对最重要的零部件采用稳健最优机制，而对其他零部件采用更简单的天真机制。混合机制的目标是在实施复杂性和模型表现之间取得平衡，即相对于更简单的天真机制提高装配商的利润，同时相对于稳健最优机制降低了复杂性。这种混合机制与 Li 等（2019）在已知单位成本先验分布的装配系统中提出的机制类似。

为了计算混合机制，先要确定一组重要的零部件。由于假设组装最终产品需要每种零部件的一个单位，因此体积并不是决定重要性的因素。在本章的稳健设计中，通过装配商对单位成本的不确定性程度来衡量给定零部件的重要性。简单来说，如果关于特定零部件的单位成本的不确定性较低，稳健最优机制可能会造成额外的复杂性，而边际价值并不大。因此，混合机制只会对成本不确定性较高的零部件采用稳健最优机制，对成本不确定性较低的部件采用天真机制。尽管 Li 等（2019）提出的混合机制也根据重要性对零部件进行排序，但由于考虑的是稳健最优机制，因此本章使用的重要性度量方法与 Li 等（2019）所使用的不同。

假设单位成本的分布是未知的，除了均值和上下限之外，使用以下变量来衡量成本的不确定性程度：

$$I_i = \frac{(h_i - \mu_i)(\mu_i - l_i)}{\mu_i^2} = \left(\frac{h_i}{\mu_i} - 1\right)\left(1 - \frac{l_i}{\mu_i}\right)$$

这个定义来源于 Bhatia-Davis 不等式提供的成本分布的方差的上限，如注释 1 所示，即 I_i 是零部件 i 的单位成本分布的变异系数的平方上限。现在可以定义混合机制为：

（1）装配商对零部件进行排序，使 $I_1 \geq I_2 \geq \cdots \geq I_n$。

（2）装配商选择一个整数 $k \in \{0, 1, 2, \cdots, n\}$ 来确定混合机制的复杂性。成本越高意味着混合机制越复杂，但对装配商来说利润更高。

（3）装配商首先邀请前 k 个供应商，即第一步确定的供应商 j（$j \in \{1, \cdots, k\}$）参与稳健机制，其次要求他们报告其边际成本。这些供应商的报告将决定支付款项和平衡订购数量。

（4）剩下的 $n-k$ 个供应商将被装配商采用天真机制处理。即装配商为供应商 $i(i \in \{k+1, \cdots, n\})$ 提供了一个价格为 h_i 的批发价格合同。这种机制下，所有供应商都接受装配商提供的合同。提供给供应商的合同 $k+1, \cdots, n$ 并不指定采购量，直至前 k 个供应商报告了他们的类型。

（5）给定供应商报告的成本 $1, \cdots, k$，装配商通过将引理 2 扩展应用到有 k 个供应商的情况来确定需要支付的款项。装配商还需决定订购量，用 $q(\theta_1, \cdots, \theta_k)$ 表示。虽然订购数量仅取决于供应商 $1, \cdots, k$ 报告的成本，但是装配商从所有 n 个供应商处订购 $q(\theta_1, \cdots, \theta_k)$ 个单位。为了求解 $q(\theta_1, \cdots, \theta_k)$，需要求解本章第 3 节中模型的扩展：

$$Z_k = \max_{y_i, q(\theta_1, \cdots, \theta_k)} \{y_0 + y_1\mu_1 + y_2\mu_2 + \cdots + y_k\mu_k\}$$

s. t. $y_0 + y_1\theta_1 + y_2\theta_2 + \cdots + y_k\theta_k \leq V(\theta_1, \cdots, \theta_k, q(\theta_1, \cdots, \theta_k))$, $\forall \theta_1 \in [l_1, h_1], \cdots, \theta_k \in [l_k, h_k]$

这个问题可以通过离散化方法解决，如第 5 节所述。

Z_k 中的下标用于表示装配商与 k 个重要供应商采用混合机制。根据这种机制，装配商的事后利润可以写成如下：

$$V(\theta_1, \cdots, \theta_k, q(\theta_1, \cdots, \theta_k)) = R(q(\theta_1, \cdots, \theta_k)) - q(\theta_1, \cdots, \theta_k) \left(\sum_{i=1}^{k} \theta_i + \sum_{i=k+1}^{n} h_i \right) - \sum_{i=1}^{k} \int_{\theta_i}^{h_i} q(x_i, \overline{\theta}_{-i}) dx_i$$

$$= \left[R(q(\theta_1, \cdots, \theta_k)) - q(\theta_1, \cdots, \theta_k) \sum_{i=k+1}^{n} h_i \right] - q(\theta_1, \cdots, \theta_k) \sum_{i=1}^{k} \theta_i - \sum_{i=1}^{k} \int_{\theta_i}^{h_i} q(x_i, \overline{\theta}_{-i}) dx_i$$

其中，$\overline{\theta}_{-i}$ 表示通过排除 $(\theta_1, \cdots, \theta_k)$ 的第 i 个元素而创建的 $k-1$ 维向量。

5.5.2 稳健批发价格机制

稳健批发价格合同，即使装配商的最坏情况是期望利润最大化的批发价格合同。在批发价格合同下，付给给定供应商的款项用 wq 来表示，其中 w 是固定的批发价，q 是订货数量。一旦 w 确定了，这种类型的合同实施起来比较简单，供应商也很容易评估。因此，在实践中，批发价合同的使用较为普遍。

确定具有一般数量的零部件，在一般需求分布下的稳健最优批发价格是困难的。因此，将重点放在启发式方法上。本章第 7 节将使用数值研究来评估这种稳健批发价格启发式机制与稳健最优机制的表现。

命题 4 描述了稳健最优批发价格的一些性质。这里假设供应商的单位生产成本是相互独立的。当然成本相互依赖时也可以得出类似的结果，为了简洁起见，在此不做介绍。

命题 4 考虑集成生产，其中总单位生产成本，即 $l_T \leqslant \tilde{\theta} \leqslant h_T$，满足 $E(\tilde{\theta}) = \mu_T \in (l_T, h_T)$。对于给定的批发价格 w，让 $\overline{q}(w) = arg\ \max_{q \geqslant 0} \{R(q) - wq\}$ 和 $\overline{Z}(w) = R(\overline{q}(w)) - w\overline{q}(w)$。那么装配商最坏情况期望利润如下：

$$
Z_1^{wp}(w) = \begin{cases} \overline{z}(h) & w = h \\ \overline{z}(w)\left(\dfrac{w-\mu}{w-l}\right) & w \in (\mu, h) \\ 0 & w \in [l, \mu] \end{cases}
$$

下标 1 表示集成生产。为了确定稳健最优批发价格，必须比较两个解：(1) $w \in (\mu, h)$ 和 (2) $w = h$，即天真解。

考虑有 n 个零部件的分散生产，其中单位成本，即 $\tilde{\theta}_i \in [l_i h_i]$，对于 $i \in \{1, \cdots, n\}$，满足 $E(\tilde{\theta}_i) = \mu_i \in (l_i h_i)$。令 $\mathbf{w} = (w_1, w_2, \cdots, w_n)$ 表示批发价格向量，并定义 $\overline{q}(\mathbf{w}) = arg\ \max_{q \geqslant 0}\left\{R(q) - \left(\sum_{i=1}^{n} w_i\right)q\right\}$ 和 $R(\overline{q}(\mathbf{w})) - \left(\sum_{i=1}^{n} w_i\right)\overline{q}$

$(\boldsymbol{w}) = \overline{Z}(\boldsymbol{w})$。对于任意给定 $\boldsymbol{w}$，装配商的最坏情况期望利润可以写成如下形式，其中 H 定义为 $w_i = h_i$ 的供应商子集：

$$Z_n^{wp}(\boldsymbol{w}) = \begin{cases} \overline{z}(h_1, \cdots, h_n) & \text{对于全部 } i, \ w_i = h_i \\ \overline{Z}(\boldsymbol{w}) \prod_{i \notin H} \left(\dfrac{w_i - \mu_i}{w_i - l_i} \right) & \text{对于 } i \in H, \ w_i = h_i \text{ 且 } i \notin H, \ w_i \in (\mu_i, \ h_i) \\ 0 \end{cases}$$

其余情况下标 n 表示有 n 个零部件的分散生产。为了找到最优 $\boldsymbol{w}$，比较了 2^n 个候选解决方案的最坏情况期望利润。每个解决方案用 H 表示，即给一部分供应商提供天真合同，而给其余供应商提供 $w_i \in (\mu_i, \ h_i)$。

如命题 4 的证明所示，装配商的利润函数在 $w_i = h_i$ 处存在不连续，这使得确定最优 $\boldsymbol{w}$ 具有挑战性。一种可能的解决方法是分别为每个可能的 H 优化 $\boldsymbol{w}$，然后选择使装配商在最坏情况下的期望利润最大化的集合 H。此外，装配商的目标函数不一定在 $\boldsymbol{w}$ 中是凹的，因此一阶条件可能不会产生最优解。可见，找到最优 $\boldsymbol{w}$ 在计算上具有挑战性，特别是当供应商数量 n 很大时。鉴于这些挑战，考虑了一种类似于本节中提出的混合机制启发式方法，即根据 I_i 对供应商进行排序，对于某个 $k \in \{1, \cdots, n\}$，让 $H = \{k+1, \cdots, n\}$。给定 k，假设 $w_i = h_i$，$i = k+1, \cdots, n$，然后求 $w_1, w_2, \cdots, w_k$，使 $Z_n^{wp}(\boldsymbol{w}, H)$ 最大化，这就是给定 H 下装配商的利润，在命题 4 的证明中作出了定义。不幸的是，本章的数值实验表明，相较于混合机制，这种方法的表现不佳。因此，第 7 节只给出批发价格启发式机制的结果，其中考虑了所有可能的 H。

5.6 模型拓展：已知均值和方差的情形

到目前为止，本书关注的是装配商只知道平均单位生产成本的情况。本节简要地考虑这样一种情况：装配商知道供应商单位成本的均值和方差，即 $E(\widetilde{\theta}_i) = \mu_i$ 和 $\mathrm{Var}(\widetilde{\theta}_i) = \sigma_i^2$，$i = 1$，2。同样考虑集成生产和分散生产。

5.6.1 集成生产模型

考虑集成生产模式，其中 $\widetilde{\theta} = \widetilde{\theta}_1 + \widetilde{\theta}_2$，$l_T \leqslant \widetilde{\theta} \leqslant h_T$，且 $E(\widetilde{\theta}) = \mu_T$ 和 $\mathrm{Var}(\widetilde{\theta}) = \sigma_T^2$ 为装配商所知。利用 Bhatia-Davis 不等式进行分析，具体来说，当注释 1 中的不等式成立时，即 $\sigma_T^2 = (h_T - \mu)(\mu - l_T)$，唯一可行的分布是满足 $\mathrm{Pr}(\widetilde{\theta} = l_T) = \dfrac{h_T - \mu_T}{h_T - l_T}$ 和

$\mathrm{Pr}(\widetilde{\theta} = h_T) = \dfrac{\mu_T - l_T}{h_T - l_T}$ 的两点分布。在这种情况下，可以基于这个两点分布求解最优契合同菜单。为了避免这种情况，本节的剩余部分假设 $0 < \sigma_T^2 < (h_T - \mu_T)(\mu_T - l_T)$。

使用原始—对偶方法，可以将装配商的问题表述如下：

$$Z_1^{mv} = \max_{q(\theta), y_0, y_1, y_\sigma} \{ y_0 + y_1 \mu + y_\sigma (\mu_T^2 + \sigma_T^2) \} \tag{5-22}$$

其中，Z_1^{mv} 的下标 1 表示集成生产，上标 mv 表示均值和方差约束模型。综上所述，y_0 对应于概率分布的和或积分为 1 的约束，y_1 对应于平均总生产成本的约束。此外，引入了 y_σ，它对应于方差约束（或二阶矩，其中 $E(\widetilde{\theta}^2) = \mu_T^2 + \sigma_T^2$）。式 (5-22) 中的装配商优化问题受以下约束：

$$y_0 + y_1 \theta + y_\sigma \theta^2 \leqslant V(\theta, q(\theta)), \quad \forall \theta \in [l_T, h_T] \tag{5-23}$$

我们把只有均值已知（或均值和方差已知）的问题称为均值约束（或 MV—约束）模型。这两个模型之间的区别是对最坏情况分布的方差约束。在均值约束模型中，由注释 1 可知，方差满足 $\int_{l_T}^{h_T} (\theta - \mu)^2 dF \leqslant (h_T - \mu)(\mu - l_T)$。然而，在 MV—约束模型中，方差必须满足 $\int_{l_T}^{h_T} (\theta - \mu)^2 dF = \sigma^2$。为了后续分析，需要作出如下定义：

定义 1 对于均值约束模型和集成生产的情况下，设 $\lambda^*(\theta)$ 为最优拉格朗日

因子。定义 $\sigma_\mu^2 = \sum\limits_{\theta} \lambda^*(\theta)(\theta-\mu_T)^2$ 为最坏情况下的供应商类型分布的方差。

当 $\sigma_T = \sigma_\mu$ 时，均值约束模型与 MV—约束模型相同，这意味着 $y_\sigma^* = 0$。换句话说，如果 $\sigma_T^2 = \sigma_\mu^2$，关于方差的额外信息不会提高装配商的最坏情况下的期望利润。现在可以在以下命题中描述 MV—约束下集成生产模型的装配商最优利润：

命题 5 如果装配商知道 $E(\tilde{\theta})=\mu_T$ 和 $\mathrm{Var}(\tilde{\theta})=\sigma_T^2$，则稳健最优解 $(y_0^*，y_1^*，y_\sigma^*，q^*(\theta))$ 具有以下性质：

（1）存在 ξ_1^* 和 ξ_2^* 两个分界点，其中 $l_T \le \xi_1^* < \xi_2^* \le h_T$，使得装配商的最优事后利润函数满足

$$V(\theta，q^*(\theta)) = \begin{cases} V(l_T，\bar{q}(l_T))，& l_T \le \theta \le \xi_1^* \\ y_0^* + y_1^*\theta + y_\sigma^*\theta^2，& \xi_1^* \le \theta \le \xi_2^* \\ V(h_T，q^*(h_T))，& \xi_2^* \le \theta \le h_T \end{cases} \tag{5-24}$$

（2）最优事后利润 $V(\theta，q^*(\theta))$ 在 $\theta=\xi_1^*$ 或 $\theta=\xi_2^*$ 上都是连续的。

（3）对于任意 $\xi_1^* \le \theta \le \xi_2^*$，最优订购数量满足以下微分方程：

$$\left(\frac{dR(q)}{dq}\bigg|_{q=q^*(\theta)} -\theta \right) \times \frac{dq^*(\theta)}{d\theta} = y_1^* + 2y_\sigma^*\theta \tag{5-25}$$

（4）当 $\sigma_T < \sigma_\mu$ 时，$y_\sigma^* < 0$。当 $\sigma_T > \sigma_\mu$ 时，$y_\sigma^* > 0$。

该命题的第（1）部分指出，约束式（5-23）在闭区间 $[\xi_1^*，\xi_2^*]$ 上具有约束力，因此，事后利润函数是关于 θ 的分段二次函数。第（4）部分与现有文献不同（如 Carrasco 等，2018a；Pınar 和 Kızılkale，2017）。与阈值 σ_μ 相比，已知的标准偏差 σ_T 的大小，决定了最优对偶变量 y_σ^* 的符号，而 y_σ^* 又决定了装配商的事后利润。当 $\sigma_T < \sigma_\mu$ 时，$y_\sigma^* < 0$，利润相对于 θ 是分段凹。然而，当 $\sigma_T > \sigma_\mu$ 时，$y_\sigma^* > 0$，利润相对于 θ 是分段凸的。本章附录给出了一些数值例子来证明这个结果。

5.6.2 分散生产模型

考虑分散生产，仍然假设供应商生产成本的均值和方差已知，即装配商知道

$E(\tilde{\theta}_i) = \mu_i$ 和 $\mathrm{Var}(\tilde{\theta}_i) = \sigma_i^2$，$i = 1$，$2$。此外，假设供应商成本之间的相关性（用 ρ 表示，其中 $-1 \leq \rho \leq 1$）是已知的。利用原始—对偶方法，将稳健优化问题表述如下：

$$Z_2^{mv} = \max_{\substack{q(\theta_1, \theta_2) \\ y_0, y_1, y_2, y_{\sigma_1}, y_{\sigma_2}, y_\rho}} \left\{ y_0 + y_1\mu_1 + y_2\mu_2 + y_{\sigma_1}(\mu_1^2 + \sigma_1^2) + y_{\sigma_2}(\mu_2^2 + \sigma_2^2) + y_\rho(\mu_1\mu_2 + \rho\sigma_1\sigma_2) \right\}$$

$$(5-26)$$

$$\text{s.t. } y_0 + y_1\theta_1 + y_2\theta_2 + y_{\sigma_1}\theta_1^2 + y_{\sigma_2}\theta_2^2 + y_\rho\theta_1\theta_2 \leq V(\theta_1, \theta_2, q(\theta_1, \theta_2)), \quad \forall\, \theta_i \in [l_i, h_i]$$

$$(5-27)$$

这里，设置了对偶变量，用于约束成本的联合分布的和或积分为 1（y_0），用于约束每个供应商的平均成本（y_1 和 y_2），用于约束每个供应商的成本方差（y_{σ_1} 和 y_{σ_2}），以及用于约束供应商成本之间的相关性（y_ρ）。命题 6 在本章附录中演示，证明了装配商的事后利润是关于单位成本的分段二次函数。

命题 6 如果装配商已知 $E(\tilde{\theta}_i) = \mu_i$，$\mathrm{Var}(\tilde{\theta}_i) = \sigma_i^2$ 和 ρ，在分散生产模式下，对于任何给定的 θ_j，$j \neq i$，装配商的最优事后利润函数 $V(\theta_i, \theta_j, q^*(\theta_i, \theta_j))$ 是关于 θ_i 的分段二次函数。

5.7 数值分析

本节针对只知道平均单位成本的情况给出了一系列数值结果。试图：①证明前文中推导的稳健最优采购机制的反应和表现；②比较分散生产和集成生产两种模式的表现；③评估前文中描述的两种启发式机制的表现。首先描述用于解决稳健最优问题的离散方法，然后讨论了本章的实验设计并给出了结果。

不幸的是，用微分方程来定义分散生产情况下的稳健最优机制［方程（5-13）

到方程（5-14）］通常很难处理，并且没有解析解，主要是因为微分方程中涉及订单数量的交叉效应积分项。因此，接下来描述并证明离散方法在解决稳健最优问题上的应用，并使用这种离散方法来进行本节剩余部分的数值实验。

根据式（5-9）求解优化式（5-10）问题的直观方法是将 (θ_1, θ_2) 的可行域，即 $B = [l_1, h_1] \times [l_2, h_2]$，离散为有限网格 $B_0 = \left\{ \left(l_1 + i\dfrac{h_1 - l_1}{n}, \; l_2 + j\dfrac{h_2 - l_2}{n} \right) \right\}$，其中 $I \in \{0, 1, 2, \cdots, n\}$ 和 $j \in \{0, 1, 2, \cdots, n\}$。定义 $\Delta = |Z_2 - Z_2(B_0)|$ 为 SIP 模型与其离散化模型的目标函数之间的差异。众所周知，随着网格大小 B_0 的增长，Δ 并不一定收敛于 0。Δ 收敛到 0 的充分条件是 SIP D 具有超级一致性，即 $c \in int(M_n)$。超一致的 SIP 表现出一种稳定性，可以确保数据中的小扰动不会破坏对偶性。在引理 3 的证明中证明了 $c \in int(M_n)$。因此，问题中的 SIP 是超一致的，可以使用离散化方法来根据式（5-9）求解优化式（5-10）。

接下来，将描述本节中讨论的一组数值实验，该实验假设需要采购两个零部件。本节将使用一组不同的实验来模拟需要采购更多零部件的情况。考虑以下假设和参数取值：

（1）最终产品的零售价定在 $r = 8.5$。初步实验结果表明，零售价格对结果的影响最小，因此选择固定此参数不变。

（2）零部件 1 的单位成本的下限和上限为 $l_1 = 1$，$h_1 \in \{2, 3, 4\}$。

（3）零部件 2 的单位成本的下限和上限为 $l_2 = 1$，$h_2 \in \{2, 3, 4\}$。

（4）当 $p \in \{1, 3, 5, 7, 9\}$ 时，平均单位成本为 $\mu_1 = l_1 + \dfrac{h_1 - l_1}{10} \times p$，$\mu_2 = l_2 + \dfrac{h_2 - l_2}{10} \times (10 - p)$。

（5）考虑一个报童模型，其中最终产品的终端顾客需求服从 $[1 - \alpha, 1 + \alpha]$ 上的均匀分布，且 $\alpha \in \{0.2, 0.4, 0.6, 0.8, 1\}$。

采用全因子设计，即考虑 $225 = 3 \times 3 \times 5 \times 5$ 的设定。对于集成生产的情况，考虑了相同设置的实验，其中 $\mu_T = \mu_1 + \mu_2$，$l_T = l_1 + l_2$，$h_T = h_1 + h_2$。

5.7.1 稳健最优机制的行为与表现

本部分分别演示了在分散生产和集成生产下的稳健最优机制的行为和表现，并对两种情况进行比较，以说明在哪些条件下，装配商更倾向于采用分散生产或是集成生产。

5.7.1.1 稳健最优机制的行为

首先指出装配商事后利润的行为，即在分散生产下，一旦 (θ_1, θ_2) 已知，装配商利润的行为，用 $V(\theta_1, \theta_2, q(\theta_1, \theta_2))$ 表示，以及稳健订购策略和支付菜单的行为，用 $q(\theta_1, \theta_2)$ 和 $i(\theta_1, \theta_2)$ 表示，其中 $i = 1, 2$。图 5-1 显示了这 4 个公式。从图 5-1（a）中可以看出，装配商的事后利润与 θ_1、θ_2 呈分段线性递减，即对于任何给定的 θ_j，利润的取值构成一个平面，并与 θ_i 呈线性递减关系。还要注意，当单位成本变得足够大时，事后利润就会下降为零（订购量和支付函数也是如此）。

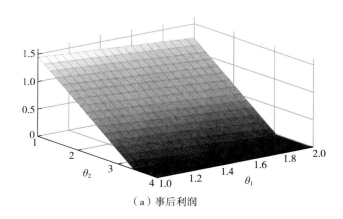

（a）事后利润

图 5-1　分散生产下的稳健解（$l_1 = l_2 = 1$，$h_1 = 2$，$h_2 = 4$，$\mu_1 = 1.1$，$\mu_2 = 3.7$，$\alpha = 1$，$r = 8.5$）

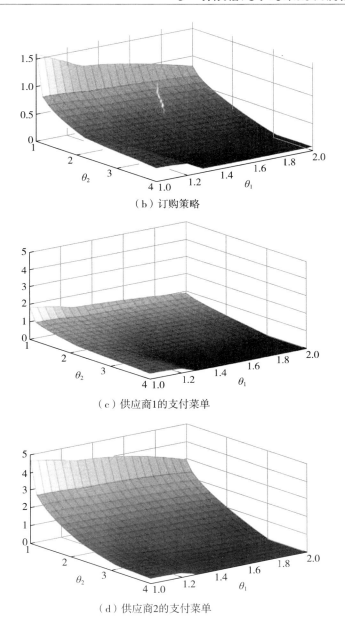

（b）订购策略

（c）供应商1的支付菜单

（d）供应商2的支付菜单

图5-1　分散生产下的稳健解（$l_1 = l_2 = 1$，$h_1 = 2$，$h_2 = 4$，$\mu_1 = 1.1$，
$\mu_2 = 3.7$，$\alpha = 1$，$r = 8.5$）（续）

从图 5-1 的（b）、（c）和（d）可以看出，稳健订购数量和支付函数都随 θ_1、θ_2 的增加而减少。也就是说，各零部件的单位成本越高，稳健平衡订购量将下降。此外，当一个零部件的单位成本 θ_i 很小时，另一个零部件的单位成本 θ_j，$j \neq i$，对订购量的影响将更为显著，即当 θ_i 较小时，$q(\theta_1, \theta_2)$ 随 θ_j 下降得更快。支付菜单随 θ_1、θ_2 的变化表现出类似的行为模式(尽管不完全一致)。

每一个单位成本都会对支付函数产生直接影响（即对于给定的订购量，更高的成本导致装配商需向供应商支付更高的费用），或间接影响（即更高的成本导致更低的订购量，从而导致更低的支付款项）。从图 5-1 中可以看出，间接效应趋于主导，即随着单位成本的增加，稳健订购量显著下降，支付款项也随之下降。请注意，随着单位成本的增加，订购数量的减少意味着装配商的收入 $R(q)$ 也减少了。然而，支付给供应商的款项相应减少，意味着利润的下降（等于收入减去向两个供应商的付款）是受控制的。也就是说，即使在最坏情况下，利润也保持线性下降。还观察到，尽管订购量是平衡的，但支付给供应商 1 的款项明显低于支付给供应商 2 的款项，这是由于零部件 1 的平均单位成本比零部件 2 低，即在本例中 $\mu_1 < \mu_2$。

为了提供更多的启示，本章附录举例说明了图 5-1 中所使用的解决方案，在关于供应商成本的完全信息假设下，讨论了该解决方案与稳健机制的区别。发现与稳健机制不同，完全信息假设下的订购量总是严格正的。此外，对供应商 i 的付款并不总是随着零部件 i 的成本上升而下降。也就是说，在某些情况下，支付函数对于 θ_i 是凹的，首先随着单位成本 θ_i 的增加而增加，然后随着 θ_i 的继续增加而最终减少。综上所述，这种行为是由于 θ_i 的直接影响和间接影响相互竞争导致的。

接下来，说明在集成生产下装配商事后利润的行为，用 $V(\theta, q(\theta))$ 表示，以及稳健订购策略和支付菜单的行为，即 $q(\theta)$ 和 $P(\theta)$。图 5-2 给出了三个函数的行为模式，其中假设需求是确定的，并且令已知的成本均值分别取两个值。图 5-2 的结果与命题 2 的分析结果相对应。请注意，这里 r，$l_T = l_1 + l_2$，$h_T = h_1 + h_2$

的取值与图 5-1 一致。

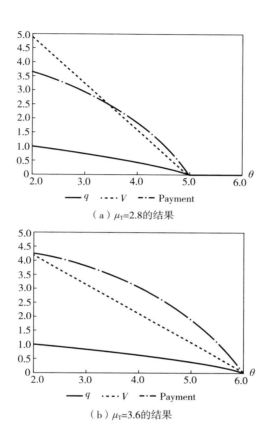

（a）μ_T=2.8的结果

（b）μ_T=3.6的结果

图 5-2　集成生产和确定性需求下（$\alpha=0$）的稳健解（$l_T=2$，$h_T=6$，$r=8.5$）

稳健最优订购策略是关于 θ 的递减凹函数，这一特征也可以从命题 2 的式 (5-18) 中看出。因此，随着总成本的上升，稳健订购量下降，从图 5-2 中可以直观看出这一结果。此外，单位成本 θ 值越大，订购量下降的速度就越快。这反映了一个事实，即单位成本过高会显著降低装配商每单位最终产品的利润。当单位成本非常大时，订购量为 0，也就是说，稳健订购策略确保在单位成本非常高时不订货。具体来说，定义阈值 θ_0，其中 $\theta_0=r-(r-l_T)\exp(1/y_1^*)$，并且发现当

$\theta > \theta_0$ 时 $q^*(\theta) = 0$。当订购量为 0 时，支付函数和利润函数也为 0。有趣的是，图 5-2 显示，θ_0 随着平均成本 μ_T 的增加而增加，即当平均成本上升时，订购量、支付款项和利润为正的 θ 范围也增大。

此外，尽管图 5-2 中没有描述，命题 2 表明，生产成本的最差情况分布是混合的，在点 $\theta = l_T$ 处有一个跳跃，即从式（5-21）可以得到 $F(\theta) = \exp\left(\dfrac{1}{y_1^*}\right)$，当 $\theta = l_T$，所有概率都分配在单位成本的值低于阈值 θ_0 上，即 $F(\theta_0) = 1$。换句话说，最坏情况分布没有给较大的 θ 值分配概率。最坏情况密度函数的行为将会是在 $\theta = l_T$ 处存在一个概率质量，然后概率增加直到阈值 θ_0；当 $\theta > \theta_0$ 时，密度函数为 0。

订购策略的递减凹函数行为以及最坏情况分布的行为，确保了事后利润是关于 θ 的线性函数，即装配商的利润随着单位成本增加而以恒定地速率下降。此外，如图 5-2 所示，当 $\mu_T \to l_T$ 时，最优事后利润的斜率变得更陡，即 $V(\theta, q^*(\theta))$ 随 θ 下降得更快。该结果可用隐函数定理进行解析证明。为了理解这种行为，考虑最坏情况分布的行为。当 $\mu_T \to l_T$ 时，在 $\theta = l_T$ 上的概率质量提高，装配商的事后利润也在 $\theta = l_T$ 上提升。然而，θ_0 减小，意味着在最坏情况分布（即 $[l_T, \theta_0]$）下存在正概率的单位成本的范围减小。因此，当 μ_T 较小时，最坏情况的可能性随 θ 增大的速度比 μT 较大时要快。由此得到，当 $\mu_T \to l_T$ 时，$V(\theta, q^*(\theta))$ 从一个较大的值下降到 0 的速度更快。换句话说，当 $\mu_T \to l_T$ 时，装配商的事后利润增加（由于平均单位成本较低），但在 θ 处下降得更快（反映了最坏情况分布的行为）。

本章附录展示了装配商在集成生产和关于总单位成本的完全信息下的解，并讨论了该解与如图 5-2 所示的稳健解的区别。发现与稳健机制不同的是，在完全信息下，订购量总是正的，并且支付函数在总单位成本中是递增的。

5.7.1.2　稳健最优机制的表现

通过比较集成生产和分散生产下装配商的期望利润（分别为 Z_1，Z_2）与在天真机制下的期望利润，来评估集成生产和分散生产稳健最优机制的表现。天真机制可以在关于单位成本的有限信息下实施，因此它是稳健机制的一个合适的基准模型。

图 5-3 显示了在集成生产和分散生产中，相对于天真机制，装配商在稳健最优机制下的平均百分比增益，即 $(Z_i - Z_h)/Z_h$，$i = 1$，2，这个式子包含了三个关键问题参数：$\mu \equiv \mu_1 + \mu_2$，$h \equiv h_1 + h_2$。每个柱状图显示给定参数值的平均百分比增益，其中的平均值是采用该参数值的所有实验的平均值。图 5-3 表明，在下列情况中，使用更复杂的稳健机制而不是更简单的天真机制尤为重要：①当最终客户需求存在很大的不确定性，即 α 很大时；②平均单位成本，即 μ_1，μ_2 较大时；③供应商的单位成本存在很大的不确定性，即 h_1，h_2 较大时。因此，在更具挑战性的采购环境中，即那些具有高成本或重大不确定性的环境中，对装配商来说，使用稳健机制而不是简单的天真机制很重要。

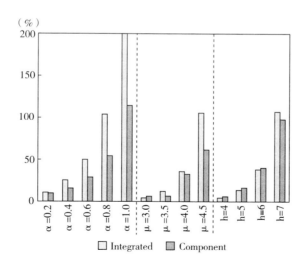

图 5-3　与天真机制相比集成生产和分散生产下的稳健机制的表现

需求不确定性对稳健机制和天真机制的相对性能有显著影响，这一观察结果与 Li 等（2019）的结果相似。Li 等还指出，使用更复杂的采购机制的价值随着最终客户需求不确定性的增加而增加。正如 Li 等（2019）所述，天真机制的性能随着需求不确定性的增加而显著降低。因此，在高度不确定性的情况下，对于装配商来说，应用订购数量依赖于两种供应商类型的机制变得至关重要，即使用稳健机制中的 $q(\theta_1, \theta_2)$，而不是根据供应商成本的上限来设置订购数量，即使用 naïve 机制中的 $q(h_1, h_2)$。

虽然图 5-3 没有显示，但是当没有需求不确定性时，发现稳健机制的平均百分比增益接近 0。因此，在已知需求的标准经济假设下，如 Pınar 和 Kızılkale（2017）、Carrasco 等（2018a，2018b）的研究，人们可能会得出结论：天真机制在信息有限的情况下是一个很好的启发式机制。本章的结果表明，同样的结论并不适用于需求不确定性，证明了在采购机制设计中考虑更为复杂和现实的模型假设的重要性。

5.7.2 稳健最优机制下集成生产与分散生产的比较

给出在稳健最优机制下集成生产和分散生产之间的比较数值结果，如前文和命题 3 所讨论的那样，选择采用集成生产还是采用分散生产的关键参数是两种零部件的单位成本之比，即 μ_1/μ_2。具体来说，当这个比例很小或很大时，分散生产将是首选；否则，集成生产将是首选。图 5-4 比较了不同参数值下装配商在集成生产（Z^1）和分散生产（Z^2）下的利润。图 5-4 中的每个图表的 x 轴都为 p。根据本节开头描述的实验，μ_1/μ_2 的比值随着 p 的增加而增加。因此，第 4 节的结果表明，当 p 很小或很大时，分散生产将是首选。在图 5-4 的各个图表中都可以看到这种行为。图 5-4（a）和 5-4（c）是对称支撑的情况，即 $l_1 = l_2$，$h_1 = h_2$，证明了命题 3 的结论。此外，图 5-4（b）和 5-4（d）表明，对于非对称支撑的情况，类似的结果也成立。最后请注意，本章的实验设计表明，在对称支持的情况下，$\mu_1 + \mu_2$ 是关于 p 的常数。因此，在图 5-4（a）和 5-4（c）中，集成生产的利润不随 p 而变化。

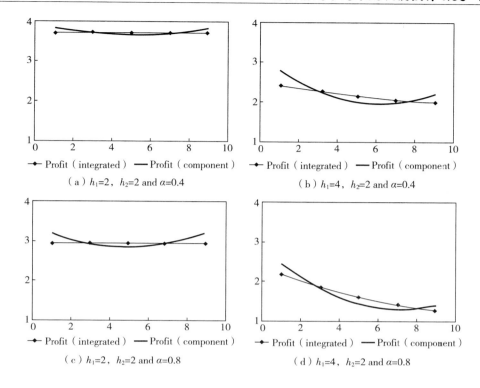

图 5-4 不同 h_1，h_2，α 的集成生产和分散生产装配商利润函数及 p

图 5-4 还表明，当需求的不确定性降低时（即 α 较小时），并且当单位成本的上限降低时（即 h_1 较小时），使用集成生产的价值（即集成生产和分散生产之间的利润差距）减小。

5.7.3 两种启发式机制的表现

使用数值结果从装配商的角度比较本章中介绍的两种启发式机制的表现。首先描述本部分中使用的实验设计，与本节开头描述的实验设计不同，本部分考虑了四个供应商，而不是两个。

（1）零售价设定为 $r = 15$。

（2）对于 $i \in \{1, 2, 3, 4\}$，单位生产成本的下限设为 $l_i = 1$。

（3）单位生产成本的上限设置为 $h_1=2.5$，$h_2=3$，$h_3=3.5$，$h_4=4$。

（4）设平均单位生产成本为 $\mu_i=l_i+(h_i-l_i)/10\times p_i$，且 $p_i\in\{1,5,9\}$。

（5）考虑一个报童模型，其中最终产品的终端顾客需求服从 $[1-\alpha，1+\alpha]$ 上的均匀分布，且 $\alpha\in\{0.6，1\}$。

计算出 $k\in\{1，2，3\}$ 的混合机制和 $162=3\times3\times3\times3\times2$ 配置集的批发价格机制。

然后，计算每种启发式机制相对于稳健最优机制的百分比损失，即 $\mid Z_H-Z_R\mid/Z_R$，其中 Z_H 表示给定启发式机制下的期望利润，Z_R 是稳健最优机制下的期望利润。图 5-5 考虑了 Dp、Sp、α 三个参数值的影响，定义 $Dp=\max\limits_{i=1,\cdots,4}\{p_i\}-\min\limits_{i=1,\cdots,4}\{p_i\}$，$Sp=\sum\limits_{i=1}^{4}p_i$。因此，$Dp$ 衡量的是供应商单位成本的变化量，而 Sp 衡量的是单位成本的大小和不确定性（即 Sp 越大意味着 h_i 越高，而 l_i 是固定的），α 越大意味着需求的不确定性越大。

考虑混合机制的表现，此时，装配商对 k 个最重要的零部件采用稳健最优机制，而对其余零部件使用更简单的天真机制。当 k 值较大时，混合机制表现得更好。图 5-5（a）显示了混合机制相对于 $k\in\{1，2，3\}$ 的稳健最优机制的平均百分比损失，以及参数不同取值下的平均百分比损失，这里的平均值是对给定参数值的所有实验结果中取平均。作为基准模型，图 5-5 还显示了天真机制的百分比损失，相当于 $k=0$ 的混合机制。图 5-5 表明，随着 k 的增加，即随着更多的零部件被确定为重要组成部分，混合机制的损失显著降低。此外，在某些情况下，当 k 足够大时，混合机制的性能接近最优。从图 5-5 中还可以看出，混合机制下的损失随着 Sp 的增加而减小，这意味着当单位成本较高、成本存在较大不确定性时，混合机制的表现更好。该图还表明，需求不确定性越显著，即 α 越大，启发式机制的表现越差。然而，与天真机制相比，当需求不确定性较高时，使用混合机制减少的损失更为显著。

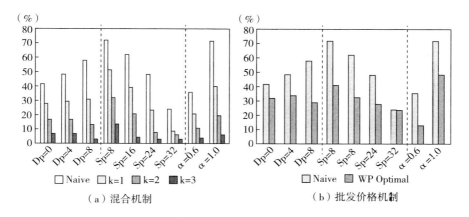

（a）混合机制　　　　　　　　　（b）批发价格机制

图 5-5　启发式机制相对于分散生产的最优稳健机制的表现

考虑批发价格机制相对于稳健最优机制的百分比损失，其中装配商对每个零部件使用恒定的批发价格。结果如图 5-5（b）所示。百分比损失随着 Sp 的增大而减小，随着 α 的减小而增大，表明批发价格机制在单位成本较高、成本存在显著不确定性、且需求不确定性较低时表现更好。

通过比较图 5-5 的三种机制的表现，天真机制的表现最差。虽然批发价格机制显著优于天真机制，但在 $k=2$ 或 $k=3$ 的情况下，批发价格机制的平均损失都高于混合机制。更具体地说，当 k 值较小时，批发价格机制比混合机制表现更好，而 k 值较大时则相反。例如，当 $k=1$ 时，在 162 次实验中有 56% 都是批发价格机制优于混合机制。然而，当 $k=3$ 时，在 162 个实验中有 96% 是混合机制优于批发价格机制。此外，从图 5-5 中还可以看出，与批发价格机制相比，使用 $k=3$ 的混合机制所减少的百分比损失是相当可观的，特别是当需求不确定性很高时（即 α 很大）。总的来说，本章得出的结论是：使用与供应商单位成本无关的固定付款机制，如天真机制和批发价格机制，而不是依赖于供应商报价的支付菜单，如混合机制，可能会导致装配商遭受相当大的损失，特别是在需求不确定的实际环境中。

5.8 结论

在现有文献中，解决采购机制设计中信息不对称问题的普遍方法是基于供应商类型的共同先验分布假设，其中每个供应商的类型决定了该供应商所生产零部件的固定单位生产成本。本章放松了这一假设，并使用稳健的最大—最小准则设计了一种采购机制，使最坏情况下（即供应商类型的最坏分布）的期望利润最大化（即超过合同参数）。虽然稳健机制在经济学文献中已有论述，但本章考虑了实践中采购机制设计的几个具体问题，包括装配商需要采购多个零部件以及最终产品需求的不确定性。此外，由于考虑了供应商成本的连续分布，本章的方法是将 SIP 应用于一个重要研究领域，即委托代理模型。除了描述稳健最优机制的特征外，还研究了两种启发式机制，并将它们的表现与稳健最优机制进行比较。这些启发式机制比稳健最优机制更容易实施，特别是当零部件数量很大时。因此，它们更适合实践。本章的研究结果提供了一些重要启示：

（1）描述了集成生产和分散生产的稳健最优机制，发现订购数量和支付给供应商的款项都随实际单位成本而递减。这一观察结果与在完全信息下观察到的行为截然不同，在完全信息下，支付函数有时会随单位成本的增加而增加。

（2）比较了在稳健机制下集成生产和分散生产的表现，发现当零部件成本存在较高的异质性时，装配商应该实施分散生产。此外，当需求的不确定性上升和/或在最坏情况下的生产成本提高时，采用集成生产的优势增加。

（3）将稳健最优机制的表现与更简单的天真机制进行比较，其中天真机制假设两个供应商的成本都很高。发现当需求不确定性很大时，装配商必须采用一种机制，即订购数量取决于两个供应商的类型。

（4）发现当单位成本较高且成本存在重大不确定性时，本章提出的启发式方法表现最佳。此外，使用固定付款机制（即单位成本是恒定的），如天真机制和批发价格机制，而不是支付菜单，如稳健最优机制和混合机制，可能会给装配商带来巨大损失，尤其是在需求高度不确定的情况下。

总之，本章的研究结果为装配商何时使用复杂的采购机制提供了实际指导。虽然启发式机制实施起来比较简单，但它们可能导致巨大损失，特别是当需求不确定性和/或供应商成本的不确定性很高时。

未来可进行进一步研究的工作主题如下：首先，尽管本章为一般数量的零部件构建分散生产下的装配商问题（见本章附录），但在这种情况下得出完整的分析结果是很有挑战性的，这可能是未来值得探讨的一个主题。其次，本章第 7 节的数值结果表明，使用固定支付的启发式机制（即不依赖于供应商单位成本的单位付款），虽然可以直接计算，但也会给装配商带来重大损失。装配商的支付函数依赖于供应商部分或全部报告成本的机制，如混合机制，虽为装配商带来了更高的利润，但在计算上很难实现，尤其是当零部件数量很大时。因此，未来研究的一个重要方向是开发更高效的算法，以便在零部件数量较大时计算那些更复杂的机制。最后，一个可拓展的方向在模型和分析方面，允许指定供应商成本分布的其他参数（如高阶矩或百分位数）。

本章附录

1. 证明和技术细节

引理 1 的证明

考虑供应商类型 θ_i 和供应商类型 θ'_i，其中 $\theta_i \neq \theta'_i$，同时固定 θ_j。IC 约束包括 $P_i(\theta_i, \theta_j) - \theta_i q(\theta_i, \theta_j) \geqslant P_i(\theta'_i, \theta_j) - \theta_i q(\theta'_i, \theta_j)$ 和 $P_i(\theta'_i, \theta_j) - \theta'_i q(\theta'_i,$

$\theta_j) \geqslant P_i(\theta_i, \theta_j) - \theta'_i q(\theta_i, \theta_j)$，其中第一个 IC 约束确保供应商类型 θ_i 偏好揭示真相，第二个 IC 约束确保供应商类型 θ'_i 也偏好揭示真相。通过将这两个约束条件相加并重新排列项，发现 $0 \geqslant (\theta_i - \theta'_i)(q(\theta_i, \theta_j) - q(\theta'_i, \theta_j))$。两边同时除以 $(\theta_i - \theta'_i)^2$，得到 $\dfrac{q(\theta_i, \theta_j) - q(\theta'_i, \theta_j)}{\theta_i - \theta'_i} \leqslant 0$，因此，

$$\lim_{\theta'_i \to \theta_i} \frac{q(\theta_i, \theta_j) - q(\theta'_i, \theta_j)}{\theta_i - \theta'_i} = \frac{dq(\theta_i, \theta_j)}{d\theta_i} \leqslant 0。$$

引理 2 的证明

引理 2 是 Li 等（2019）中引理 3 和命题 4 的特例（$n=2$）。

引理 3 的证明

给定 Z_P 和 Z_D 的表述，且假设弱对偶成立，即 $Z_P \leqslant Z_D$。但是，需要确定何时达到 $Z_P = Z_D$ 和 D。有可能 Z_P 和 Z_D 都是有限的，但对偶间隙不为 0。在一般的离散线性规划（LP）情况下，如果 Z_P 和 Z_D 都是可行和有限的，则得到 $Z_P = Z_D$ 和 D。在 SIP 中，需要更强的条件。特别是 Hettich 和 Kortanek（1993）[1] 的定理 6.5 (i)[2] 表明，如果 Z_D 是有限的，且 $c = (1, \mu_1, \mu_2)^T$ 在一个用 M_n 表示的圆锥体内，则得到 $Z_P = Z_D$ 和 D。本章的模型将 M_n 定义为

$$M_n = \{\omega = \sum_{(\theta_1, \theta_2) \in [l_1, h_1] \times [l_2, h_2]} \alpha(\theta_1, \theta_2)\lambda(\theta_1, \theta_2) \mid \lambda(\theta_1, \theta_2) \in R_+\}$$

因为 $\lambda(\theta_1, \theta_2) \in R_+$，所以很容易证得

$$\omega = \begin{pmatrix} \displaystyle\sum_{(\theta_1, \theta_2) \in [l_1, h_1] \times [l_2, h_2]} \lambda(\theta_1, \theta_2) \\ \displaystyle\sum_{(\theta_1, \theta_2) \in [l_1, h_1] \times [l_2, h_2]} \theta_1 \lambda(\theta_1, \theta_2) \\ \displaystyle\sum_{(\theta_1, \theta_2) \in [l_1, h_1] \times [l_2, h_2]} \theta_2 \lambda(\theta_1, \theta_2) \end{pmatrix} = R_+^3,$$

---

① Hettich, R., Kortanek, K. O. 1993. Semi-infinite programming: Theory methods, and applications. SIAM Review, 35 (3): 380–429.

② 定理 6.5 (i) 是指这篇文献中的 THEOREM 6.5 (i)，在文献原文第 399 页。

这表示锥 M_n 覆盖整个第一象限，因此，$c = (1, \mu_1, \mu_2)^T \in int(M_n)$。

对于任意 $(\theta_1, \theta_2) \in [l_1, h_1] \times [l_2, h_2]$，$V(\theta_1, \theta_2, q(\theta_1, \theta_2)) \leq R(\overline{q}(\theta_1, \theta_2)) - (\theta_1 + \theta_2)\overline{q}(\theta_1, \theta_2) < \infty$。换句话说，委托人的事后利润不超过全链最优利润。得到 Z_D 是有限的，且 $c \in int(M_n)$。因此，Hettich 和 Kortanek（1993）的定理 6.5（i）中规定的两个条件成立。我们得出 $Z_P = Z_D$ 和 D 的结论。

因此，式（5-7）中的装配商稳健优化问题可重新表述为：

$$Z_2 = \max_{q(\theta_1, \theta_2)} \max_{y_0, y_1, y_2} \{y_0 + y_1\mu_1 + y_2\mu_2\} = \max_{q(\theta_1, \theta_2), y_0, y_1, y_2} \{y_0 + y_1\mu_1 + y_2\mu_2\} \qquad （附5-1）$$

这里合并了两个最大化运算符。通过在约束式（5-9）下优化式（附5-1），可以得到稳健最优解，包括最优订购策略 $q^*(\theta_1, \theta_2)$，以及相关的对偶变量 y_0^*、y_1^*、y_2^*。进一步地，得到了与约束式（5-9）相关的最优拉格朗日乘子 $\lambda^*(\theta_1, \theta_2)$，它们代表了最不利的供应商类型联合分布。

引理 4 的证明

注意到 $y_0^* \geq 0$，$y_1^* \leq 0$ 和 $y_2^* \leq 0$，y_1^* 和 y_2^* 是与供应商 1 和供应商 2 的平均成本约束相关的拉格朗日乘数。在线性规划中，拉格朗日乘数被称为影子价格。如果 $\mu_i = E(\widetilde{\theta}_i)$ 增加，则装配商的最坏情况是期望利润必须减少，这意味着负的影子价格，即 $y_1^* \leq 0$ 和 $y_2^* \leq 0$。

由于对称性，可以认为 θ_2 是固定的。假设存在两个常数 a 和 b 满足 $l_1 \leq a < b \leq h_1$，使得在最佳情况下，当 $\theta_1 = a$ 和 $\theta_1 = b$ 时约束式（5-8）具有约束力。证明约束（式5-8）对任何 $\theta_1 \in [a, b]$ 也具有约束力。应用矛盾法，假设约束式（5-8）在 $\theta_1 = t$（其中 $a < t < b$）时不具有约束力，并找到一个矛盾。可行性条件 $dq(\theta_1, \theta_j)/d\theta_i \leq 0$ 意味着 $q(t, \theta_2) \geq q(b, \theta_2)$。有两个子情况需要考虑，即 $q(t, \theta_2) = q(b, \theta_2)$ 和 $q(t, \theta_2) > q(b, \theta_2)$。

情况 1：如果最优订购策略满足 $q(t, \theta_2) = q(b, \theta_2)$，则对于任何 $\theta_1 \in [t, b]$，可行性条件 $\dfrac{dq(\theta_i, \theta_j)}{d\theta_i} \leq 0$ 必然意味着 $q(\theta_1, \theta_2) = q(b, \theta_2)$。因此，信息租

金满足

$$\int_t^{h_1} q(x_1,\ \theta_2)\,dx_1 = \int_t^b q(x_1,\ \theta_2)\,dx_1 + \int_b^{h_1} q(x_1,\ \theta_2)\,dx_1$$

$$= \int_t^b q(b,\ \theta_2)\,dx_1 + \int_b^{h_1} q(x_1,\ \theta_2)\,dx_1$$

$$= (b-t)q(b,\ \theta_2) + \int_b^{h_1} q(x_1,\ \theta_2)\,dx_1$$

可行性条件 $dq(\theta_1,\ \theta_2)/d\theta_1 \leqslant 0$ 也意味着 $q(t,\ x_2) \geqslant q(b,\ x_2)$，因此，

$$\int_{\theta_2}^{h_2} q(t,\ x_2)\,dx_2 \geqslant \int_{\theta_2}^{h_2} q(b,\ x_2)\,dx_2$$

利用这两个中间结果，发现在 $(t,\ \theta_2)$ 时事后利润等于：

$$V(t,\ \theta_2,\ q(t,\ \theta_2)) = R(q(t,\ \theta_2)) - (t+\theta_2)q(t,\ \theta_2) - \int_t^{h_1} q(x_1,\ \theta_2)\,dx_1 - \int_{\theta_2}^{h_2} q$$

$$(t,\ x_2)\,dx_2$$

$$= R(q(b,\ \theta_2)) - (t+\theta_2)q(b,\ \theta_2) - (b-t)q(b,\ \theta_2) - \int_b^{h_1} q$$

$$(x_1,\ \theta_2)\,dx_1 - \int_{\theta_2}^{h_2} q(t,\ x_2)\,dx_2 \leqslant R(q(b,\ \theta_2)) - (b+\theta_2)q$$

$$(b,\ \theta_2) - \int_b^{h_1} q(x_1,\ \theta_2)\,dx_1 - \int_{\theta_2}^{h_2} q(b,\ x_2)\,dx_2$$

$$= V(b,\ \theta_2,\ q(b,\ \theta_2)) \tag{附5-2}$$

最初的假设是 $y_0+y_1t+y_2\theta_2 < V(t,\ \theta_2,\ q(t,\ \theta_2))$ 和 $y_0+y_1b+y_2\theta_2 = V(b,\ \theta_2,\ q$ $(b,\ \theta_2))$。注意到 $y_0+y_1t+y_2\theta_2 > y_0+y_1b+y_2\theta_2$（因为 $y_1<0$ 且 $t<b$），因此，得到：

$$V(t,\ \theta_2,\ q(t,\ \theta_2)) > y_0+y_1t+y_2\theta_2 > y_0+y_1b+y_2\theta_2 = V(b,\ \theta_2,\ q(b,\ \theta_2)),$$

这与（附5-2）相矛盾。

情况2：如果最优订购策略满足 $q(t,\ \theta_2) > q(b,\ \theta_2)$，由于约束式（5-8）在 $\theta_1=t$ 时不具有约束力，$y_1<0$ 意味着约束式（5-8）在 $\theta_1\in[t,\ b]$ 时不具有约束力，因此最优拉格朗日乘子满足 $\lambda(\theta_1,\ \theta_2)=0$，$\theta_1\in[t,\ b)$。在本章的稳健优化模型中，拉格朗日乘子 $\{\lambda(\theta_1,\ \theta_2)\}$ 代表最不利（最坏情况）的供应商类型分布。因

此，装配商的最坏情况期望利润（条件是供应商 2 为 θ_2 类型）随着下式的总和而增加：

$$\lambda(a, \theta_2)V(a, \theta_2, q(a, \theta_2))+0+\lambda(b, \theta_2)V(b, \theta_2, q(b, \theta_2))$$

由式（5-6）可知，供应商 1 是 θ_1 型的信息租金等于 $\int_{\theta_1}^{h_1}q(x_1, \theta_2)dx_1$。在其他一切不变的情况下，如果 $\theta_1<t$，$q(t, \theta_2)$ 的微小扰动会影响 $V(\theta_1, \theta_2, q(\theta_2, \theta_2))$，但如果 $\theta_1>t$，则不会影响 $V(\theta_1, \theta_2, q(\theta_2, \theta_2))$。这一观察结果和初始条件 $q(t, \theta_2)>q(b, \theta_2)$ 必然意味着，可以通过小幅降低 $q(t, \theta_2)$ 来略微提高装配商在最坏情况下的利润。这与假设初始解决方案是最优的相矛盾。

总之，已经证明了在最优条件下，如果存在两个常数 a 和 b 满足 $l_1 \leqslant a<b \leqslant h_1$，使得约束式（5-8）在 $\theta_1=a$ 和 $\theta_1=b$ 时具有约束力，那么约束式（5-8）对任何 $\theta_1 \in (a, b)$ 也具有约束力。

命题 1 的证明

如正文所述，命题 1 是引理 4 的直接推论。

推论 1 的证明

因为 $n=1$ 是命题 1 的特例，所以分段线性继续成立。

命题 2 的证明

装配商在式（5-15）中的事后利润可以写成如下：

$$V(\theta, q(\theta)) = rq(\theta)-\theta q(\theta)-\int_{\theta}^{h_T}q(x)dx \qquad \text{（附 5-3）}$$

式中，利润与订货量 $q(\theta)$ 呈线性关系，因此，式（5-16）和式（5-17）对所有决策变量都是线性的。

（1）由推论 1 可知订购策略满足如下微分方程：

$$\frac{\partial V(\theta, q(\theta))}{\partial \theta} = \frac{\partial q(\theta)}{\partial \theta}\left[\frac{\partial R(q(\theta))}{\partial q(\theta)}-\theta\right] = \frac{\partial q(\theta)}{\partial \theta}(r-\theta) = y_1$$

可求出

$$q(\theta) = \left[1 + y_1 \ln\left(\frac{r-l_T}{r-\theta}\right) \right]^+ \qquad\qquad (\text{附 }5-4)$$

其中，可应用 $q(l_T) = 1$ 的初始条件，这是"顶部无失真"的经典结果。

（2）$q(\theta) = 0$ 时的边界条件产生了一个分界点 $\xi = r - (r-l_T)\exp\left(\frac{1}{y_1}\right)$。专注于内部解决方案，注意 $y_0 + y_1\xi = q(\xi) = 0$，可以写成 $y_0 = -y_1\left[r - (r-l_T)\exp\left(\frac{1}{y_1}\right) \right]$，发现装配商的利润等于：

$$Z_1 = y_0 + y_1\mu_T = -y_1\left[r - \mu_T - (r-l_T)\exp\left(\frac{1}{y_1}\right) \right] \qquad\qquad (\text{附 }5-5)$$

优化式（附 5-5）将得到最优 y_1^*，它必须满足式（5-20）。

（3）装配商的期望利润等于：

$$Z_1 = \int_{l_T}^{h_T} V(\theta, q(\theta)) dF(\theta) = \int_{l_T}^{h_T} \left[rq(\theta) - \theta q(\theta) - \int_\theta^{h_T} q(x)\, dx \right] dF(\theta) = \int_{l_T}^{h_T}$$

$$\left[rq(\theta) - \theta q(\theta) - \frac{F(\theta)}{f(\theta)} q(\theta) \right] f(\theta)\, d\theta = \int_{l_T}^{h_T} \left(r - \theta - \frac{F(\theta)}{f(\theta)} \right) q(\theta) f(\theta)\, d\theta$$

$$(\text{附 }5-6)$$

当在 $\theta = l_T$ 处可能有一个跳跃时，发现：

$$Z_1 = F(l_T)(r-l_T) + \int_{l_T^+}^{h_T} \left(r - \theta - \frac{F(\theta)}{f(\theta)} \right) q(\theta) f(\theta)\, d\theta$$

注意，订购策略由式（附 5-4）给出。互补松弛条件表明，当 $q(\theta) \geqslant 0$ 时，$r - \theta = \frac{F(\theta)}{f(\theta)}$。求解微分方程 $r - \theta = \frac{F(\theta)}{f(\theta)}$ 得到 $F(\theta) = \frac{C}{r-\theta}$。为了确定常数 C，应用边界条件 $q(\theta) = 0$，如果 $\theta = r - (r-l_T)\exp\left(\frac{1}{y_1^*}\right)$，注意 $q(\theta) = 0$ 意味着 $F(\theta) = 1$。因此，最坏供应商类型分布的 CDF 必须满足式（5-21）。

命题 3 的证明

在集成生产下，μ_T 是唯一可用的部分信息。因此，装配商的最佳担保利润

Z_1 是一个常数。然而，在分散生产下，此时的约束条件包括以下几点：

$$\sum \sum \lambda(\theta_1, \theta_2) = 1$$

$$\sum \sum \theta_i \lambda(\theta_1, \theta_2) = \mu_i$$

$$\sum \sum (\theta_i - \mu_i)^2 \lambda(\theta_1, \theta_2) \leqslant (h_i - \mu_i)(\mu_i - l_i)$$

其中，新的约束规定了 $\widetilde{\theta}_i$ 的方差必须满足 Bhatia-Davis 不等式，并表明可行分布的集合如何随着 μ_1 或 μ_2 的变化而变化。

当 $\mu_1 + \mu_2 = \mu_T$ 时，μ_1 的增加导致 μ_2 的减少。因此，当 μ_1 接近 h_1 时，μ_2 接近 l_2。方差 $(h_i - \mu_i)(\mu_i - l_i)$ 的边界在 μ_i 接近任何一个极限时缩小，并加强了对最大允许方差的约束。当可行分布集合由于更强的约束而缩小时，装配商的最坏情况利润会增加。对于对称参数，当 $\mu_i = (h_i + l_i)2$ 时，允许方差最大，相当于 $\frac{\mu_1}{\mu_2} = 1$。

因此，存在两个阈值 $\eta_1 < 1 < \eta_2$，使得当 $\frac{\mu_1}{\mu_2} > \eta_2$ 或 $\frac{\mu_1}{\mu_2} < \eta_1$ 时，$Z_2 > Z_1$ 成立。

注释 1 的证明

注意：对于任意 $\theta \in [l, h]$，$(h - \theta)(\theta - l) \geqslant 0$，可以得出 $\int_l^h (h - \theta)(\theta - l) dF$ $(\theta) \geqslant 0$，当且仅当任意 $l < \theta < h$ 的概率密度 $f(\theta) = 0$ 时，等号成立。

此外，

$$\int_l^h (h - \theta)(\theta - l) dF(\theta)$$

$$= \int_l^h (h - \mu + \mu - \theta)(\theta - \mu + \mu - l) dF(\theta)$$

$$= (h - \mu)(\mu - l) \int_l^h dF(\theta) + (h - \mu) \int_l^h (\theta - \mu) dF(\theta) + (\mu - l) \int_l^h (\mu - \theta) dF(\theta) - \int_l^h$$

$$(\theta - \mu)^2 dF(\theta)$$

$$= (h - \mu)(\mu - l) + (h - \mu) \cdot 0 + (\mu - l) \cdot 0 - \sigma^2$$

$$= (h - \mu)(\mu - l) - \sigma^2$$

因此，$(h-\mu)(\mu-l)-\sigma^2 \geqslant 0$。

命题 4 的证明

首先考虑集成生产，为简单起见，从 μ_T、l_T 和 h_T 中去掉下标 T。在任意类型分布 F 下，装配商的利润为 $(R(q)-wq)F(w)$，因为供应商只有在 $\tilde{\theta}<w$ 时才会接受批发价格。因此，对于任意给定的 $w \in [l, h]$，装配商确定订购数量 $\bar{q}(w) = arg\ max_{q \geqslant 0}\{R(q)-wq\}$。因此，写 $\bar{Z}(w)=R(\bar{q}(w))-w\bar{q}(w)$，表示在被供应商接受的给定合约的批发价格 w 下的最优利润。装配商的预期利润可以写成 $\bar{Z}(w)F(w)$。

接下来，计算供应商接受批发价格合同的最小概率。利用截断的马尔可夫不等式，对于任意 $w \in [l, h]$，得到

$$\mu = \int_l^w \theta f(\theta)d\theta + \int_w^h \theta f(\theta)d\theta \geqslant \int_l^w lf(\theta)d\theta + \int_w^h wf(\theta)d\theta = lF(w)+w(1-F(w))$$

由此可见，$F(w) \geqslant \left(\dfrac{w-\mu}{w-l}\right)^+$。最坏情况分布满足 $Pr(\theta=l) = \left(\dfrac{w-\mu}{w-l}\right)^+$ 和 $Pr(\theta=w) = 1 - \left(\dfrac{w-\mu}{w-l}\right)^+ = min\left(1, \dfrac{\mu-l}{w-l}\right)$。换句话说，SIP 约束在 $\theta=l$ 和 $\theta=w$ 处具有约束力。然而，当 $w=h$ 时，$F(w)=F(h)=1$。因此，在集成生产下，装配商的目标函数如下：

$$Z_1^{wp}(w) = \begin{cases} 0 & w \in [l, \mu], \\ \bar{Z}(w)\left(\dfrac{w-\mu}{w-l}\right), & w \in (\mu, h), \\ \bar{Z}(h) & w = h \end{cases}$$

装配商的目标函数在点 $w=\mu$ 处连续，但在点 $w=h$ 处不连续。为了求解稳健最优批发价格，比较了两个候选解。第一个候选解出现在区间 $w \in (\mu, h)$，第二个候选解出现在 $w=h$ 处，即天真解。不幸的是，通常 $Z_1^{wp}(w)$ 在 w 中是否是凹的是不清楚的。因此，一阶条件可能不会产生最优 w。然而，由于批发价格是单一

维度的，可以使用简单的搜索来找到第一个候选解的最优 w，即当 $w \epsilon (\mu, h)$ 时，再比较这两种情况下装配商的预期利润，以确定哪种候选解决方案是最好的。

接下来考虑分散生产，其中 $w = (w_1, w_2, \cdots, w_n)$ 为待确定的批发价格向量。

定义 $\overline{q}(w) = arg\ max_{q \geq 0} \left\{ R(q) - \left(\sum_{i=1}^{n} w_i \right) q \right\}$ 为 w 的最优订货量，$R(\overline{q}(w)) - \left(\sum_{i=1}^{n} w_i \right) \overline{q}(w) = \overline{Z}(w)$ 为在合约被接受的情况下相应的最优利润。装配商的预期利润是 $\overline{Z}(w) F(w)$，其中 $F(w) = Pr(\theta_1 < w_1, \theta_2 < w_2, \cdots, \theta_n < w_n)$ 表示每个供应商同时接受提供给他们的依赖于零部件的批发价格的概率。为了避免这种琐碎的情况，假设 $w_i > \mu_i$。否则，供应商 i 接受批发价格合同的概率为 0。

由于供应商的类型是独立的，根据截断的马尔可夫不等式，θ_i 的边际分布是一个二元分布，其中，$Pr(\theta_i = l_i) = \frac{w_i - \mu_i}{w_i - l_i}$ 和 $Pr(\theta_i = w_i) = \frac{\mu_i - l_i}{w_i - l_i}$。也就是说，边际概率满足 $F_i(w_i) \geq \frac{w_i - \mu_i}{w_i - l_i}$，联合概率满足如下：

$$F(w) = \prod_{i=1}^{n} F_i(w_i) \geq \prod_{i=1}^{n} \left(\frac{w_i - \mu_i}{w_i - l_i} \right)$$

我们感兴趣的是最坏的情况，因此组装商的利润如下：

$$Z_n^{wp}(w) = \overline{Z}(w) \prod_{i=1}^{n} \left(\frac{w_i - \mu_i}{w_i - l_i} \right)$$

接下来考虑如何找到最优的 w。在集成生产的情况下，目标函数在 w 中不一定是凹的，因此不能应用一阶条件。此外，由于 $w_i = h_i$ 时的不连续，需要比较 2^n 个候选解。为方便起见，设 H 为被提供天真合同 $w_i = h_i$ 的供应商集合，其中 $H \subset \{1, 2, \cdots n\} \cup \{\emptyset\}$。$H$ 总共有 2^n 种不同的可能实现。当集合 H 和 w 给定时，装配商的利润等于

$$Z(q, w, H) = R(q) - \left(\sum_{i \in H} h_i + \sum_{i \notin H} w_i \right) q$$

用 $\bar{q}(\boldsymbol{w},H)$ 表示使 $Z(q,\boldsymbol{w},H)$ 最大化的 q 值，可以写作如下：

$$\bar{Z}(\boldsymbol{w},H)=R(\bar{q}(\boldsymbol{w},H))-\Big(\sum_{i\in H}h_i+\sum_{i\notin H}w_i\Big)\bar{q}(\boldsymbol{w},H)$$

如果装配商使用最优订货量，则 $\bar{q}(\boldsymbol{w},H)$，在给定 $\boldsymbol{w}$ 和 H 的情况下，最坏情况下的利润可以写成如下：

$$Z_n^{wp}(\boldsymbol{w},H)=\bar{Z}(\boldsymbol{w},H)\prod_{i\notin H}\left(\frac{w_i-\mu_i}{w_i-l_i}\right)$$

为了找到最优的稳健批发价格，装配商必须考虑所有 2^n 个可能的子集 H，并且对于每个子集必须确定批发价格 w_i（当 $i\notin H$ 时），来最大化 $Z_n^{wp}(\boldsymbol{w},H)$（此时 $w_i=h_i$，$i\in H$）。由于一阶条件可能不会产生最优解，因此通常这是一个具有挑战性的问题，特别是当供应商数量 n 很大时。

命题 5 的证明

设 $\lambda(\theta)$ 为在给定 θ 的约束式（5-23）下的拉格朗日乘子。拉格朗日方程等于

$$L=y_0+y_1\mu+y_\sigma(\mu^2+\sigma^2)-\sum_{\theta\in[l,h]}\lambda(\theta)(y_0+y_1\theta+y_\sigma\theta^2-V(\theta,q(\theta)))$$

求 L 对 y_0，y_1 和 y_σ 的一阶导数，发现

$$\frac{\partial L}{\partial y_0}=1-\sum_{\theta\in[l_T,h_T]}\lambda(\theta)=0$$

对应于总概率等于 1 的约束条件；

$$\frac{\partial L}{\partial y_1}=\mu-\sum_{\theta\in[l_T,h_T]}\theta\lambda(\theta)=0$$

对应的约束条件是 $E(\tilde{\theta})=\mu$；而且

$$\frac{\partial L}{\partial y_\sigma}=\mu^2+\sigma^2-\sum_{\theta\in[l_T,h_T]}\theta^2\lambda(\theta)=0,$$

对应的约束条件是 $\mathrm{Var}(\tilde{\theta})=\sigma^2$。

此外，一阶条件 $\frac{\partial L}{\partial q(\theta)}=0$，结合链式法则，得到

$$\frac{\partial L}{\partial\theta}=\lambda(\theta)(y_1+2y_\sigma\theta-\partial V(\theta,q(\theta))\partial\theta)$$

$$= \lambda(\theta) \left[y_1 + 2y_\sigma \theta - \left(\frac{\partial R(q)}{\partial q} - \theta \right) \cdot \frac{dq(\theta)}{d\theta} \right] = 0$$

互补松弛约束表明，如果约束式（5-23）在 $\tilde{\theta} = \theta$ 处具有约束力，则 $\lambda(\theta) > 0$。这一条件产生了式（5-25）。

应用与命题 1 相似的证明方法，可以证明约束式（5-23）在一个区间内是具有约束力的。然而，约束力区间并不总是从顶部开始，因为事后利润是二次的。这里有两种情况：

情形 1：$y_2 > 0$。对于任意 $\theta > \xi_2^*$，有一个分界点 $\xi_2^* \leqslant h_T$，使得 $q(\theta) = q(\xi_2^*)$。在这种情况下，第一个分界点是 $\xi_1^* = l_T$（这是一种退化的情况）。

情形 2：$y_2 < 0$。可能存在 $l_T < \xi_1^*$ 使得 $y_0 + y_1 + y_\sigma \theta^2$ 相对于 θ 增大。在 l_T 和 ξ_1^* 之间的这个区间上，约束式（5-23）没有约束力。当 θ 增加时，对于任意 $\theta > \xi_2^*$，$y_0 + y_1 + y_\sigma \theta^2$ 可能变为负值。因此，当 $\theta > \xi_2^*$ 时，装配商的最优订购量为 0。对于在第一个分界点 ξ_1^* 和第二个分界点 ξ_2^* 之间的任意一个 θ，约束式（5-23）是具有约束力的，因此，事后收益函数是二次的。

到目前为止，已经证明了命题 5 的第（1）、第（2）、第（3）部分。现在展示最优对偶变量的符号是如何变化的。由于 σ^2 必须满足 Bhatia-Davis 不等式，考虑两种情况。

情形 1：$\sigma^2 > \sigma_\mu^2$。将方差的约束放宽如下：

$$\sum (\theta - \mu)^2 \lambda(\theta) \geqslant \sigma^2 \qquad (\text{附5-7})$$

而对总概率和平均值的约束仍然保持不变。原始—对偶公式表明，该松弛约束的对偶变量为 $y_\sigma \geqslant 0$，表明约束式（5-23）的 LHS 为二次凸函数。请注意，这种放松的约束必须在最优状态下具有约束力。矛盾的是，假设约束式（附5-7）在最优时不具有约束力。可以暂时忽略约束式（附5-7），发现松弛解与仅知道平均值时的解相同。定义 1 给出的标准差不满足原始约束式（附5-7），这就导致了矛盾。因此，当 $\sigma^2 > \sigma_\mu^2$ 时，松弛约束式（附5-7）必须在最优状态下具有约束力，并且 $y_\sigma^* > 0$。

情形 2：$\sigma^2 < \sigma_\mu^2$ 是类似的。在 $\sigma^2 = \sigma_\mu^2$ 的特殊情况下，$y_\sigma^* = 0$。

这证明了命题 5 的第（4）部分。

命题 6 的证明：

注意 SIP 约束包括：

$$y_0 + y_1\theta_1 + y_2\theta_2 + y_{\sigma_1}\theta_1^2 + y_{\sigma_2}\theta_2^2 + y_\rho\theta_1\theta_2 \leq V(\theta_1, \theta_2, q(\theta_1, \theta_2)), \quad \forall \theta \in [l, h]$$

存在一个连续的具有约束力的 SIP 约束

$$y_0 + y_1\theta_1 + y_2\theta_2 + y_{\sigma_1}\theta_1^2 + y_{\sigma_2}\theta_2^2 + y_\rho\theta_1\theta_2 = V(\theta_1, \theta_2, q(\theta_1, \theta_2))$$

由于约束了 $q(\theta)$ 是非增的，事后利润 $V(\theta_1, \theta_2, q(\theta_1, \theta_2))$ 是非增且非负的。因此，在最优时，$V(\theta_1, \theta_2, q(\theta_1, \theta_2))$ 构成多项式 $y_0 + y_1\theta_1 + y_2\theta_2 + y_{\sigma_1}\theta_1^2 + y_{\sigma_2}\theta_2^2 + y_\rho\theta_1\theta_2$ 的非增非负。因为多项式在 θ 上是二次的，得出 $V(\theta_1, \theta_2, q(\theta_1, \theta_2))$ 是分段二次型。

2. 数值结果

本附录包含额外的数值结果，以补充正文中提供的结果。

5.7.1 的附加数值结果

为了比较和提供额外的见解，附图 5-1 显示了图 5-1 中考虑的分散生产的订购策略和付款菜单的情形，但是它仅针对完全信息的情况，即当装配商在与供应商签订合同之前知道单位成本 θ_1 和 θ_2 时。对于稳健订购策略，完全信息订购量在两种零部件的单位成本上都是递减的。然而，与稳健情况不同的是，在完全信息下，订购量永远不会降为 0，即装配者总是订购一个正数。这个结果是因为在这个特殊的例子中，销售价格总是大于单位成本的总和。此外，稳健机制的支付菜单在两种单位成本上都是递减的，而在完全信息下，供应商 1 的支付函数在零部件 1 的单位成本上是递增的，而在零部件 2 的单位成本上是递减的。此外，供应商 2 的支付函数在零部件 1 的单位成本上是递减的，但在零部件 2 的单位成本上是先增加后减少的。

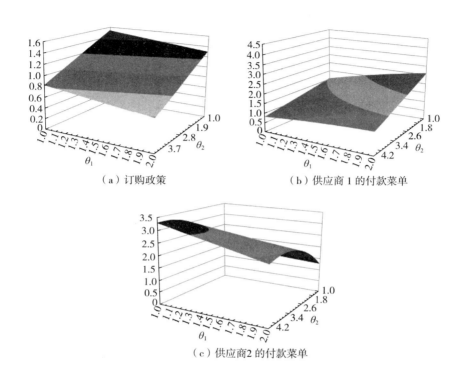

（a）订购政策　　　　（b）供应商 1 的付款菜单

（c）供应商2 的付款菜单

附图 5-1　在完全信息条件下分散生产的最优解，其中

$l_1 = l_2 = 1$，$h_1 = 2$，$h_2 = 4$，$\mu_1 = 1.1$，$\mu_2 = 3.7$，$\alpha = 1$，$r = 8.5$

将这些结果与天真机制的结果进行比较也是有用的，后者是通过假设 $\theta_1 = h_1$ 和 $\theta_2 = h_2$ 计算的。对于图 5-1 和附图 5-1 的例子，得到天真订购数量为 0.588，这是完全信息设置下的最低可能订购量，但仍然高于稳健设置下的最低可能订购量（回想一下，当两个单位成本都足够高时，稳健设置中的订购量将为 0）。

接下来，将完全信息下集成生产的结果与相同参数值的结果进行比较，如图 5-2 所示。附图 5-2 显示了完全信息订购策略和支付菜单。可以看到，订购量是恒定的，等于 1（这是由于销售价格总是大于最大单位成本），与稳健机制中看到的订购量下降和凹的行为形成对比。此外，在完全信息下，总支付函数在总单位成本中呈递增趋势，而在稳健机制下则呈递减趋势。回想一下，在稳健机制下，递减支付确保了装配商的利润不会随着总单位成本的增加而过快增长。同时，完全信息下的订购量和支付函数永远不会降为0。这个结果是由于这是特殊的例子，销售价格总是大于总单位成本。然而对于本例，在稳健机制下，当总单位成本足够大时，订购量和支付函数确实减少到0。此外，还可以考虑天真机制的结果，它是通过假设总单位成本等于 $h_T = 6$ 来计算的，即附图5-2中 $\theta = h_T = 6$ 的点代表天真解。

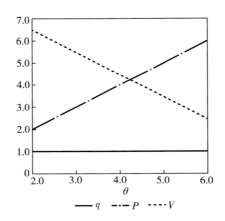

附图5-2　在完全信息下集成生产的最优解，其中需求是
确定的（$\alpha = 0$）、$\gamma = 8.5$、$l_T = 2$、$h_T = 6$

5.6 的数值结果

本部分简要地介绍了一些数值示例，以演示最优稳健机制的表现，其中装配商知道供应商的成本分布的均值和方差，如本章第6节所述。

考虑集成生产，附图5-3用一个例子展示了命题5的结果，其中需求为 $U[0, 1]$，$r = 4$，$R(q) = 4q - 2q^2$，$\mu_T = 1.4$，$l_T = 1$，$h_T = 2$。令 $Z_1 = 0.5664$，表示在集成生产条件下，只有平均值已知的装配商的最佳保证利润。当只知道均值时，供应商类型的最坏情况分布的方差为 $\sigma_\mu^2 = 0.1206$。当供应商成本方差 $\sigma^2 = 0.025 < \sigma_\mu^2$ 时，附图 5-3（a）表明，事后利润函数 $V(\theta, q^*(\theta))$ 是分段凹函数。然而，当供应商成本 $\sigma^2 = 0.2 > \sigma_\mu^2$ 时，附图 5-3（b）表明事后利润函数是分段凸函数。可以看出，装配商的最佳保证利润 Z_1^{mv} 是供应商成本分布方差 σ_T^2 的 U 形函数，这可以用影子价格的概念来理解。回想一下，y_σ^* 是方差约束的影子价格。当 $\sigma_T < \sigma_\mu$ 时，影子价格 y_σ^* 为负，意味着装配商的最佳保证利润随着方差的增大而减小。然而，当 $\sigma_T > \sigma_\mu$ 时，影子价格 y_σ^* 为正，这意味着装配商的最佳保证利润随着方差的增加而增加。

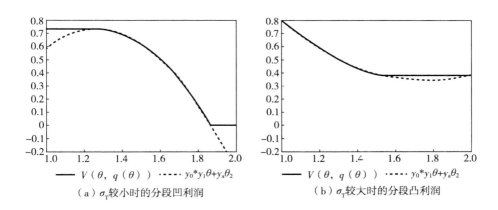

（a）σ_T 较小时的分段凹利润　　　（b）σ_T 较大时的分段凸利润

附图 5-3　装配商的稳健事后利润函数

$R(q) = 4q - 2q^2$，$\mu_T = 1.4$，$l_T = 1$，$h_T = 2$

附图 5-4（a）使用与附图 5-3 相同的参数值说明了这种行为。作为基准，在天真合同下，装配商将购买 $\bar{q}(h_T) = 0.5$ 单位的库存，并向供应商支付 $h\bar{q}(h_T) = 1$ 美元，从而产生 $Z_h = 0.5$ 美元的利润。图中将 Bhatia 和 Davis（2000）的 σ_T^2 从 0 变化到上界，即 $(h_T - \mu)(\mu - l_T) = (2 - 1.4)(1.4 - 1) = 0.24$。对于每个 σ_T 值，求解装配商的联合优化模型，以确定最佳保证利润 Z_1^{mv} 的数值，将结果绘制在附图 5-4（a）中。当 $\sigma_T^2 = 0$ 时，供应商成本不变，装配商的最优利润最高，即 $Z_1^{mv} = 0.845$。另外，当 $\sigma_T^2 = 0.24$ 时，供应商的成本只有一个可行分布，即 $Z_1^{mv} = 0.6875$。当 $0 < \sigma_T^2 < 0.24$ 时，装配商的稳健最优利润先减小后增大。当 $\sigma_T^2 = \sigma_\mu^2 = 0.1206$ 时，Z_1^{mv} 的最低利润为 0.5664。

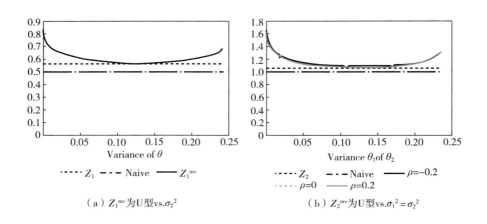

（a）Z_1^{mv} 为 U 型 vs.σ_T^2 （b）Z_2^{mv} 为 U 型 vs.$\sigma_1^2 = \sigma_2^2$

附图 5-4 当供应商成本的均值和方差已知时，装配商的稳健利润

考虑分散生产，附图 5-4（b）用一个例子显示了装配商的稳健最优利润，其中需求分布为 $U[0, 1]$，$r = 8$，$R(q) = 8q - 4q^2$，$l_1 = l_2 = 1$，$h_1 = h_2 = 2$，$\mu_1 = \mu_2 = 1.4$，满足假设 $\sigma_1^2 = \sigma_2^2$。该图描述了对于三个不同的相关参数 ρ 值，Z_2^{mv} 的行为趋势，Z_2^{mv} 是 $\sigma_1^2 = \sigma_2^2$ 的函数。与附图 5-4（a）一致，附图 5-4（b）也描绘了两个基准，即当只有平均值已知时，装配商的分散生产的利润 Z_2，以及装配商在天真合同下的利润。虽然附图 5-4（b）的行为类似于图 5-4（a），但对分散生产的一个关键洞察是相关性参数对装配商的稳健利润影响很小。这一结果具有实际意义，因为供应商成本之间的相关性很难准确估计。

3. $n \geq 2$ 个零部件的分散生产模型

本部分为具有 n 个零部件的一般情况的分散生产下装配商的稳健优化问题提

供一个数学公式。为了解决哪个供应商提供哪个零部件的问题，需要对模型进行一些缩减或转换。为了清晰起见，将通过一个示例来演示这个概念以及这种简化是如何工作的，然后给出稳健优化问题的数学表达式。

（1）以 $n=5$ 个零部件为例。

假设最终产品需要 $n=5$ 个零部件，排序为 $i=1$，2，$\cdots$，5。进一步地，假设零部件 1、零部件 2、零部件 3 由供应商 A 提供，零部件 4 由供应商 B 提供，零部件 5 由供应商 C 提供，在平衡订购策略下，将零部件 1、零部件 2、零部件 3 作为供应商 A 提供的单个极大零部件，并以下标 A 表示，将该五零部件模型简化为等效的三零部件模型，可以很容易地获得该极大零部件的部分信息。例如，极大零部件 A 的均值是 $\mu_A = \sum_{i=1}^{3} E(\theta_i) = \sum_{i=1}^{3} \mu_i$，其中 μ_i 是 θ_i 的均值，而极大零部件 A 的下界是 $l_A = \sum_{i=1}^{3} l_i$，其中 l_i 是 θ_i 分布的下界。一旦创建了一个大型零部件来取代由同一供应商提供的零部件，模型的复杂性就从 $n=5$ 降低到 $n=3$。剩下的分析与每个供应商只提供一个零部件的模型的分析相同。也就是说，引入极大零部件后的变换模型相当于一个三零部件模型。

（2）$n \geq 2$ 个零部件的模型。

回想一下，Li 等（2019）考虑了一个与本章的设置相似的情况，只是假设 θ_i 的分布是已知的。Li 等（2019）在 n 个零部件的情况下提出了他们的模型和分析，对于 n 个零部件的设置，可以将式（5-6）推广为：

$$V(\theta, q(\theta)) = R(q(\theta)) - \left(\sum_{i=1}^{n} \theta_i \right) q(\theta) - \sum_{i=1}^{n} \int_{\theta_i}^{h_i} q(x_i, \theta_{-i}) dx_i$$

其中，$\theta = (\theta_1, \theta_2, \cdots, \theta_n)$，$q(\theta) = q(\theta_1, \theta_2, \cdots, \theta_n)$，$\theta_{-i} = (\theta_1, \theta_2, \cdots, \theta_{i-1}, \theta_{i+1}, \cdots, \theta_n)$。对于 θ_i 分布已知的情况，Li 等（2019）表明，通过求解以下问题可以找到最优机制：

$$\max_{q(\theta)} EV(\theta, q(\theta)) = \max_{q(\theta)} \left\{ E_\theta \left[R(q(\theta)) - \left(\sum_{i=1}^{n} J_i(\theta_i \mid \theta_{-i}) \right) q(\theta) \right] \right\}$$

其中，$J_i(\theta_i \mid \theta_{-i})$ 被称为零部件 i 的虚成本。在 θ_i 独立的特殊情况下，J_i

$(\theta_i \mid \theta_{-i})$ 可以写成 $J_i(\theta_i \mid \theta_{-i}) = \theta_i + \dfrac{F_i(\theta_i)}{f_i(\theta_i)}$，其中 F_i 和 f_i 是 θ_i 的已知概率密度函数（PDF）和累积分布函数（CDF）。

相反，对于只知道 θ_i 的均值以及 θ_i 的分布边界的，而不知道完整的 PDF 和 CDF 的情况下，式（5-10）的稳健优化问题可以扩展到 n 个零部件，如下所示：

$$\max_{q(\theta),y_i} Z_n = \{ y_0 + y_1\mu_1 + y_2\mu_2 + \cdots + y_n\mu_n \}$$

s. t. $y_0 + y_0\theta_1 + y_2\theta_2 + \cdots + y_n\theta_n \leq V(\theta, q(\theta))$，$\forall \theta \in (l_1, h_1) \times (l_2, h_2) \cdots (l_n, h_n)$

对于这个公式，引理 1 到引理 4 和命题 1 很可能对 $n \geq 2$ 个零部件的分散生产情况继续成立。关键的一步是利用 $V(\theta, q(\theta))$ 是有限的来建立强对偶性。对这些结果的严格证明将是未来研究的主题。同样，当存在一般数量的零部件时，分散生产和集成生产情况的比较，类似于命题 3，将是未来研究的重要主题，且更具有挑战性。

6 总结与展望

6.1 主要工作和贡献

6.1.1 主要结论

基于对相关文献的综述，本书考虑了采购管理中三种类型的信息不对称，即单边信息不对称、双边信息不对称以及有限信息，基于博弈论、机制设计和优化理论和方法，研究了单边信息不对称下买方企业在多属性竞标中的连续型信息披露策略，双边信息不对称下买卖双方在多属性谈判中的最优策略，以及有限成本信息下装配供应链中稳健最优的采购机制设计。通过理论分析和数值实验，得出了以下三方面的主要结论：

（1）在单边信息不对称下的多属性评分竞标中，买方最优的信息披露策略是在公布的评分规则中保留一些主观性，而非披露全部信息；供应商之间的优势（包括成本优势、企业实力等）差异越大，买方应该披露越少的信息。

（2）在双边有限信息下的多属性谈判中，在精炼贝叶斯分离均衡下，无论买方的私有信息是关于评分还是关于权重，拥有关于成本的私有信息总是对供应商不利。有趣的是，买方反而可能从供应商的私有信息中获益。

（3）在有限成本信息下的装配供应链中，在稳健最优采购机制下，无论是采用集中采购策略（由一个供应商提供多个零部件）还是分散采购策略（由多个供应商提供多个零部件），买方的采购量、价格和期望利润都随成本而递减；生产结构的最优选择取决于产品生产成本的差异：成本差异越大，那么分散采购比集中采购更有利；然而，当需求的不确定性增加时，集中采购的价值会有所提高。

6.1.2　理论贡献

本书的研究结论对于拓展和深入采购管理中的决策优化和机制设计研究具有重要意义，这些理论贡献也是本书的创新点所在。

（1）将多属性评分竞标中买方信息披露策略研究从离散型决策优化拓展到连续型决策优化。在研究问题上，考虑多属性评分竞标中买方连续型的信息披露决策问题，而不局限于买方是否完全披露信息这一两极化的离散决策。这直接对应着招标采购实践中买方实际需要解决的决策难题。在研究内容上，既考虑采购实务中买方常用的静态竞标（Kostamis 等，2009；Santamaria，2015），又考虑可能的动态竞标机制（丁黎黎等，2015），研究买方在不同竞标机制下对私有信息的最优披露程度及其影响因素。这提供了一个系统的研究框架来探索和比较在多因素评分竞标中对于买方来说最优的信息披露策略。在研究方法上，采用买方评分办法中所包含的主观性大小来刻画买方信息披露程度，建立符合现实采购情境和信息结构的全新的数学模型。因此，本书从理论和方法上拓展现有文献中考虑买方私有信息的多属性评分竞标模型（Gar-Or，2007；Gupta 等，2015）。

（2）将多属性谈判研究从单边信息不对称下的决策优化拓展到双边信息不对称下的决策优化。尽管早期对非合作谈判模型的研究主要集中在单边信息不对称下的单一维度谈判，一些学者也在单边信息不对称下建立了多属性谈判模型，或者在双边信息不对称下建立了单一维度谈判模型。然而，现有文献对于双边信息不对称下的多属性谈判模型关注较少。本书区分买方评分系统中两种不同类型的私有信息：评分信息和权重信息，并从三个方面扩展了现有的谈判模型。首先，通过在价格之外考虑质量，将考虑卖方报价的议价博弈模型从一维扩展到二维。其次，通过考虑供应商私有的成本信息，将单边信息不对称（即买方估值）下的多属性谈判拓展到双边信息不对称下。最后，与大多数多属性谈判模型（假设买方信息服从两点分布）不同，本书的模型中假设买方信息服从更一般的连续分布。

（3）将采购合同研究从单一维度有限信息下的稳健机制设计拓展到多维度有限信息下的稳健机制设计。在采购管理领域，国内外学者关于对称信息下和不对称信息下的采购合同设计进行了大量研究并取得了丰硕的成果，然而对有限信息下（分布未知）的采购合同设计关注不足。尽管近年稳健机制设计研究已成为经济学领域机制设计研究的前沿和热点（Pınar 和 Kızılkale，2017；Carroll，2017；Carrasco 等，2018a，2018b），但在运营管理领域采用稳健机制设计理论进行采购合同设计的研究尚处于起步阶段。多维不对称信息下的采购合同设计是供应链合同设计领域研究的热点，越来越多的学者在装配供应链的情境下研究采购合同设计问题（Fang 等，2014；Hu 和 Qi，2018；Li 等，2019）。本书考虑装配供应链采购中由多个供应商带来的多维有限信息，同时考虑买方关于生产结构的选择问题（整合生产还是分散生产），对现有多维不对称信息下的采购机制设计研究从方法和内容上都进行了拓展。

6.1.3 实践启示

本书所探讨的问题对于企业的采购管理与决策有着重要的管理启示，具体体现在以下三个方面：

（1）帮助企业在信息不对称的情况下做出科学决策，从而提高其采购管理水平。在面对供应商生产成本不确定、无法判断供应商是否会利用私有信息获得超额利润的情况下，如何控制采购风险、确保采购收益是许多制造型企业面临的难题。本书提供了针对不同类型的信息不对称和采购情境的最优策略和最优机制，有助于企业提高科学决策能力和采购管理水平。

（2）帮助企业在不确定的环境中协调供应链中的动机冲突。本书从信息披露策略、谈判策略和机制设计的角度解决采购管理的痛点，帮助买方企业通过决策优化和机制设计来甄别供应商的私有信息，化解买方企业与供应商之间的动机冲突。

（3）启发企业从机制设计角度探索保障供应链经济性和安全性的方式。尽管在供应链管理领域，机制设计研究已形成完善的理论和方法，但企业管理者对合同设计的原理和作用未必清楚。例如，中国石油集团（2017）表示，在严峻的外部环境挑战下，"降本增效是否还存有空间且如何实现，仍将是石油业界未来长期探索的问题"。通过揭示采购机制设计在提高采购效用、协调供应链中的作用，本书可以启发企业从机制设计的角度探索保障供应链经济性和安全性的方式。

综上所述，本书提供了有关采购管理和决策的重要见解，可帮助企业提高科学决策能力、解决动机冲突，并从机制设计的角度保障供应链的经济性和安全性。

6.2　进一步研究展望

尽管本书融合了采购合同设计理论和稳健机制设计理论，研究买方企业如何基于有限成本信息进行采购机制设计，从而实现供应链经济性和安全性相结合、提升我国供应链现代化水平，但无论是在理论上还是在方法上仍然存在一些不足之处，这将成为未来研究进一步努力的方向。

（1）只考虑了单边有限信息，而现实中的信息结构更接近双边有限信息。在现实生活中，供应链的上下游往往都不知道市场环境概率分布的确切信息，也就是说，双方都面临有限信息的情况。例如，在制定一款新车的销售合同时，制造商和经销商很可能都不知道需求分布的完全信息。如何在合同双方都不知道市场环境概率分布的情况下设计供应链合同，现有研究关注较少。未来研究可以聚焦双边有限信息这一更加现实的信息结构，从信息结构上进一步拓展现有的采购机制设计研究。

（2）只考虑了由采购方设计机制（提出合同）的情形，而现实中也可能出现供应商提出合同的情况。在采购管理情境中，买卖双方都可能拥有足够的话语权来提出合同。尽管在现有的研究中有涉及基于逆向选择模型的不对称信息下的采购机制设计，如由不拥有信息一方提出合同（信息甄别）或由拥有信息一方提出合同（信号发送），但对比这两种决策方式并揭示它们对合同设计的影响的研究还比较缺乏。在稳健机制设计研究中，尚无文献研究不同决策方式对稳健机制设计的影响。因此，在更符合现实的双边有限信息下，揭示决策情境对稳健机制设计的影响并提供实证证据，能够对现有不对称信息下的采购机制设计研究和稳健机制设计研究形成有力补充。

（3）只考虑了单阶段的机制设计问题，但采购实践中买方企业可能会要求上游供应商进行技术降本，从而带来多阶段、多动机冲突的机制设计问题。目前尚无文献在双边有限信息下考虑存在道德风险和逆向选择时的稳健机制设计。因此，如何在双边有限信息下设计稳健最优合同来协调道德风险和逆向选择这两种可能出现的动机冲突，现有研究还没有提供答案。例如，如何在双边有限信息下设计稳健最优采购机制，使得买方既能激励供应商努力降低成本又能甄别供应商私有信息？对这一问题的回答将实现双边有限信息下采购机制设计从单阶段、多动机冲突协调向多阶段、多动机冲突协调的研究拓展。

此外，无论是在经济学还是在运营管理领域，关于采购管理决策优化和稳健机制设计的研究普遍缺乏实证证据,不少学者开始质疑:理论分析得到的最优策略和最优机制在现实中是否会被选择,是否能够有效协调买卖双方的动机冲突?未来的研究可以通过行为实验、问卷调查或二手数据分析等方法对此进行创新性的探索,提供实证证据。

参考文献

［1］ Alsugair, A. M. 1999. Framework for evaluating bids of construction contractors. Journal of Management in Engineering, 15 (2): 72-78.

［2］ Anderson, E. J., Nash, P. 1987. Linear programming in infinite-Dimensional spaces: Theory and applications. Chichester, UK: John Wiley and Sons.

［3］ Asker, J., E. Cantillon. 2010. Procurement when price and quality matter. RAND Journal of Economics, 41 (1): 1-34.

［4］ Atan, Z., Ahmadi, T., Stegehuis, C., de Kok, T., Adan, I. 2017. Assemble-to-order systems: A review. European Journal of Operational Research, 261 (3): 866-879.

［5］ Atasu, A., Souza, G. C. 2013. How does product recovery affect quality choice? Production and Operations Management, 22 (4): 991-1010.

［6］ Babich, V., Li, H., Ritchken, P., Wang, Y. 2012. Contracting with asymmetric demand information in supply chains. European Journal of Operational Research, 217 (2): 333-341.

［7］ Bagnoli, M., T. Bergstrom. 2005. Log-concave probability and its applications. Economic Theory, 26 (2): 445-469.

［8］ Bajari, P., R. McMillan, S. Tadelis. 2009. Auctions versus negotiations in procurement: An empirical analysis. Journal of Law, Economics, and Organization, 25 (2): 372-399.

[9] Barlow, R. E., A. W. Marshall, F. Proschan. 1963. Properties of probability distributions with monotone hazard rate. The Annals of Mathematical Statistics, 34 (2): 375-389.

[10] Baron, D., Myerson, R. 1982. Regulating a monopolist with unknown costs. Econometrica, 50 (4): 911-930.

[11] Baron, D. P., Besanko, D. 1992. Information, control, and organizational structure. Journal of Economics & Management Strategy, 1 (2): 237-275.

[12] Beckmann, M. 2004. Art auctions and bidding rings: Empirical evidence from German auction data. Journal of Cultural Economics, 28 (2): 125-141.

[13] Beil, D. R., Wein, L. M. 2003. An inverse − optimization − based auction mechanism to support a multiattribute RFQ process. Management Science, 49 (11): 1529-1545.

[14] Beil, D. R. 2010. Supplier selection. in J. J. Cochran, ed., Wiley Encyclopedia of Operations Research and Management Science. Wiley Online Library.

[15] Bergemann, D., and Schlag, K. H. 2008. Pricing without priors. Journal of the European Economic Association, 6 (2-3): 560-569.

[16] Bergemann, D., Morris, S. 2005. Robust mechanism design. Econometrica, 73 (6): 1771-1813.

[17] Bertsimas, D., Sim, M. 2004. The price of robustness. Operations Research, 52 (1): 35-53.

[18] Bhatia, R., Davis, C. 2000. A better bound on the variance. American Mathematical Monthly, 107 (4): 353-357.

[19] Branco, F. 1997. The design of multidimensional auctions. RAND Journal of Economics, 28 (1): 63-81.

[20] Cachon, G. P. , M. A. Lariviere. 2001. Contracting to assure supply: How to share demand forecasts in a supply chain. Management Science, 47 (5): 629-646.

[21] Cachon, G. P. , Zhang, F. 2006. Procuring fast delivery: Sole sourcing with information asymmetry. Management Science, 52 (6): 881-896.

[22] Carrasco, V. , Luz, V. , Monteiro, P. K. , Moreira, H. 2019. Robust mechanisms: The curvature case. Economic Theory, 68: 203-222.

[23] Carrasco, V. , Luz, V. F. , Kos, N. , Messner, M. , Monteiro, P. , Moreira, H. 2018a. Optimal selling mechanisms under moment conditions. Journal of Economic Theory, 177: 245-279.

[24] Carroll, G. 2015. Robustness and linear contracts. American Economic Review, 105 (2): 536-563.

[25] Carroll, G. 2017. Robustness and separation in multidimensional screening. Econometrica, 85 (2): 453-488.

[26] Chai, J. , J. N. K Liu, E. W. T Ngai. 2013. Application of decision-making techniques in supplier selection: A systematic review of literature. Expert Systems with Applications, 40 (10): 3872-3885.

[27] Chatterjee, K. , W. Samuelson. 1983. Bargaining under incomplete information. Operations Research, 31 (5): 835-851.

[28] Chaturvedi, A. , Martínez-de-Albéniz, V. 2011. Optimal procurement design in the presence of supply risk. Manufacturing & Service Operations Management, 13 (2): 227-243.

[29] Che, Y. K. 1993. Design competition through multidimensional auctions. RAND Journal of Economics, 24 (4): 668-680.

[30] Chen, J. , Xu, L. , Whinston, A. 2010. Managing project failure risk through contingent contracts in procurement auctions. Decision Analysis, 7 (1): 23-39.

［31］ Chen, Y. J. 2011. Structured methodology for supplier selection and evaluation in a supply chain. Information Sciences, 181 (9): 1651-1670.

［32］ Chen - Ritzo, C. H. , T. P. Harrison, A. M. Kwasnica, D. J. Thomas. 2005. Better, faster, cheaper an experimental analysis of a multiattribute reverse auction mechanism with restricted infor - mation feedback. Management Science, 51 (12): 1753-1762.

［33］ Cho, I. K. 1990. Uncertainty and delay in bargaining. Review of Economic Studies, 57 (4): 575-595.

［34］ Chu, L. Y. , Sappington, D. 2015. Contracting with private knowledge of production capacity. Journal of Economics & Management Strategy, 24 (4): 752- 785.

［35］ Colucci, D. , N. Doni, V. Valori. 2012. Preferential treatment in procurement auctions through information revelation. Economics Letters, 117 (3): 883-886.

［36］ Corato, L. D. , Dosi, C. , Moretto, M. 2018. Multidimensional auctions for long-term procurement contracts with early-exit options: The case of conservation contracts. European Journal of Operational Research, 267 (1): 368-380.

［37］ Corbett, C. J. , Zhou, D. , Tang, C. S. 2004. Designing supply contracts: Contract type and information asymmetry. Management Science, 50 (4): 550-559.

［38］ Cramton, P. C. 1984. Bargaining with incomplete information: An infinite-horizon model with two-sided uncertainty. Review of Economic Studies, 51 (4): 579- 593.

［39］ Cramton, P. C. 1991. Dynamic bargaining with transaction costs. Management Science, 37 (10): 1221-1233.

［40］ Cramton, P. C. 1992. Strategic delay in bargaining with two-sided uncertainty. Review of Economic Studies, 59 (1): 205-225.

［41］ Crespi, J. M. , R. J. Sexton. 2004. Bidding for cattle in the texas panhandle. American Journal of Agricultural Economics, 86 (3): 660-674.

[42] Dana Jr, J. D. 1993. The organization and scope of agents: Regulating multiproduct industries. Journal of Economic Theory, 59 (2): 288-310.

[43] Dastidar, K. G. 2014. Scoring auctions. Studies in Microeconomics, 2 (1): 35-48.

[44] Davis, A., Hu, B., Hyndman, K., Qi, A. 2021. Procurement for assembly under asymmetric information: Theory and evidence. Working Paper.

[45] De Koster, R., M. F. Yu. 2008. Minimizing makespan and throughput times at aalsmeer flower auction. Journal of the Operational Research Society, 59 (9): 1182-1190.

[46] DHL 2019. 2019 Prices and products for shipping worldwide. Accessed 23 November. https://www.dhl.de/en/privatkunden/pakete-versenden/weltweit-versenden/preise-international.html#express-shipping.

[47] Elmaghraby, W., S. S. Oren. 1999. The efficiency of multi-unit electricity auctions. The Energy Journal, 20 (4): 89-116.

[48] Elmaghraby, W. J. 2000. Supply contract competition and sourcing policies. Manufacturing & Service Operations Management, 2 (4): 350-371.

[49] Emiliani, M. L., D. J. Stec. 2001. Online reverse auction purchasing contracts. Supply Chain Management: An International Journal, 6 (3): 101-105.

[50] Engelbrecht-Wiggans, R., Haruvy, E., Katok, E. 2007. A comparison of buyer-determined and price-based multiattribute mechanisms. Marketing Science, 26 (5): 629-641.

[51] Fabra, N., N. Fehr, D. Harbord. 2006. Designing electricity auctions. RAND Journal of Economics, 37 (1): 23-46.

[52] Fang, X., Ru, J., Wang, Y. 2014. Optimal procurement design of an assembly supply chain with information asymmetry. Production & Operations Manage-

ment, 23 (12): 2075-2088.

[53] Farooq, M. A., Kirchain, R., Novoa, H., Araujo, A. 2017. Cost of quality: Evaluating cost-quality trade-offs for inspection strategies of manufacturing processes. International Journal of Production Economics, 188: 156-166.

[54] Feng, Q., G. M. Lai, L. X. Lu. 2014. Dynamic bargaining in a supply chain with asymmetric demand information. Management Science, Forthcoming.

[55] Feng, Q., Lai, G., Lu, L. X. 2015. Dynamic bargaining in a supply chain with asymmetric demand information. Management Science, 61 (2): 301-315.

[56] Feng, Q., L. X. Lu. 2012. The strategic perils of low cost outsourcing. Management Science, 58 (6): 1196-1210.

[57] Fudenberg, D., J. Tirole. 1983. Sequential bargaining with incomplete information. The Review of Economic Studies, 50 (2): 221-247.

[58] Fudenberg, D., J. Tirole. 1991. Game theory. MIT Press.

[59] Gal-Or, A. D. 2007. Optimal information revelation in procurement schemes. RAND Journal of Economics, 38 (2): 400-418.

[60] Gallego, G., Moon, I. 1993. The distribution free newsboy problem: Review and extensions. Journal of the Operational Research Society, 44 (8): 825-834.

[61] Garrett, D. 2014. Robustness of simple menus of contracts in cost-based procurement. Games & Economic Behavior, 87 (40): 631-641.

[62] Gilbert, R. J., Riordan, M. H. 1995. Regulating complementary products: A comparative institutional analysis. RAND Journal of Economics, 26 (2): 243-256.

[63] Granot, D., Yin, S. 2008. Competition and cooperation in decentralized push and pull assembly systems. Management Science, 54 (4): 733-747.

[64] Gretschko, V., Wambach, A. 2016. Procurement under public scrutiny: Auctions versus negotiations. RAND Journal of Economics, 47 (4): 914-934.

[65] Grossman, S. J., M. Perry. 1986. Sequential bargaining under asymmetric

information. Journal of Economic Theory, 39 (1): 120-154.

[66] Gupta, D. , E. Snir, Y. Chen. 2014. Contractors' and agency decisions and policy implications in A + B bidding. Production and Operations Management doi: 10. 1111/poms. 12217.

[67] Gupta, D. , Snir, E. , Chen, Y. 2015. Contractors' and agency decisions and policy implications in A+B bidding. Production & Operations Management, 24 (1): 159-177.

[68] Gurnani, H. , M. Shi. 2006. A bargaining model for a first-time interaction under asymmetric beliefs of supply reliability. Management Science, 52 (6): 865 - 880.

[69] Gwebu, K. L. , Hu, M. Y. , Shanker, M. S. 2012. An experimental investigation into the effects of information revelation in multi - attribute reverse auctions. Behaviour & Information Technology, 31 (6): 631-644.

[70] Gümüş, M. , Ray, S. , Gurnani, H. B. 2002. Supply side story: Risks, guarantees, competition and information asymmetry. Management Science, 58 (9): 1694-1714.

[71] Ha, A. Y. 2001. Supplier - buyer contracting: Asymmetric cost information and cutoff level policy for buyer participation. Naval Research Logistics, 48 (1): 41-64.

[72] Hartley, J. L. , M. D. Lane, E. A. Duplaga. 2006. Exploring the barriers to the adoption of e-auctions for sourcing. International Journal of Operations & 3 Production Management, 26 (2): 202-221.

[73] Haruvy, E. , Katok, E. 2013. Increasing revenue by decreasing information in procurement auctions. Production and Operations Management, 22 (1): 19-35.

[74] Hatami-Marbini, A. , A. Emrouznejad, M. Tavana. 2011. A taxonomy and review of the fuzzy data envelopment analysis literature: Two decades in the making. European Journal of Operational Research, 214 (3): 457-472.

［75］ Hendricks, K. , J. Pinkse, R. H. Porter. 2003. Empirical implications of equilibrium bidding in first-price, symmetric, common value auctions. The Review of Economic Studies, 70 (1): 115-145.

［76］ Ho, W. , Xu, X. , Dey, P. K. 2010. Multi-criteria decision making approaches for supplier evaluation and selection: A literature review. European Journal of Operational Research, 202 (1): 16-24.

［77］ Ho, W. , X. Xu, P. K. Dey. 2010. Multi-criteria decision making approaches for supplier evaluation and selection: A literature review. European Journal of Operational Research, 202 (1): 16-24.

［78］ Holt, G. D. , P. O. Olomolaiye, F. C. Harris. 1994. Factors influencing U. K. construction clients' choice of contractor. Building and Environment, 29 (2): 241-248.

［79］ Holt, G. D. 2010. Contractor selection innovation: Examination of two decades' published research. Construction Innovation, 10 (3): 304-328.

［80］ Hu, B. , Qi, A. 2018. Optimal procurement mechanisms for assembly. Manufacturing & Service Operations Management, 20 (4): 655-666.

［81］ Inderst, R. 2003. Alternating-offer bargaining over menus under incomplete information. Economic Theory, 22 (2): 419-429.

［82］ Iyer, V. A. , Schwarz, B. L. , Zenios, A. S. 2005. A principal - agent model for product specification and production. Management Science, 51 (1): 106-119.

［83］ Jap, S. D. 2002. Online reverse auctions: Issues, themes, and prospects for the future. Journal of the Academy of Marketing Science, 30 (4): 506-525.

［84］ Jap, S. D. 2003. An exploratory study of the introduction of online reverse auctions. Journal of Marketing, 67 (3): 96-107.

［85］ Kalkancı, B. , Erhun, F. 2012. Pricing games and impact of private demand information in decentralized assembly systems. Operations Research, 60 (5): 1142-1156.

[86] Kannan, V. R. , K. C. Tan. 2002. Supplier selection and assessment: Their impact on business performance. Journal of Supply Chain Management, 38 (3): 11-21.

[87] Kennan, J. , R. Wilson. 1993. Bargaining with private information. Journal of Economic Literature, 31 (1): 45-104.

[88] Kong, G. , Rajagopalan, S. , Zhang, H. 2013. Revenue sharing and information leakage in a supply chain. Management Science, 59 (3): 556-572.

[89] Kostamis, D. , D. R. Beil, I. Duenyas. 2009. Total – cost procurement auctions: Impact of suppliers' cost adjustments on auction format choice. Management Science, 55 (12): 1985-1999.

[90] Labib, A. W. 2011. A supplier selection model: A comparison of fuzzy logic and the analytic erarchy process. International Journal of Production Research, 49 (21): 6287-6299.

[91] Laffont, J. J. , Martimort, D. 2009. The theory of incentives: The principal-agent model. Princeton, NJ: Princeton University Press.

[92] Lambert, D. M. , R. J. Adams, M. A. Emmelhainz. 1997. Supplier selection criteria in the healthcare industry: A comparison of importance and performace. International Journal of Purchasing and Materials Management, 33 (4): 16-22.

[93] Lariviere, M. A. , and Porteus, E. L. 2001. Selling to the newsvendor: An analysis of price – only contracts. Manufacturing & Service Operations Management, 3 (4): 293-305.

[94] Li, C. , Debo, L. G. 2009. Second sourcing vs. sole sourcing with capacity investment and asymmetric information. Manufacturing & Service Operations Manage-

ment, 11 (3): 448-470.

[95] Li, C. , G. Tesauro. 2003. A strategic decision model for multi-attribute bilateral negotiation with alternating. Proceedings of the 4th ACM Conference on Electronic Commerce, 208-209.

[96] Li, Z. , Ryan, J. , Shao, L. , Sun, D. 2019. Incentive-compatible in dominant strategies mechanism design for an assembler under asymmetric information. Production & Operations Management, 28 (2): 479-496.

[97] Lin, R. H. , C. L Chuang, J. H. Liou, G. D Wu. 2009. An integrated method for finding key suppliers in scm. Expert Systems with Applications, 36 (3): 6461-6465.

[98] Lockstrom, M. , Schadel, J. , Moser, R. , Harrison, N. 2011. Domestic supplier integration in the Chinese automotive industry: The buyer's perspective. Journal of Supply Chain Management, 47 (4): 44-63.

[99] Louargand, M. A. , J. R. McDaniel. 1991. Price efficiency in the art auction market. Journal of Cultural Economics, 15 (2): 53-65.

[100] Lutze, H. , Özer, Ö. 2008. Promised lead time contracts under asymmetric information. Operations Research, 56 (4): 898-915.

[101] López-Cuñat, J. M. 2000. Adverse selection under ignorance. Economic Theory, 16 (2): 379-399.

[102] MacIsaac, S. 2011. Procurement challenges: When bidding is (sort of) closed. Purchasing B2B 15 September, Accessed 15 April 2019. https://www. purchasingb2b. ca/1-purchasingb2b/procurement-challenges-when-bidding-is-sort-of-closed/.

[103] Martínez-De-Albéniz, V. , Simchi-Levi, D. 2010. A portfolio approach to procurement contracts. Production & Operations Management, 14 (1): 90-114.

[104] Mentzer, J. T. , M. B. Myers, T. P. Stank. 2006. Handbook of global sup-

参考文献

ply chain management. Sage Publications.

[105] Milgrom, P. R., R. J. Weber. 1982. A theory of auctions and competitive bidding. Econometrica, 50 (5): 1089−1122.

[106] Mirrlees, J. A. 1974. A note on welfare economics, information and uncertainty. In M. Balch, D. McFadden, S. Wu (eds.). Essays in equilibrium behavior under uncertainty. North−Holland, Amsterdam.

[107] Monczka, R. M., R. B. Handfield, L. Giunipero, J. L. Patterson. 2009. Purchasing and supply chain management. 4th. South−Western Cengage Learning, Mason, Ohio.

[108] Nagarajan, M., Y. Bassok. 2008. A bargaining framework in supply chains: Theassembly problem. Management Science, 54 (8): 1482−1496.

[109] Nash, J. F. 1950. The bargaining problem. Econometrica, 18 (2): 155−162.

[110] Neo, B. S. 1992. The implementation of an electronic market for pig trading in Singapore. Journal of Strategic Information Systems, 1 (5): 278−288.

[111] Ng, W. L. 2008. An efficient and simple model for multiple criteria supplier selection problem. European Journal of Operational Research, 186 (3): 1059−1067.

[112] Papakonstantinou, A., Bogetoft, P. 2017. Multi − dimensional procurement auction under uncertain and asymmetric information. European Journal of Operational Research, 258 (3): 1171−1180.

[113] Parkes, D., J. Kalagnanam. 2005. Models for iterative multiattribute procurement auctions. Management Science, 51 (3): 435−451.

[114] Pham, L., Teich, J., Wallenius, H., Wallenius, J. 2015. Multi−attribute online reverse auctions: Recent research trends. European Journal of Operational Research, 242 (1): 1−9.

· 179 ·

［115］ Pinker, E. J. , A. Seidmann, Y. Vakrat. 2003. Managing online auctions：Current business and research issues. Management Science, 49（11）：1457-1484.

［116］Pishvaee, M. S. , Rabbani, M. , Torabi, S. A. 2011. A robust optimization approach to closed-loop supply chain network design under uncertainty. Applied Mathematical Modelling, 35（2）：637-649.

［117］ Porter, R. H. 1992. The role of information in U. S. offshore oil and gas lease auctions. NEER Working Paper No. 4185.

［118］ Pull, L. , Bäker, H. , Bäker, A. 2013. The ambivalent role of idiosyncratic risk in asymmetric tournaments. Theoretical Economics Letters, 3（3）：16-22.

［119］ Pınar, M. Ç. , Kızılkale, C. 2017. Robust screening under ambiguity. Mathematical Programming, 163（1-2）：273-299.

［120］ Qiu, R. , Shang, J. , Huang, X. 2014. Robust inventory decision under distribution uncertainty：A CVaR-based optimization approach. International Journal of Production Economics, 153：13-23.

［121］ Rezaei, J. , M. Davoodi. 2012. A joint pricing, lot-sizing, and supplier selection model. International Journal of Production Research, 50（16）：4524-4542.

［122］ Rezende, L. 2009. Biased procurement auctions. Economic Theory, 38（1）：169-185.

［123］ Rocha, J. M. D. , de Frutos, M. A. 1999. A note on the optimal structure of production. Journal of Economic Theory, 89（2）：234-246.

［124］ Rothkopf, M. H. 1969. A model of rational competitive bidding. Management Science, 15（7）：362-373.

［125］ Roy, B. 2010. Robustness in operational research and decision aiding：A multi-faceted issue. European Journal of Operational Research, 200（3）：629-638.

［126］ Rubinstein, A. 1982. Perfect equilibrium in a bargaining model. Econometrica, 50（1）：97-109.

［127］ Samuelson, W. 1980. First - offer bargains. Management Science, 26 (2): 155-164.

［128］ Santamaría, N. 2015. An analysis of scoring and buyer - determined procurement auctions. Production and Operations Management, 24 (1): 147-158.

［129］ Scarf, H. 1958. A min-max solution of an inventory problem. In Studies in the mathematical theory of inventory and production. Stanford, CA: Stanford University Press.

［130］ Schiffauerova, A., Thomson, V. 2006. A review of research on cost of quality models and best practices. International Journal of Quality & Reliability Management, 23 (6): 647-669.

［131］ Sen, A. 2000. Multidimensional bargaining under asymmetric information. International Economic Review, 41 (2): 425-450.

［132］ Sobel, J., I. Takahashi. 1983. A multistage model of bargaining. The Review of Economic Studies, 50 (3): 411-426.

［133］ Spence, A. M. 1974. Market signaling: Information transfer in hiring and related screening processes. Cambridge, M A: Harvard University Press.

［134］ Spulber, D. F. 1995. Bertrand competition when rivals' costs are unknown. The Journal of Indus-trial Economics, 43 (1): 1-11.

［135］ Stoll, T., Zöttl, G. 2017. Transparency in buyer - determined auctions: Should quality be private or public? Production and Operations Management, 26 (11): 2006-2032.

［136］ Strand, I., P. Ramada, E. Canton. 2011. Public procurement in Europe: Cost and effectiveness. http://ec. europa. eu/internal_market/publicprocurement/docs/modernising_rules/cost-effectiveness_en. pdf.

［137］ Strecker, S. 2010. Information revelation in multiattribute english auctions: A laboratory study. Decision Support Systems, 49 (3): 272-280.

[138] Suppliers, B. 2019. Our procurement practices. Accessed 18 April. http: // www. boeingsuppliers. com/become. html.

[139] Sutton, J. 1986. Non-cooperative bargaining theory: An introduction. The Review of Economic Studies, 53 (5): 709-724.

[140] Tunca, T. I. , D. J. Wu, F. Zhong. 2014. An empirical analysis of price, quality, and incumbency in procurement auctions. Manufacturing & Service Operations Management, 16 (3): 346-364.

[141] Van der Rhee, B. , R. Verma, G. Plaschka. 2009. Understanding trade-offs in the supplier selection process: The role of flexibility, delivery, and value-added services/support. International Journal of Production Economics, 120 (1): 30-41.

[142] Vinodh, S. , Ramiya R. A. , Gautham. 2011. Application of fuzzy analytic network process for Supplier Selection in S. G. a manufacturing organisation. Expert Systems with Applications, 38 (4): 272-280.

[143] Voros, J. 2019. An analysis of the dynamic price - quality relationship. European Journal of Operational Research, 277 (3): 1037-1045.

[144] Waara, F. , J. Brochner. 2006. Price and nonprice criteria for contractor selection. Journal of Construction Engineering and Management, 132 (8): 797-804.

[145] Wang, G. H. 1998. Bargaining over a menu of wage contracts. The Review of Economic Studies, 65 (2): 295-305.

[146] Wang, T. Y. , Y. H. Yang. 2009. A fuzzy model for supplier selection in quantity discountenviron-ments. Expert Systems with Applications, 36 (10): 12179-12187.

[147] Watt, D. J. , B. Kayis, K. Willey. 2009. Identifying key factors in the evaluation of tenders for projects and services. International Journal of Project Management, 27 (3): 250-260.

[148] Weber, C. A. , J. R. Current, W. C. Benton. 1991. Vendor selection cri-

teria and methods. European Journal of Operational Research, 50 (1): 2-18.

[149] Wei, C., Li, Y., Cai, X. 2011. Robust optimal policies of production and inventory with uncertain returns and demand. International Journal of Production Economics, 134 (2): 357-367.

[150] Wilson, R. 1987. Game-theoretic analysis of trading processes. In: T. Bewley (eds.). Advances in economic theory: Fifth world congress. Cambridge: Cambridge University Press, 33-70.

[151] Yang, Z., Aydin, G., Babich, V., Beil, D. R. 2012. Dual-sourcing option under asymmetric information about supplier reliability. Manufacturing & Service Operations Management, 14 (2): 202-217.

[152] Yang, Z., Aydın, G., Babich, V., Beil, D. R. 2009. Supply disruptions, asymmetric information, and a backup production option. Management Science, 55 (2): 192-209.

[153] Yao, Z. 2012. Bargaining over incentive contracts. Journal of Mathematical Economics, 48 (2): 98-106.

[154] Yeh, W. C., M. C. Chuang. 2011. Using multi-objective genetic algorithm for partner selection in green supply chain problems. Expert Systems with Applications, 38 (4): 4244-4253.

[155] Zhang, H., Kong, G., Rajagopalan, S. 2018. Contract design by service providers with private effort. Management Science, 64 (6): 2672-2689.

[156] Çakanyıldırım, M., Feng, Q., Gan, X., Sethi, S. P. 2012. Contracting and coordination under asymmetric production cost information. Production & Operations Management, 21 (2): 345-360.

[157] Özer, Ö., Wei, W. 2006. Strategic commitments for an optimal capacity decision under asymmetric forecast information. Management Science, 52 (8): 1238-1257.

［158］丁黎黎，康旺霖，刘新民．2015. 基于买方偏好揭示的多属性拍卖模型及投标策略．系统工程，33（2）：87-93.

［159］洪宗友，汪定伟．2014. 多属性招标拍卖中买卖双方的最优策略研究．系统工程学报，29（4）：458-467.

［160］李春发，朱丽，徐伟．2012. 基于数量弹性契约的供应链鲁棒运作模型．天津理工大学学报，28（2）：78-82.

［161］孙亚辉，冯玉强．2010. 多属性密封拍卖模型及最优投标策略．系统工程理论与实践，30（7）：1185-1189.

［162］王新辉，汪贤裕，苏应生．2013. 双边成本信息不对称的供应链协调机制．管理工程学报，27（4）：196-204.

［163］徐家旺，黄小原．2006. 市场供求不确定供应链的多目标鲁棒运作模型．系统工程理论与实践，26（6）：35-40.

［164］姚升保．2010. 卖方边际成本可变的多物品多属性逆向拍卖研究．中国管理科学，18（1）：113-119.

［165］曾宪科，冯玉强．2012. 基于非对称投标人的反向多属性英式拍卖模型与最优投标策略．系统工程理论与实践，32（4）：769-775.

［166］赵霞，曹宝明，窦建平．2017. 需求和原料价格不确定下农产品供应链网络鲁棒优化设计．管理工程学报，31（4）：178-185.

［167］中国石油集团．2017 国际石油公司降本增效启示．http：//news. cnpc. com. cn/system/2017/12/19/001672549. shtml.

附　录

附录 1　不对称信息下的供应链契约设计研究综述

尽管供应链中各企业都试图通过决策优化提高运营效率，但是决策优化的目标大多聚焦企业自身利益而非供应链整体绩效。供应链契约（又称供应链合同）作为协调供应链的主要机制之一，通过向供应链企业提供适当的激励措施以达到协调动机冲突、提升运作效率、降低风险的目的（黄河等，2015；蔡建湖等，2023；Li 等，2023；Turcic 等，2024）。

委托代理理论将代理人的私有信息分成两类：一类是代理人可以采取委托人观察不到的行动（hidden action）；另一类是代理人知道自己的效用函数的某些信息而委托人并不知道（hidden information）（Laffont 和 Martimort，2009）。前者带来的动机冲突被称为道德风险（moral hazard），后者带来的动机冲突被称为逆向选择（adverse selection）。针对这两类私有信息，尽管契约设计的方法都是基于委托—代理模型，但由于前者激励的是期望的行动（如努力程度）而后者激励的是讲真话（truth-telling），因此针对道德风险和逆向选择情境的激励相容（incentive compatibility）约束是不同的。在运营管理领域，有很多学者基于委托—代理模型研究了不对称信息下的供应链契约设计问题，综述如下：

1.1　基于逆向选择模型的供应链契约设计研究

在基于逆向选择模型的供应链契约设计研究中，大多数学者考虑单边私有信息，研究不拥有信息的一方如何通过供应链契约来甄别拥有信息一方的私有信息（即：信息甄别），或者拥有信息的一方如何将供应链契约作为信号将私有信息发送给不拥有信息一方（即信号发送），从而实现信息共享，协调供应链（Gupta等，2015；Hu 和 Qi，2018；王竟竟，2022；Li 等，2023）。

在供应链下游，私有信息一般关于市场需求或价格。在销售情境中，一些学者假设由不拥有信息的上游企业提出契约，即信息甄别，研究上游企业如何通过契约菜单甄别下游企业的私有信息（Cachon 和 Zhang，2006；Lutze 和 Özer，2008；Li 和 Debo，2009；Li 等，2023；Shamir 和 Yehezkel，2023）。也有一些学者假设由拥有信息的下游企业提出契约，即信号发送，研究下游私有的需求信息如何能够通过契约分享给供应链其他成员（Özer 和 Wei，2006；Chen 和 Özer，2019；Hu 等，2024）。在供应链上游，私有信息一般关于生产成本或质量。现有文献研究了在采购情境中买方企业如何通过采购契约甄别供应商的私有信息（应珊珊和蒋传海，2018；Li 等，2019）。

考虑供应链上下游各自拥有私有信息（即双边私有信息）的逆向选择模型相对较少，主要集中在多阶段采购情境中，包括动态谈判下的供应链契约设计（Feng 等，2015；Li 和 Lai，2023）、双边信息不对称下的供应链协调机制（王新辉等，2013），以及多阶段采购中的供应链协调机制（Hu 和 Qi，2018；Davis 等，2022）。

1.2　基于道德风险模型的供应链契约设计研究

在基于道德风险模型的供应链契约设计研究中，供应链中一方（代理人）

对契约缔结后的自身行为比另一方（委托人）拥有更多的信息，因此委托人需要通过供应链契约来激励代理人产生期望的行为，从而达到提高双方收益、协调供应链的目的。与基于逆向选择模型的研究类似，基于道德风险模型的供应链契约设计研究大多考虑单边私有信息（Dawande 等，2019；Dai 等，2021；刘亮和李斧头，2022；蔡建湖等，2023），也有一些考虑双边私有信息（任廷海等，2019；Dai 和 Jerath，2019；Zhang 等，2021）。

在运营管理领域，道德风险模型的经典应用是销售情境中的激励问题：销售人员的努力可以影响市场需求（也被称为努力依赖型需求），但制造商无法观察和监测到下游的销售活动，从而形成供应链下游（关于自身努力）的私有信息。在单一维度私有信息的情境中，Dai 和 Chao（2013）分析了一个风险中性公司和多个风险厌恶销售代理之间的销售激励和库存问题，其中代理商拥有关于个人风险态度的信息。在更复杂的销售情境中，Dai 和 Jerath（2016）考虑了一个存在需求审查（demand censoring）的销售激励情境，发现具有 IFR 属性的需求分布存在均衡最优契约，即配额—奖金（quota-bonus）契约。Dai 等（2021）也在"需求审查"的假设下，研究了委托人如何通过薪酬契约来激励代理人在营销和运营活动中投入努力。

采购情境下的契约设计问题也可能涉及道德风险：供应商可以通过努力来降低成本（即努力依赖型成本），但制造商无法观察和监测到上游的生产/研发活动，从而形成供应商（关于自身努力）的私有信息。Dawande 等（2019）研究了外包情境中公司如何通过契约设计来激励承包商的工作效率。Fan 和 Chen（2020）发现设定保留价格的补偿合同能够有效缓解采购服务提供商的共谋行为，从而降低总服务费用。华连连等（2021）设计了"收益共享+品质投入成本共担"契约来激励乳制品厂商提高品质成本投入。蔡建湖等（2023）考虑了当疫苗制造商私有生产投入信息时，零售商如何通过补贴契约设计来防范制造商的道德风险。

在现有文献中，考虑双边私有信息的道德风险模型较少。关于销售情境中的契约设计，Dai 和 Jerath（2019）研究了企业私有库存决策信息而销售人员私有销售努力信息时的薪酬设计问题。关于采购情境中的契约设计，任廷海等（2019）考虑了在移动应用供应链中，如何激励 ERP 厂商提高售前服务水平、APP 厂商提高软件开发的努力投入来满足客户企业的产品质量与交付时间需求，并提出了双向成本分担与提前交付奖励的协调机制。值得指出的是，上述研究假设决策双方各自拥有关于自身行动的私有信息，但双方都知道行动与结果之间的确切关系。

1.3　考虑逆向选择和道德风险的供应链契约设计研究

同时考虑逆向选择和道德风险的供应链契约设计研究均聚焦于单边私有信息的情境，假设代理人拥有完全信息，且主要基于先有逆向选择、后有道德风险的模型。

针对销售情境中的努力依赖型需求，Chen（2005）考虑了一个先有逆向选择后有道德风险的报童模型，发现线性契约比非线性契约能够更好地激励零售商调整自身努力以适应市场环境。Xiao 和 Xiao（2020）建立了一个库存分配模型，先有逆向选择后有道德风险，发现使用一个 S 形的激励机制和基于预测的激励机制能够缓解供需不匹配带来的问题。张艳芬等（2023）研究了直播供应链中主播影响力和带货能力双重信息不对称下，品牌供应商的最优契约配置。

针对采购情境下的努力依赖型成本，Bolandifar 等（2014）考虑了对供应商成本结构和实际投入产能均不确定的制造商，通过建立先面临逆向选择、再面临道德风险问题的模型，证明了简单线性契约或两部收费制契约对制造商的吸引力。Çakıcı 和 Karaesmen（2024）关注了类似的问题，他们的结论是当卖方的预期产销比高于临界值时，代理人才向卖方投标。

只有少数学者关注双边私有信息下考虑逆向选择和道德风险的供应链契约设计。例如，程红等（2016）引入了虚拟第三方来研究制造商私有生产成本信息且销售商私有销售努力信息的逆向选择与道德风险共存的供应链协调问题，并提出了基于转移支付和交易量的事前契约。Cai 等（2023）研究了服装供应链中供应商私有需求信息且零售商私有促销努力信息的最优批发价契约。

附录 2　供应链契约鲁棒决策优化研究综述

随着鲁棒优化理论的发展，供应链鲁棒优化研究在求解算法改进、多阶段动态优化等方面取得了重要进展（Bertsimas 等，2019；Chen，Sim 和 Xiong，2020；Chen 和 Xiong，2024；Han 等，2023）。许多学者考虑供应链管理中的奈特不确定性，研究了与供应链契约有关的鲁棒决策优化问题，但大多数研究假设对称信息，不考虑由双方信息不对称所带来的动机冲突。例如，Fu 等（2018）考虑需求分布未知的情境，研究了利润分享契约下的鲁棒最优决策；类似地，邱若臻等（2023）在需求分布未知的情况下，研究了零售商、制造商和数据公司三方在利润共享契约下的鲁棒最优决策。Zhong 等（2023）考虑订单农业中农户与农企对需求、产出和价格分布的双边多重奈特不确定性，研究了三类常用供应链契约下的鲁棒最优决策。陈碎雷等（2023）在需求和产出分布都未知的情况下，分析了制造商和零售商之间回购契约和补偿契约的鲁棒最优决策。在不对称信息的情境下，Jiang 等（2011）考虑缺货替代和供应链上下游关于需求分布的不对称性，基于最小后悔鲁棒准则研究了鲁棒库存竞争策略。Wagner（2015）考虑供应商和零售商对需求分布的不对称信息，研究了批发价契约的鲁棒最优决策。赵磊和朱道立（2021）研究了当供应商履约率信息不对称时的鲁棒供应商选择和订单分配决策。

1.3.2　奈特不确定性下的稳健机制设计研究

近年来，随着全球经济环境的不确定性持续加深，稳健机制设计研究已成为机制设计研究的前沿和热点。Carroll（2019）对稳健机制设计研究进行了综述。

2022 年，经济学领域的九大核心期刊之一 *Journal of Economic Theory* 专门出版了一期关于不确定性、稳健性和模型偏差的专题论文集（*Symposium Issue on Ambiguity，Robustness，and Model Uncertainty*）。在运营管理领域，越来越多的学者开始考虑奈特不确定性下的稳健机制设计问题，将稳健机制设计理论应用到供应链管理研究中（Koçyiğit 等，2020；Yu 和 Kong，2020；Li 和 Kirshner，2021；Li 等，2022；Chen 等，2024）。考虑到最大—最小决策准则是目前稳健机制设计研究中应用最广泛的决策准则（Lu 和 Shen，2021），接下来的综述将聚焦基于最大—最小准则进行稳健机制设计的研究。

2.1　基于逆向选择模型的稳健机制设计研究

一些学者基于逆向选择模型考虑稳健机制设计问题，研究当委托人对代理人私有信息的分布只拥有部分信息的情况下如何基于最大—最小准则进行机制设计（Bergemann 和 Schlag，2008；Pınar 和 Kızılkale，2017；Koçyiğit 等，2020；Li 等，2022；Chen 等，2024）。基于逆向选择模型的稳健机制设计研究大多只考虑了单边奈特不确定性，即：委托人不知道关于代理人经济特征类型分布的完全信息，只知道分布的部分信息（如：分布的均值、方差、上限、下限等），而代理人拥有完全信息。一些学者考虑了销售机制设计。例如，Pınar 和 Kızılkale（2017）、Carrasco 等（2018，2019）基于最大—最小准则研究当卖方只知道买方价值的有限信息时，如何设计稳健最优的销售机制；Carroll（2017）考虑了多产品的定价问题，假设卖方知道买方价值的边际分布但不知道买方价值的联合分布。Chen 等（2024）研究当卖方不知道买方收入的概率分布时，如何设计稳健最优的销售机制从而甄别买方信息。也有一些学者研究采购机制设计。例如，Garrett（2014）考虑买方对卖方降低成本的偏好具有有限信息的情况，研究了最小化最高价格的采购契约设计。该研究只针对不可分割产品（indivisible goods）进行稳健定价机制设计，而 Li 等（2022）则考虑可分割产品（divisible goods）关于价格和订货量的稳健最优采购契约设计。

考虑双边奈特不确定性下逆向选择问题的稳健机制设计研究相对较少。Koçyiğit 等（2020）考虑了一个拍卖情境，其中拍卖方与多个竞标者只拥有关于拍卖品价值的有限信息，研究了最大—最小准则下卖家的稳健最优拍卖机制。Turcic 等（2024）考虑了一个采购情境，在需求双边奈特不确定性的情况下，研究汽车制造商如何通过稳健契约设计甄别零部件供应商的制造成本信息，实证结果显示该稳健契约机制能够显著改善宝马公司的绩效。

2.2　基于道德风险模型的稳健机制设计研究

也有一些学者基于道德风险模型研究稳健机制设计问题，关注当委托人对代理人行为结果的分布只拥有部分信息的情况下如何基于最大—最小准则进行机制设计（Carroll，2015；Carroll 和 Meng，2016；Li 和 Kirshner，2021；Yu 和 Kong，2020）。

基于道德风险模型的稳健机制设计研究大多也是考虑单边奈特不确定性，即：委托人不知道关于代理人行为结果分布的完全信息，只知道分布的部分信息，而代理人对其行为结果没有不确定性。在销售情境中，Yu 和 Kong（2020）考虑了一个销售激励问题，假设委托人对需求分布只掌握有限信息，而代理人可以通过努力来影响需求并拥有需求分布的确切信息，研究发现无论代理人是风险中立还是风险规避，稳健最优契约都是线性或分段线性的。类似地，Zhao 等（2024）也对此情境展开了研究，发现当销售单一产品时，供应商的最坏情况利润可以通过二分搜索找到，而在销售多个产品时，供应商的最坏情况利润可以通过切割平面算法找到；研究证实该稳健机制优于数据驱动方法。

在投资情境下，Miao 和 Rivera（2016）研究了委托人在仅掌握项目现金流的有限信息情况下，如何基于最大—最小准则通过现金储备、债务和股权来设计实现最优稳健契约。Carroll 和 Meng（2016）研究了投资人与企业家之间的激励机制设计问题，假设投资人无法观察到企业的现金流但企业家可以，且企业家可以根据现金流情况决定是否谋取私利；研究证明基于最大—最小准则的稳健最优契约是一种线性契约。Shen 等（2021）研究了一个奖励型众筹平台的激励机制设计问题，发现高效的创作者可以通过奖励价格和筹款目标来向支持者发送其成本效率信号，这将让创作者和支持者双双受益。

Li 和 Kirshner（2021）首次在基于道德风险模型的稳健机制设计研究中考虑双边奈特不确定性，假设在销售激励契约设计时企业和销售人员都面临需求的奈特不确定性，探究了稳健最优的销售契约。

2.3 考虑道德风险和逆向选择的稳健机制设计研究

Chassang（2013）是最早考虑既有道德风险又有逆向选择的稳健机制设计的研究。他考虑了一个动态投资契约设计问题，其中委托人聘请代理人代表其进行投资决策，委托人既面临逆向选择问题（代理人拥有关于投资回报的私有信息），也面临道德风险（代理人可通过获取信息来改进资产配置决策）；在此情境下设计了稳健最优的动态契约。费晨等（2020）在项目管理情境中研究了奈特不确定性下既有道德风险又有逆向选择的最优动态契约设计。值得指出的是，上述研究只考虑了（委托人面对的）单边奈特不确定性，而本课题考虑双边奈特不确定性，即：委托人和代理人都不知道市场环境的概率分布。

附录参考文献

[1] 蔡建湖，张玉洁，周青，等.2023.疫苗制造企业投入决策模型与供应链优化.管理科学学报，26（9）：141–158.

[2] 陈碎雷，薛巍立，申佳.2024.供给与需求不确定情形下的供应链回购契约与补偿契约比较.系统管理学报，1–26.

[3] 程红，汪贤裕，郭红梅，黄梅萍.2016.道德风险和逆向选择共存下的双

向激励契约．管理科学学报，19（12）：36-45.

[4] 费晨，余鹏，费为银，等．2020．奈特不确定下考虑逆向选择的最优动态契约设计．系统工程理论与实践，40（9）：2302-2313.

[5] 华连连，邓思捷，王建国，岳晓航．2021．考虑顾客效用和时变品质度的乳品供应链品质激励契约研究．中国管理科学，29（11）：146-157.

[6] 黄河，申笑宇，徐鸿雁．2015．存在内生供应风险和供应商流程改进的采购契约设计．管理科学学报，18（10）：38-55.

[7] 刘亮，李斧头．2022．考虑零售商风险规避的生鲜供应链区块链技术投资决策及协调．管理工程学报，36（1）：159-171.

[8] 邱若臻，吴旭，孙月，等．2023．不确定需求下考虑大数据投资决策的供应链鲁棒优化及协调模型．中国管理科学，31（1）：128-141.

[9] 任思远．2024．红海危机刺激下，海运反常旺季．第一财经 YiMagazine，https：//news. ifeng. com/c/8Xkd9T220zg.

[10] 任廷海，张旭梅，周茂森，但斌．2019．考虑交付质量和交付期约束的移动应用供应链决策与协调．系统工程理论与实践，39（3）：615-634.

[11] 田国强．2016．高级微观经济学．中国人民大学出版社．

[12] 王竞竞，许民利，邓亚玲．2022．信息不对称下闭环供应链定价及协调契约．系统工程学报，37（5）：617-631.

[13] 王文宾，赵学娟，张鹏，陆真晔，程明宝．2016．双重信息不对称下闭环供应链的激励机制研究．中国管理科学，24（10）：69-77.

[14] 王新辉，汪贤裕，苏应生．2013．双边成本信息不对称的供应链协调机制．管理工程学报，27（4）：196-204.

[15] 王志宏，张怡，郭剑锋，夏青．2017．双重信息非对称下供应链的商业信用契约．中国管理科学，25（9）：148-158.

[16] 应珊珊，蒋传海．2018．收入共享契约下价格歧视及配置效率分析．管理科学学报，21（10）：74-83.

［17］张艳芬，徐琪，孙中苗．2023．考虑主播带货努力与影响力的直播电商供应链激励契约研究．管理学报，20（2）：278-286.

［18］赵磊，朱道立．2021．考虑不确定履约率的全局鲁棒供应组合决策研究．管理工程学报，35（1）：117-125.

［19］Bergemann, D. , and Morris, S. 2005. Robust mechanism design. Econometrica, 73（6）: 1771-1813.

［20］Bergemann, D. , and Schlag, K. H. 2008. Pricing without priors. Journal of the European Economic Association, 6（2-3）: 560-569.

［21］Bertsimas, D. , and Sim, M. 2004. The price of robustness. Operations Research, 52（1）: 35-53.

［22］Bertsimas, D. , Sim, M. , and Zhang, M. 2019. Adaptive distributionally robust optimization. Management Science, 65（2）: 604-618.

［23］Bolandifar, E. , Feng, T. , and Zhang, F. 2014. Simple contracts to assure supply under noncontractible capacity and asymmetric cost information. Manufacturing & Services Operations Management, 20（2）: 217-231.

［24］Cachon, G. P. , and Kök, A. G. 2010. Competing manufacturers in a retail supply chain: On contractual form and coordination. Management Science, 56（3）: 571-589.

［25］Cachon, G. P. , and Lariviere, M. A. 2001. Contracting to assure supply: How to share demand forecasts in a supply chain. Management Science, 47（5）: 629-646.

［26］Cachon, G. P. , and Zhang, F. 2006. Procuring fast delivery: Sole sourcing with information asymmetry. Management Science, 52（6）: 881-896.

［27］Cai, J. , Sun, H. , Hu, X. , et al. 2023. How reverse information sharing supports pricing and sales effort decisions: Signaling game-based incentive mechanism design. Computers & Industrial Engineering, 177（January）: 108992.

[28] Çakıcı, Ö. E., and Karaesmen, I. 2024. When yield is not the only supply uncertainty: Newsvendor model of a trade agent. Manufacturing & Service Operations Management. doi: 10.1287/msom.2023.0190.

[29] Carrasco, V., Luz, V. F., Kos, N., Messner, M., Monteiro, P., and Moreira, H. 2018. Optimal selling mechanisms under moment conditions. Journal of Economic Theory, 177 (9): 245-279.

[30] Carrasco, V., Luz, V. F., Monteiro, P. K., and Moreira, H. 2019. Robust mechanisms: The curvature case. Economic Theory, 68 (1): 203-222.

[31] Carroll, G. 2015. Robustness and linear contracts. American Economics Review, 105 (2): 536-563.

[32] Carroll, G. 2017. Robustness and separation in multidimensional screening. Econometrica, 85 (2): 453-488.

[33] Carroll, G. 2019. Robustness in mechanism design and contracting. Annual Review of Economics, 11 (1): 139-166.

[34] Carroll, G., and Meng, D. 2016. Robust contracting with additive noise. Journal of Economic Theory, 166: 586-604.

[35] Chassang, S. 2013. Calibrated incentive contracts. Econometrica, 81 (5): 1935-1971.

[36] Chen, F. 2005. Salesforce incentives, market information, and production/inventory planning. Management Science, 51 (1): 60-75.

[37] Chen, Q., and Beil, D. R. 2022. Duenyas I. Procurement mechanisms with post-auction pre-award cost-reduction investigations. Operations Research, 70 (6): 3054-3075.

[38] Chen, Y., and Özer, Ö. 2019. Supply chain contracts that prevent information leakage. Management Science, 65 (12): 5619-5650.

[39] Chen, Z., and Xiong, P. 2024. RSOME in Python: An open-source pack-

age for robust stochastic optimization made easy. Journal on Computing, 35 (4): 717-724.

[40] Chen, Z., Hu, Z., and Wang, R. 2024. Screening with limited information: A dual perspective. Operations Research, doi: 10.1287/opre.2022.0016.

[41] Chen, Z., Melvyn, S., and Xiong, P. 2020. Robust stochastic optimization made easy with RSOME. Management Science, 66 (8): 3329-3339.

[42] Dai, T., and Jerath, K. 2013. Salesforce compensation with inventory considerations. Management Science, 59 (11): 2490-2501.

[43] Dai, T., and Jerath, K. 2016. Impact of inventory on quota-bonus contracts with rent sharing. Operations Research, 64 (1): 94-98.

[44] Dai, T., and Jerath, K. 2019. Salesforce contracting under uncertain demand and supply: Double moral hazard and optimality of smooth contracts. Marketing Science, 38 (5): 852-870.

[45] Dai, T., Ke, R., and Ryan, C. T. 2021. Incentive design for operations-marketing multitasking. Management Science, 67 (4): 2211-2230.

[46] Dai, Y. and Chao, X. 2013. Salesforce contract design and inventory planning with asymmetric risk-averse sales agents. Operations Research Letters, 41 (1): 86-91.

[47] Davis, A. M., Hu, B., Hyndman, K., et al. 2022. Procurement for assembly under asymmetric information: Theory and evidence. Management Science, 68 (4): 2694-2713.

[48] Dawande, M., Janakiraman, G., Qi, A., and Wu, Q. 2019. Optimal incentive contracts in project management. Production and Operations Management, 28 (6): 1431-1445.

[49] Fan, X., and Chen, Y. J. 2021. Contracts in a procurement supply chain with intermediation: Combating collusion in price competition. Naval Research Logistics, 68 (8): 1054-1069.

［50］ Fang, X. , Ru, J. , and Wang, Y. 2014. Optimal procurement design of an assembly supply chain with information asymmetry. Production & Operations Management, 23 (12): 2075-2088.

［51］ Feng, Q. , Lai, G. , and Lu, L. X. 2015. Dynamic bargaining in a supply chain with asymmetric demand information. Management Science, 61 (2): 301-315.

［52］ Fu, Q. , Sim, C. K. , and Teo, C. P. 2018. Profit sharing agreements in decentralized supply chains: A distributionally robust approach. Operations Research, 66 (2): 500-513.

［53］ Gallego, G. and Moon, I. 1993. The distribution free newsboy problem: Review and extensions. Journal of the Operational Research Society, 44: 825-834.

［54］ Garrett, D. F. 2014. Robustness of simple menus of contracts in cost-based procurement. Games & Economic Behavior, 87 (40): 631-641.

［55］ Gigerenzer, G. 2022. How to stay smart in a smart world: Why human intelligence still beats algorithms. Penguin: London, UK.

［56］ Gupta, D. , Snir, E. M. , and Chen, Y. 2015. Contractors' and agency decisions and policy implications in A+B bidding. Production & Operations Management, 24 (1): 159-177.

［57］ Han, E. , Bandi, C. , and Nohadani. , O. 2023. On finite adaptability in two-stage distributionally robust optimization. Operations Research, 71 (6): 2307-2327.

［58］ Hu, B. , and Qi, A. 2018. Optimal procurement mechanisms for assembly. Manufacturing & Service Operations Management, 20 (4): 655-666.

［59］ Hu, X. , Cai, J. , and Yue, X. 2024. Power structure preferences in a dual-channel supply chain: Demand information symmetry vs. asymmetry. European Journal of Operational Research, 314 (3): 920-934.

［60］ IFC. Banking on SMEs: Trends and challenges. https: // www. ifc. org/

wps/wcm/ connect/dd06b824- c38b-4933-9108-0c834f182fee/IFC+on+Banking+ SMEs+Publication+June+2019. pdf? MOD=AJPERES&CVID=mSdrGtA. June 2019.

［61］ Innes, R. D. 1990. Limited liability and incentive contracting with exante action choices. Journal of Economic Theory, 52（1）: 45-67.

［62］ Jiang, H. , Netessine, S. , and Savin, S. 2011. Technical note: Robust news-vendor competition under asymmetric information. Operations Research, 59（1）: 254-261.

［63］ Knight, F. H. 1921. Risk, uncertainty, and profit. Boston, MA: Hart, Schaffner & Marx; Houghton Mifflin Company.

［64］ Koçyiǧit, Ç. , Iyengar, G. , Kuhn, D. , and Wiesemann, W. 2020. Distri-butionally robust mechanism design. Management Science, 66（1）: 159-189.

［65］ Kouvelis, P. and Yu, G. 1997. Robust discrete optimization and its applica-tions. Berlin, USA: Springer.

［66］ Laffont, J. J. , and Martimort, D. 2009. The Theory of Incentives: The Principal-Agent Model. Princeton, NJ: Princeton University Press.

［67］ Li, C. , and Debo, L. G. 2009. Second sourcing vs. sole sourcing with ca-pacity investment and asymmetric information. Manufacturing & Service Operations Management, 11（3）: 448-470.

［68］ Li, D. , Mishra, N. , and Netessine, S. 2023. Contracting for product sup-port under information asymmetry. Management Science, 69（8）: 4627-4645.

［69］ Li, J. , and Lai, K. K. 2023. The abatement contract for low-carbon de-mand in supply chain with single and multiple abatement mechanism under asymmetric information. Annals of Operations Research, 324（1-2）: 437-459.

［70］ Li, Z. , and Kirshner, S. N. 2021. Salesforce compensation and two-sided ambiguity: Robust moral hazard with moment information. Production and Operations Management, 30（9）: 2944-2961.

［71］Li, Z., Qian, C., Ryan, J. K., and Sun, D. 2022. Robust mechanism design and production structure for assembly systems with asymmetric cost information. European Journal of Operational Research, 301（2）: 609-623.

［72］Li, Z., Ryan, J. K., Shao, L., and Sun, D. 2019. Incentive-compatible in dominant strategies mechanism design for an assembler under asymmetric information. Production & Operations Management, 28（2）: 479-496.

［73］López-Cuñat, J. M. 2000. Adverse selection under ignorance. Economic Theory, 16（2）: 379-399.

［74］Lu, M. and Shen, Z. J. 2021. A review of robust operations management under model uncertainty. Production and Operations Management, 30（6）: 1927-1943.

［75］Lutze, H., and Özer, Ö. 2008. Promised lead time contracts under asymmetric information. Operations Research, 56（4）: 898-915.

［76］Martínez-de-Albéniz, V., and Roels, G. 2011. Competing for shelf space. Production & Operations Management, 20（1）: 32-46.

［77］Miao, J., and Rivera, A. 2016. Robust contracts in continuous time. Econometrica, 84（4）: 1405-1440.

［78］Mirrlees, J. A. 1974. A note on welfare economics, information and uncertainty. In M. Balch, D. McFadden, and S. Wu（eds.）. Essays in equilibrium behavior under uncertainty. North-Holland, Amsterdam.

［79］Natarajan, K., Sim, M., and Uichanco, J. 2018. Asymmetry and ambiguity in newsvendor models. Management Science, 64（7）: 3146-3167.

［80］von Neumann, J. and Morgenstern, O. 2007. Theory of games and economic behavior（60th anniversary commemorative edition）. Princeton: Princeton University Press.

［81］Oyer, P. 2000. A theory of sales quotas with limited liability and rent sharing. Journal of Labor Economics, 18（3）: 405-426.

［82］Özer, Ö., and Wei, W. 2006. Strategic commitments for an optimal capacity decision under asymmetric forecast information. Management Science, 52（8）: 1238-1257.

［83］Pınar, M. Ç., and Kızılkale, C. 2017. Robust screening under ambiguity. Mathematical Programming, 163（1-2）: 273-299.

［84］Plambeck, E. L., and Zenios, S. A. 2000. Performance-based incentives in a dynamic principal-agent model. Manufacturing & Service Operations Management, 2（3）: 240-263.

［85］Popescu, I. 2007. Robust mean-covariance solutions for stochastic optimization. Operations Research, 55（1）: 98-112.

［86］Porteus, E. L., and Whang S. 1991. On manufacturing/marketing incentives. Management Science, 37（9）: 1166-1181.

［87］Qian, C., Li, Z., and Fu, Q. 2024. Managing inventory and financing decisions under ambiguity. The University of Sydney Working Paper X. 3, 1-39.

［88］Roy, B. 2010. Robustness in operational research and decision aiding: A multi-faceted issue. European Journal of Operational Research, 200（3）: 629-638.

［89］Saghafian, S., and Chao, X. 2014. The impact of operational decisions on the design of salesforce incentives. Naval Research Logistics, 61（4）: 320-340.

［90］Scarf, H. E. 1958. A min-max solution of an inventory problem. In Studies in the Mathematical Theory of Inventory and Production, 201-209. Stanford, CA: Stanford University Press.

［91］Shamir, N., and Yehezkel, Y. 2023. Sales information transparency and trust in repeated vertical relationships. Manufacturing and Service Operations Management, 25（5）: 1660-1676.

［92］Shum, S., Tong, S., and Xiao, T. 2017. On the impact of uncertain cost reduction when selling to strategic customers. Management Science, 63 (3): 843 - 860.

[93] Spence, A. M. 1974. Market signaling: Information transfer in hiring and related screening processes. Cambridge, MA: Harvard University Press.

[94] Townsend, D, Hunt, R. , Rady, J. , Manocha, P. , and Jin, J. 2024. Are the futures computable? Knightian uncertainty and artificial intelligence. Academy of Management Review. doi: 10. 5465/amr. 2022. 0237.

[95] Turcic, D. , Markou, P. , Kouvelis, P. , and Corsten, D. 2024. Automotive procurement under opaque prices: Theory with evidence from the BMW supply chain. Management Science. doi: 10. 1287/mnsc. 2023. 4880.

[96] Wagner, M. 2015. Robust policies and information asymmetry in supply chains with a price-only contract. IIE Transactions, 47 (8): 819-840.

[97] Wilson, R. 1987. Game-theoretic approaches to trading processes. In Advances in Economic Theory: Fifth World. Congress, ed. TF Bewley: 33 - 77. Cambridge, UK: Cambridge Univ. Press.

[98] Xiao, B. , and Xiao, W. 2020. Optimal salesforce compensation with supply-demand mismatch costs. Production and Operations Management, 29 (1): 62-71.

[99] Yu, Y. , and Kong, X. 2020. Robust contract designs: Linear contracts and moral hazard. Operations Research, 68 (5): 1457-1473.

[100] Zhang, H. , Kong, G. , and Rajagopalan, S. 2018. Contract design by service providers with private effort. Management Science, 64 (6): 2672-2689.

[101] Zhang, J. , Li, Y. , Guo, J. , and Lai, K. K. 2021. Salesforce contracting under model uncertainty. Operations Research Letters, 49 (4): 496-500.

[102] Zhao, X. , Haskell, W. B. , and Yu, G. 2024. Supply chain contracts in the small data regime. Manufacturing & Service Operations Management. doi: 10. 1287/ msom. 2022. 0325.

［103］Zhong, Y., Liu, J., Zhou, Y. W., et al. 2023. The Role of Ambiguity Aversion in Contract－farming Supply Chains: A Distributionally Robust Approach. Omega, 117: 102827.